홉스봄, 역사와 정치

Hobsbawm: History and Politics

by Gregory Elliott

Copyright© Gregory Elliott 2010.
HOBSBAWM: HISTORY AND POLITICS first published
by Pluto Press, London (www.plutobooks.com)
Korean translation copyright © Greenbee Publishing Company, 2012.
This edition is published by arrangement with Pluto Press through Shinwon Agency.

그린비 인물시리즈 he-story_03

홉스봄, 역사와 정치

초판 1쇄 인쇄 _ 2012년 5월 5일
초판 1쇄 발행 _ 2012년 5월 10일

지은이 _ 그레고리 엘리어트 | 옮긴이 _ 신기섭

펴낸이 _ 유재건 | 주간 _ 김현경
편집팀 _ 박순기, 주승일, 태하, 임유진, 김혜미, 김재훈, 강혜진, 고태경, 김미선, 고아영, 김현정
디자인팀 _ 서주성, 이민영, 지은미 | 마케팅팀 _ 정승연, 이민정, 신지은, 한진용, 김효진
영업관리팀 _ 노수준, 이상원, 양수연

펴낸곳 _ (주)그린비출판사 | 등록번호 _ 제313-1990-32호
주소 _ 서울시 마포구 동교동 201-18 달리빌딩 2층 | 전화 _ 702-2717 | 팩스 _ 703-0272

ISBN 978-89-7682-761-6   93300
이 도서의 국립중앙도서관 출판시도서목록(CIP)은 e- CIP 홈페이지(http://www.nl.go.kr/ecip)와
국가자료공동목록시스템(http://www.nl.go.kr/kolisnet)에서 이용하실 수 있습니다.(CIP제어번
호: CIP2012002102)

그린비출판사 나를 바꾸는 책, 세상을 바꾸는 책
홈페이지 _ www.greenbee.co.kr | 전자우편 _ editor@greenbee.co.kr

홉스봄, 역사와 정치

그레고리 엘리어트 지음 | 신기섭 옮김

그린비 인물시리즈 he-story 03

그린비

서문

어느 한 가지 의미에서 보면, 에릭 홉스봄은 동급의 인물들 가운데 마지막 인물이다. 이 글을 쓰는 시점에서 그는 크리스토퍼 힐, V. G. 키어넌, 로드니 힐튼, 조지 뤼데, 존 새빌, E. P. 톰슨 등이 1930년대 중반 영국 공산당에서 구성한 뛰어난 맑스주의 역사가 모임 소속 가운데 홀로 살아남아 있다. 그리고 지난 20년 동안 동료들의 죽음을 기록하는 건 그의 특권이자 슬픈 임무였다.[1]

1993년 톰슨에 대한 조사(弔詞)에서 홉스봄은 관대하게 이렇게 지적했다.

> 그는 내가 아는 역사가 가운데 능력 있고 명석하며, 학식 있고 뛰어난 글재주를 가졌을 뿐만 아니라 우리와는 같은 척도로 잴 수도 없을 만큼 질적으로 다른 것을 생산해 낼 능력까지 갖춘 유일한 인물이었다. 단어의 전통적인 의미에서 천재라고 칭하도록 하자. …… 지적 생활과 역사, 그리고 영국 좌파가 그의 죽음으로 입은 손실은 아직 계산할 수 없을 지경이다.[2]

때 이르게 떠난 톰슨과 달리 홉스봄은 우리 곁을 떠나지 않고 살아 있다. 그는 자신의 친구보다 더 산 16년 동안, 지적 생활과 역사 그리고 영국을 넘어서는 좌파 세력 전반에 꾸준히 기여해 오고 있다. 이 기여는 톰슨의 기여보다 직접적으로는 덜 뛰어날지 모르지만 결국은 톰슨과 마찬가지로 오래 남을 것이다. 아주 뛰어나지만 위대한 작가는 아니며 꽤나 다른 기질을 보인 맑스주의자인 홉스봄의 어떤 책도 (톰슨의)『영국 노동계급의 형성』이 지닌 광채를 띠지는 못할지 모른다. 하지만 고전들을 빼고는 교육받은 좌파라면 누구나 읽을 것이고 확실히 읽어야 하는 단 하나의 책이 바로 그의『극단의 시대』일 것이다.

1994년 '짧은 20세기'*에 대한 그의 역사서가 나오고 대체로 빠르게 여러나라 말로 번역된 이래, 홉스봄은 살아 있는 역사가 가운데 가장 유명하지는 않을지언정 그런 인물들 가운데 하나로 늘 대접받았다. 그때부터 그는 학계의 역사가에서 '공적 지식인'(텔레비전에 등장하는 명사와는 구별해야 한다)으로 변화를 겪었다. 공적 지식인 자격으로 그는 그의 지적 권위를 활용해 당대의 쟁점에 대해 발언하라고 곳곳에 초대받게 된다. 그의 이름과 작품은 영국만큼이나 이탈리아, 브라질, 미국, 인도에서도 익숙하다. 만 93세(2011년 기준)에 가까워진 나이 때문에 기력이 예전만 못할지는 몰라도, 그의 생산성과 세상의 주목은 약해질 기미가 없다. 그는 2007년 3월에『세계화, 민주주의 그리고 테러리즘』**(Globalism, Democracy and Terrorism)을 발간했고『런던 리뷰

---

* 『극단의 시대』가 1914년부터 1991년까지만 다뤘기에 이런 표현을 쓴다.
** 한국어판 제목은 '폭력의 시대'. 여기서는 '시대Age 4부작'과 구분하기 위해 원제목으로 표기한다.

오브 북스』(*London Review of Books*) 같은 곳에 정기적으로 글을 쓰며 2011년 1월에 맑스와 맑스주의에 관한 글 모음집을 내기로 약속하는 등 정열적으로 활동하고 있다.

거슬러 올라가면 1940년대부터 이어지는 경력을 통해 홉스봄은 국경과 학문 영역을 넘어 아주 다양한 주제에서 비켜 갈 수 없는 준거점으로 자리잡았다. 이 가운데 가장 널리 알려진 것은 의심의 여지 없이 '시대' 4부작을 통한 근대 형성 과정 탐사다. 그러나 그는 주요 사건의 주인공이기도 했는데, 예를 들면 유럽 자본주의 이행, 노동계급과 노동운동 그리고 농민과 의적 문제, 공산주의와 국가주의의 변천, 프랑스혁명 수용과 사학사를 둘러싼 논쟁에서 그랬다.

홉스봄의 정열적 저술 활동과 명성을 고려할 때, 그에 관한 깊이 있는 분석 글들이 상대적으로 빈약한 점은 눈길을 끈다. 물론 개별 글에 대한 비평은 셀 수 없이 많고 그 가운데 일부는 아주 예리하다. 하지만 오늘날까지 스페인어로 쓴 초보적인 책 한 권을 빼면 그를 전적으로 다룬 작품이 없는 것으로 안다.[3] 영어로 된 문헌 가운데는 오래 전에 하비 케이(Harvey J. Kaye)가 『영국 맑스주의 역사가들』(*British Marxist Historians*)에서 한 장을 그에게 할애했고 페리 앤더슨이 2부로 구성된 권위 있는 리뷰 글을 쓴 바 있는데, 이 둘 정도나 홉스봄의 전작을 전반적으로 다룬 글로 분류할 수 있을 것이다.[4]

언젠가는 홉스봄의 자서전 『흥미로운 시절』(*Interesting Times*, 한국어판 제목은 '미완의 시대')이 보여 준 것을 본받아 누군가 전면적인 역사 및 비판 연구를 시도할 것이다. 하지만 이 책은 최근 홉스봄의 맑스주의와 공산주의를 경시하면서 형식적으로 찬사를 보내는 행태에 대해 중도파와 우파에서 비판 목소리를 내기 시작했다는 사실 때문에 착수하게 된 훨씬 평범한 연구다. 여기서는 1991년 해산할 때까지 영국공산당에 남아 있었고 "과거 신념을 버리길 체계적으로 거부한" 인물로서 그가 "희귀한 것뿐 아니라 이해할 수 없는 것에도 흥미"[5]를 갖고 있다는 자신의 주장이 정당함을 증명할 것이다. 『흥미로운 시절』은 이런 거부 때문에 심하게 비판한 몇몇 서평(과 적어도 하나의 히스테리에 가까운 장광설)을 촉발했다.[6] 『세계화, 민주주의 그리고 테러리즘』은 자본주의와 성스러운 것 중의 성스러운 것 곧 자유 민주주의가 쪼그라든 걸 비판하는 임무를 맡았다.[7] 그리고 2009년 홉스봄은 영국 정보기관 엠아이5(MI5)가 확보하고 있는 자신에 대한 기록 조회를 요구함으로써, 일간지 『데일리 메일』이 대중에 아부하는 맹공격을 펼 빌미를 줬다. 이 공격은 사악함과 어리석음을 동시에 보여 준다는 점에서 인상에 남는다.[8]

이 책은 서술 대상의 '희귀함'과 '이해할 수 없음'에서 뭔가를 잡아 내려고 노력해 그를 좀더 이해할 수 있는 인물로 표현하되, 그래도 그의 희귀성을 훼손하지 않으려 했다. 독특하지는 않을지언정 회고록을 쓴 그의 동료들과는 꽤 다른 홉스봄의 회고록은 좌파 관점에서 쓰였지만 (새 빌의 회고록과는 달리) 좌파를 위한 것은 아니다.[9] 나는 여기서 균형을 맞춰 가면서 1장은 1917년부터 56년까지를 다루되 홉스봄 자신의 '20세기 삶' 묘사를 보충하고 (필요한 경우) 수정하면서 전투적인 공산주의자이자 맑스주의자인 역사가의 형성을 탐구했다. 2장은 성숙한 역사가로서 그가 자신의 작품에서 다룬 세 가지 핵심 주제에 관심을 돌렸다. 그 주제는 그의 역사 '진보주의적' 개념, 1956년 이후 국제 맑스주의와 공산주의 발전 양상에 대한 그의 관찰, 영국 노동운동을 둘러싼 논쟁 참여다. 전에 썼던 짧은 글[10]을 늘여서 다시 쓴 3장은 홉스봄의 '장기 19세기'에 관한 3부작을 고려해서, 홉스봄이 20세기와 20세기의 직접적인 여파에 대해 해명한 것을 상세히 검토했다.

이 소략한 인물평에서는 어쩔 수 없이 많은 것이 빠졌다. 특히 두드러진 것은 국가주의에 관한 그의 저작을 다루지 못한 점이다. 또 홉스봄이 때때로 스스로를 "문제의 핵심, 말하자면 무슨 일이 벌어졌고 왜 그일이 벌어졌는지에 집중하기 바라는 충분히 영국적인 역사가"[11]로 묘사한 것의 밑바탕을 이루는 사학사 쟁점에 관한 그의 개입 부분도 다루지 못했다. (1960년대 이후 학문적 분과로서 역사학의 흐름에 관심 있는 독자는 제프 일리의 일관되게 계몽적인 책『구부러진 선』A Crooked Line을 보는 것이 더 낫다.[12]) 이 책이 빠뜨리고 잘못 해석한 부분을 다른 학자들이 고치고, 누군가 나서서 에릭 홉스봄의 삶이 확실히 보증하는 지적 전기를 위한 지향점을 제시하게 된다면 이 책의 목적은 모두 이루게 될 것이다.

홉스봄은 언젠가 "역사가의 일은 칭찬과 비난이 아니라 분석"[13]이라고 썼다. 이는 자기 부정적인 규정이다. 그는 이를 따르고 지키는 것 못지 않게 위반해 왔기 때문이고, 더 나은 측면을 거론하자면 명쾌한 삽화적 판단이 그의 언제나 즐거운 트레이드마크 가운데 하나였기 때문이다. 지적 역사를 다룬 것으로서 이 책의 제목(Hobsbawm: History and Politics)은 종합과 분석에 우선 순위를 둔 루이 알튀세르의 몽테스키외에 관한 작은 보물 같은 책에 대한 사후 헌사 차원에서 붙인 것이다.* 그러나 이 책은 평가를 삼가지 않았으며, 이 책의 전반적인 취지는 곧 이 책을 읽고 판단을 내릴 독자들에게 분명히 드러날 것이다.

---

* Louis Althusser, *Politics and History: Montesquieu, Rousseau, Marx*, tr. Ben Brewster, Verso, 2007. 『정치와 역사』라는 제목으로 출간된 알튀세르의 이 책은 몽테스키외와 루소, 맑스에 대해 쓴 세 편의 글을 묶은 것이다. 1959년에 출판된 몽테스키외에 대한 글("Montesquieu: Politics and History")이 책 절반 이상의 분량을 차지하고 있다.

* * *

플루토 출판사의 앤 버치와 그의 동료들이 인내심을 갖고 격려해 준 데 대해 감사의 말씀을 드린다. 또 제프 일리, 키스 맥렐런드, 그리고 익명의 심사위원이 건설적인 의견을 제시해 주신 데도 감사드리며, 키스 맥렐런드한테는 채 출간되지 않은 최신 홉스봄 저작목록을 제공해 준 데 대해서도 감사드린다. 한마디 덧붙이면, 내 가족은 너그럽게 내가 시간을 벌 수 있게 해줬고, 내 이웃 이언 호로빈은 글 쓸 공간을 허락해 줬다.

2009년 12월 10일

에딘버러에서

그레고리 엘리어트

| 차례 |

| 일러두기 |

1 이 책은 Pluto Press에서 펴낸 *Hobsbawm: History and Politics*(Gregory Elliot, 2010)를 번역한 것이다.

2 독자의 이해를 돕기 위하여 옮긴이가 추가한 내용은 대괄호([ ])로 묶어서 표시했고, 본문 중에 나오는 각주는 모두 옮긴이의 것이다.

3 본문에 등장하는 책의 제목은 반드시 한국어판 제목을 따르지 않았으나, 본문에 처음 등장할 때 한국어판 제목은 달아 주었다. 특히 홉스봄의 자서전 한국어판인 『미완의 시대』는 그의 '시대 4부작'과의 구분을 위하여 원제 *Interesting Times* 그대로 『흥미로운 시절』로 옮겼다.

4 본문에서 다른 문헌을 인용할 때, 번역본이 있는 경우에도 국역본의 번역을 그대로 따르지는 않았다.

5 단행본·정기간행물에는 겹낫표(『 』)를, 논문·단편에는 낫표(「 」)를 사용했다.

6 외국 인명이나 지명, 작품명은 2002년 국립국어원에서 펴낸 외래어표기법을 따랐다.

홉스봄, 역사와 정치

그레고리 엘리어트 지음 | 신기섭 옮김

1장 | 발달기 경험, 재형성의 순간

> 사람은 개인으로서 사적인 삶만을 사는 게 아니라, 의식하든 그렇지
> 않든 한 시대 그리고 그 시대 사람들의 삶도 더불어 살기 마련이다.
> —토마스 만, 『마의 산』

"온 세계의 작은 조각들을 에릭한테서 차츰 발견하게 되어 갔다." 나중
에 실론[현재의 스리랑카] 공산당 총서기가 된 (홉스봄의) 케임브리지 대
학 동료가 1939년에 이렇게 평했다.[1] 아무튼 유럽의 상당 부분 그리고
그 외의 여러 것이 E. J. 홉스봄이라는 인물 형성에 영향을 끼쳤다.

그는 1917년 6월 알렉산드리아에서 유대인 부모 슬하에서 태어났
다. 어머니는 빈에서 세 딸을 두고 보석상을 하던 부모한테서 태어난 친
영국 오스트리아인이고, 아버지는 8남매를 둔 런던 캐비닛 제작자 부모
한테서 태어난 영국인이다. 1차 세계대전이 끝나자 홉스봄 가족은 합스
부르크 제국의 부스러기 위에 세워진 연방국의 수도, 빈으로 이사했다.
"스스로도 존립하기를 원하지 않았지만 안 그래도 존립이 위태로운 상
황"[2]이었던 오스트리아 제1공화국은 오래가지 못했다. 1934년에는 가
톨릭계 반동주의자들과 개신교 사회주의자들의 정치적 양극화가 내전
으로 이어졌고, 이 싸움에서 이긴 성직자들은 4년 뒤 독일의 오스트리
아 합병을 편들었다. 한편 홉스봄이 빈에 머문 동안은, 아버지가 영국
인이라는 점이 그 도시의 악명 높은 반유대 정서에 일정한 보호막 구실
을 했을지언정, 종교 관례를 따르지 않고 사회에 동화된 유대인의 통상

적 중산층 생활양식은 전후 극심한 인플레이션 와중에서 유지되기 어려
웠다. "극적이리만치 시장경제의 정글에 어울리지 않는" 그의 아버지는
1929년 48세를 일기로 세상을 뜨면서 가족한테 "일시적인 가난"[3]을 물
려줬다. 하녀를 둘 처지가 안 돼 스스로 집안일을 하던 어머니는 2년 반
뒤 36세의 나이로 남편의 뒤를 따르고 말았다. 이런 탓에 홉스봄은 김나
지움 지리 수업에 필요한 지도를 사느라 고생하고, 새 신발이 필요해 유
대교 자선단체의 도움을 받으며, 생일 선물로 수리한 중고 자전거를 받
는 등 심히 곤궁한 처지가 됐다. 이런 어린 시절 기억에는, 빈곤에 가깝
게 살면서 느낀 그 시대의 특징인 상시적 불안이 담겨 있다. 그는 여건
이 좋아지자마자 중고 자전거를 처분했지만, 코첸 지도는 그의 어머니가
갖고 있던 카를 크라우스[Karl Kraus; 오스트리아 작가 겸 저널리스트. 20
세기 가장 유명한 독일어 풍자가]의 책 『인류 최후의 날』(*The Last Days of
Humanity*)과 함께 간직했다. 또 하나 어머니의 유산이 있었으니, 그것
은 '간단한 원칙'이었다. "유대인인 걸 부끄럽게 느끼게 할 만한 일을 절
대 하지도, 하는 것처럼 보이지도 마라."[4]

결정적인 때

1931년 7월 어머니가 숨진 직후 홉스봄은 유니버설 필름(한 해 전에 레마
르크의 『서부전선 이상 없다』를 영화로 만든 할리우드 영화사)의 베를린 사
무소에서 일자리를 얻은 숙부, 숙모와 함께 살려고 베를린으로 갔다. 베
를린은 "내가 내 인생에서 두 번의 가장 결정적인 시절을 보낸 도시"[5]였
다. 홉스봄은 이렇게 썼다.

어려운 일은 중부 유럽에서 20세기 '파국의 시대'를 겪지 않은 이들이 —혁명 러시아의 심연 속에 있던 이가 아니라면—, 지속되길 기대할 수 없는 세계에 사는 것이 어떤 의미인지, 사실 세계라고 말하기도 불가능하고 이미 죽어 버린 과거와 아직 오지 않은 미래 사이의 중간역에 사는 것이 어떤 의미인지 이해하는 것이리라. 이 느낌을, 무너져 내리는 바이마르 공화국에서보다 더 뚜렷하게 느낀 곳은 그 어디도 없었다.[6]

이때에 이르면, 1920년대 중반의 상황 진정 덕분에 1918~23년의 대대적인 궁핍과 절망에서 잠깐 벗어나는 분위기도 자취를 감추고 만다. 20년대 말 세계 경제 붕괴는 노동자들을 유린하고 중산층의 기를 죽이면서, 베르사유조약으로 부과된 징벌적 규정에 대한 분노가 거의 방방곡곡에 퍼진 이 나라의 정치를 흥분의 도가니로 몰아갔다. 막 떠오르는 극우세력 사이에서는, 보복주의적 국가주의가 반유대주의를 가득 품고 '유대-볼셰비즘'을 독일이 겪는 고통의 직접 원인으로 지목하는 경향이 팽배했다. 게다가 국내외에서 이 이념의 제거를 제국 부흥의 전제 조건으로 간주했다. 바이마르 공화국은 국가사회주의한테 문화볼셰비즘이라고 욕먹던 당시의 문화적 영광을 14년 동안 저버린 뒤 반혁명의 희생물이 되고 만다. 사실 바이마르 공화국은 우파로부터 결코 정당성을 인정받지 못했을 뿐 아니라, 극좌파로부터도 "경제·사회·정치·법률적 불의의 복귀"[7], 호헨촐레른 성[옛 독일 왕조의 근거지] 없는 제국이라고 매한가지로 거부당했다.

"이런 환경에서 젊은 유대 지식인들은 무엇이 될 수 있었을까?" 홉스봄은 40년 뒤에 이렇게 되새긴다.

그 어떤 형태의 자유주의자도 될 수 없었으니, (사회민주주의를 포함한) 자유주의의 세계는 이미 무너진 것에 불과했기 때문이다. 우리는 유대인이라는 정체성 때문에 애초부터 국가에 충성 서약을 하지 않는 집단이라는 이유로, 아니면 유대인을 배제하는 국가주의 때문에 우리가 지지하는 정당들한테 배척당했다. 어느 쪽이든 결국 반유대주의다. 우리는 공산주의자가 되거나 이와 대등한 형태의 혁명적 맑스주의자가 됐다. 아니면 피와 땅에 바탕을 둔 우리 식의 국가주의자, 곧 시온주의자가 됐다. 그러나 상당수의 젊은 지식인 시온주의자들조차 자신들을 일종의 혁명적 맑스주의에 뿌리를 둔 국가주의자로 여겼다. 현실에 있어 다른 선택지는 없었다. 우리는 부르주아 사회와 자본주의에 맞서는 데 헌신하지 않았는데, 명백하게 거의 망해 가는 상황에 있어 보였기 때문이다. 우리는 그저 아무 미래도 선택하지 않는 대신 그 어떤 미래 하나를 선택했고 그것은 혁명을 뜻했다. 위대한 10월혁명과 소비에트 러시아는 그런 신세계가 가능하다는 걸 증명했고, 어쩌면 이미 작동하고 있다는 걸 증명했다.[8]

종말론의 시대에는 어떤 선택처럼 보였던 그 선택은 "파괴냐 혁명이냐──곧 우파냐 좌파냐──, 아무 미래도 아니냐, 아니면 어떤 미래냐"[9]의 선택이었다. 독일 사민주의는 야로슬라프 하셰크[Jaroslav Hašek; 20세기 오스트리아-헝가리제국의 작가이자 출판인]의 "법률 한계 안에서의 온건하고 평화로운 진보 정당"을 그의 오스트리아 쪽 짝(하셰크)보다 더 비슷하게 흉내 내면서, 선택지의 조건을 분명 만족시키지 못했다.

홉스봄이 다니던 프린츠하인리히츠 김나지움의 도서관에서 『공산당 선언』을 발견한 사건은 그의 정치적 확신에 일정한 지적 토대를 부여했다. 이론이 실천으로 옮겨 간 것은 1932년 가을 중등학교 학생들의 공산주의 조직인 '사회주의 학생연합'(SSB; Sozialistischer Schülerbund)에 들어가면서다. 홉스봄은 그가 참여한 서 베를린 세포조직이 히틀러의 권력 장악 저지 활동에 협력하는 업무를 맡으면서 "그 어떤 낙담의 기미"도 보이지 않았다고 회상한다. 홉스봄이 "자살 행위와 같은 바보짓"이었다고 인식하는, 1928~1933년 상부 공산당 조직의 극단적 종파주의 노선 ── 코민테른[제3인터내셔널]이 내린 지령에 따른 것이기는 하나 독일공산당이 맹렬하게 수용한 '계급에 맞서는 계급' 노선 ──은 사민주의 세력만 따로 나서게 만들었고 이런 상황에서 사민주의자들은 노동계급의 혁명적 급진화를 가로막고 말았다. 이 노선에서 '제3시기'라는 치명적 공상이 등장하게 된다. 그 공상은 우파가 거리를 최악의 상황으로 휘몰아가고 나치가 '사회 파시즘' 바람으로 지배하더라도 그 승리는 덧없는 것이 될 것이고, 독일공산당이 곧바로 수십만의 당원과 수백만의 지지표에 힘입어 프롤레타리아 혁명을 이끌게 된다는 생각이다.[10] 그들이 슬로건으로 내세웠듯이, "히틀러 다음엔, 우리 차례" 곧 사회주의냐, 야만이냐가 아니라 '야만 그 뒤에 사회주의'라는 것이다. 그 결말은? 빠르게 진행되는 재앙이었다. 상황 파악을 못하는 십대 투사[홉스봄]한테도 똑같이 적용될 만한, 1970년의 독일공산당 평가 글에서 홉스봄이 썼듯이 독일공산당은 "이미 때를 놓치기 전까지 자신들이 얼마나 심각하고 회복 불능으로 망가졌는지는 고사하고 망해 가고 있다는 것조차 깨닫지 못했다. 그리고 그렇게 독일공산당은 완벽한 최종 패배의 나락으로 떨어졌다".[11]

사민당이 아마 동의할 것으로 예상한, 파시즘 반대 연합 전선이 성립했다면 재앙을 피할 수 있었을 거라는 시각을 회의적으로 보는[12] 홉스봄은 공산당이 나치 승리에 공모했다는 유언비어를 부인한다. 세 가지 흥미로운 장면이 바이마르에 대한 홉스봄의 기억을 마무리한다. 첫번째는 혹독하게 추운 1933년 1월 25일 헛된 저항의 기운 속에 진행된 독일공산당의 마지막 합법 시위 장면이다. 두번째는 그로부터 닷새 뒤 힌덴부르크[독일 바이마르공화국 2대 대통령]가 히틀러를 총리로 지명했다는 기사 제목을 읽던 순간의 회상 장면인데, "내가 아직도 마치 꿈속에서처럼 …… 볼 수 있는"[13] 장면이다("역사가 바뀌었다는 걸 사람이 아는 순간은 극히 드물지만 그때가 바로 이런 때였다"고 홉스봄이 최근 언급했다).[14] 마지막 세번째는 역사가로서 홉스봄이 "공산주의 운동의 특징적 경험에 관한 서론: 당이 지시했기 때문에 가망 없고 위험한 짓을 하기"[15]라고 나중에 서두를 연 사건, 곧 3월 선거에서 독일공산당 선거운동을 벌이고 의회 화재로 상황이 도저히 돌이킬 수 없는 지경에 이르자 사회주의 학생연합의 등사기를 숨기던 장면이다.

물론 홉스봄은 운 좋은 편에 속해서 히틀러가 1933년 4월 유대인 사업체 불매 행각을 벌이자마자 누이와 함께 영국으로 이민을 떠났다. "베를린에서 흥분을 겪은 뒤여서 영국이 기대에 어긋나게 느껴지는 건 어쩔 수 없었다."[16] 2007년 자신이 다니던 런던 학교의 연례 동창회에서 동료들에게 연설하면서 그는 이렇게 말했다.

당신들이 맨해튼 주재 신문기자인데 편집국장이 네브라스카주 오마하로 전근을 지시했다고 상상해 보시라. 믿기 어려울 정도로 흥분되고 세련되며, 지적으로나 정치적으로 폭발적이었던 바이마르 공화국 수도 베를린에서의 2년여 이후 영국으로 왔을 때 내가 느낀 게 바로 이런 것이었습니다. 이곳은 끔찍이도 실망스러웠습니다.[17]

그렇지만 베를린 학교 반 친구들이 ('유대인'이 아니라) '영국인'이라고 부르던, 이민자이되 외국인은 아닌 파란 눈의 금발머리 소년은 30년대 말에 이르면 이미 어떤 성향을 띠게 된 걸로 보였다. 그 성향은 피터르 쾨네만이 "그가 가장 약한 순간에 정신적 고향으로 여긴 잉글랜드에 대한 강하고 통속적인 애국심"[18]이라고 애정어리게 표현한 것이다.

대륙을 흔든 위기와 대조적으로, 영국은 지역에 따라 경기 침체의 여파가 다르긴 했지만 대체로 제국의 조용하고 평온한 시기 같은 걸 경험하고 있었다. 금본위제를 버리고 자유무역도 누리지 못하게 된 영국은 1919년의 승리 덕분에 억지로 확장된 제국에 안주할 수 있었다. 정치 측면으로는, 1931년 집권하고 4년 뒤 '의사의 권한'(전권)을 얻는 데 성공한 (그리고 1940년으로 예정된 선거에서도 아마 승리할 걸로 여겨진) 거국내각이 들어선 이 나라의 상대적 무기력은 그 어떤 청년기 활동 경험을 통해서도 상쇄되지 않았다. 양부모한테 (혁명적이지만 소규모 정당인) 공산당은 말할 것도 없고 (대중 정당이지만 개혁 성향을 띤) 노동당 입당도 금지당한 홉스봄은 1936년 케임브리지대학에 들어갈 때까지 거의 "정치적 활기가 중지된 삶을 살았다".[19] 문화적 측면에서도 런던은 베를린에 맞서기 힘들었다. 홉스봄이 토마스 만과 알프레드 되블린의 소설, 베르톨트 브레히트의 극작법과 시, 쿠르트 바일[Kurt Weil; 20세기 독일 출생 미국 작곡가로 혁명적 예술가 집단 '11월집단' 소속. 브레히트의 「서푼짜리 오페라」에 곡을 붙임]의 음악을 접한 베를린을 말이다. 하지만 교육 측면에서는 성 말러본 고등학교가 있었는데, 거기서 그는 "영국 시와 산문의 놀라운 경의를 …… 접했"고 "아이스크림을 좋아하듯 시험을 좋아했다".[20] 학교는 놀라운 속도로 그가 케임브리지대학 장학금을 받을 수 있도록 준비시켰다. 그것도 세 개 이상의 전공을 선택할 기회를 얻으면서 화려한 엘리트 코스에 접어들게 한 것이다. (굳이 흠을 찾자면 애초에 옥스퍼드대학의 발리올칼리지 대신 킹스칼리지를 선택한 점뿐이다.) 지칠 줄 모르는 독서 ─ 청년기의 여타 더 흔한 욕망은 논외로 하고라도 정치적인 욕망을 승화시키는 것으로 볼 수 있는 '극단적 지성화'의 부산물 ─ 는 진정으로 흥분되며 꾸준히 이어진 한 가지 예술적 경험과 대조를 이루며 도드라져 보였다. 그 예술적 경험은 바이마르 공화국 때 얻은 어떤 것에도 뒤지지 않는 강도를 지닌 것으로, 바로 재즈였다. 사촌에 이끌려 재즈를 경험한 홉스봄은 "자칫하면 문자와 지성의 훈련으로만 점철되었을 삶에 찾아든, 말도 질문도 없는 육체적 감성의 차원"[21]을 열렬히 맞았다.

말들 하기를, 이 학부생은 "문학, 영어, 프랑스어, 독일어에 대한 사랑을 인정했으나 구체적으로 거명한 건 (미국 풍자만화가) 서버(James Thurber)뿐이었다. 그 밖에는 레닌과 스탈린에 매달렸다."[22] 그는 자서전을 쓸 때조차 자신의 독서에 대해 과묵했다. 낭패감을 줄 만큼 말이다. 그가 독서에 대해 뭐라고 생각했는지, 그리고 독서가 그를 어떻게 변화시켰는지에 대한 대답은 다음과 같다.

> 짧은 답은 맑스주의적, 말하자면 본질적으로 역사적 해석을 하려 했다는 것이다. 열정적이지만 조직에 참여하지 않고 그래서 부득하게 소극적인 공산주의 청년 지식분자가 달리 행동할 게 별로 없었다. 베를린을 떠날 당시 『공산당 선언』을 빼면 변변히 읽은 게 없었기에 …… 나는 …… 맑스주의 관련 지식을 좀 습득해야 했다. 당시 내가 취한 맑스주의는 지금도 어느 정도 남아 있는데, 대학 도서관 밖에서 쉽게 구할 수 있는 문건들, 조직적으로 배포되던 작품들, 모스크바 맑스-엥겔스 연구소의 지원을 받아 …… 출판된 '고전'의 선집들로부터 얻은 것이다.[23]

달리 말하자면, 자신이 이어서 지적하듯이 홉스봄의 맑스주의는 지금은 거의 자취가 남지 않은 정식 인증된 맑스-레닌주의였다. 곧 스탈린의 서명을 거쳐 소련공산당사에 관해 쓴 1938년의 『소련공산당사 단기과정』의 '변증법적, 사적 유물론' 항목에 표준화되어 담긴 것이다.

이는 나, 그리고 아마도 1930년대 영국 좌파 지식인 대부분이 이해하던 맑스주의와 맥이 상당히 잘 통하는 것이었다. 우리는 이를 19세기 감각 기준으로 '과학적인' 걸로 여기길 좋아했다. …… 맑스주의를 거부하지 못하게 만든 것은 그 사상의 포괄성이었다. '모든 것의 이론'은 아닐지언정 '변증법적 유물론'은 당시에 적어도 '모든 것(을 위한) 뼈대'를 제공했다. 유기·비유기적 자연을 인간사와 연결하고 집단과 개인을 연결하는 한편 꾸준히 변화하는 세계 속 모든 상호작용의 본성에 대한 지침을 제공한 것이다.[24]

몇몇 영국 맑스주의 역사가들처럼 ── 힐, 키어넌, 톰슨 등이 인용되었다 ── 홉스봄은 "문학에 대한 정열 때문에, 또는 그 정열을 품고" 사학사(史學史) 전공으로 진학했다. 문학은 영국 고등학교 과정에서 프랑스 고등학교와 독일 고등학교에서 가르치는 철학의 대체물 구실을 한다(그래서 문학평론가 리비스F.R.Leavis가 정치 성향이 비슷한 점이라곤 거의 없음에도 홉스봄과 같은 부류의 많은 이들에게 영향을 끼쳤다). 홉스봄의 맑스주의는, 1859년 맑스의 『정치경제학 비판을 위하여』의 「서문」에서 제시됐으나 스탈린식 역사 유물론이 지워 버린 것이다. 이 맑스주의는 인간 역사의 궤적 전반을 이해하려는 시도라기보다는 고전적 맑스주의의 하부-상부구조 지형이라는 안경을 통해 예술과 사회의 관계를 이해하려는 시도에서 형성된 것이라는 게 그의 말이다.

1936년 초 자신의 일기에 담담하게 묘사하고 있는 그의 자화상은 그가 학생 시절에 지녔던 자의식을 엿볼 수 있는 유일한 것이다.

에릭 존 어니스트 홉스봄, 키 크고 모난 데다 축 늘어지고 못난 금발의 열여덟 살 청년이자, 피상적일지언정 상당한 일반 지식을 갖추고 일반 영역이나 이론 영역에서 독창적인 생각을 꽤 지닌, 이해가 상당히 빠른 청년. 구제불능이다 싶을 정도로 점잔을 빼는데, 자기 스스로에게 이런 태도를 믿으라고 주문하기에 더 한층 위험하지만 가끔은 효과를 발휘하기도 한다. 사랑과는 거리가 멀고 욕망을 승화시키는 건 분명히 꽤 잘하며 이 욕망은 자주는 아니더라도 자연과 예술을 황홀경에 빠져 즐기는 모습으로 표현되곤 한다. 도덕관념이라고는 없고 철저히 이기적. 어떤 이들은 그와 의견 일치가 불가능한 반면 일부는 좋아하지만, (대다수) 다른 이들은 그저 우습게 본다. 혁명가가 되고 싶으나 아직까지 조직화에 재능을 보여 주지 못한다. 작가가 되고 싶으나 소재를 형상화할 열정과 능력은 결여되어 있다. 산을 움직일 믿음은 없고 그저 희망만 품고 있다. 허영심과 자만이 가득하며 겁쟁이다. 자연을 아주 사랑하며 독일어를 잊고 있다.[25]

냉소적이고 간결한 이 글은 자기비하, 곧 흔히 '도둑이 제 발 저린다'는 말 이상의 무언가를 암시하면서, 성인 작가로서의 면모 그 이상을 보여 준다. 그런데 이것이 "1936년과 케임브리지대학을 맞닥뜨렸을 때 지니던 정신"이었다면, 자기 이야기를 쓰면서 스스로를 돌아보는 행위로서는 마지막 시도일 것이다. 케임브리지에 진학하면서 '흥미로운 시절'에 어떤 변화가 나타나는데, 그건 더 집단적이고 동세대 친화적인 기록과 반성이다. 이는 홉스봄과 사병 생활을 함께 한 친구인 노엘 애넌(Noel Annan)이, 책 제목이 모든 걸 말해 주는 『우리의 시대』(*Our Age*)에서 잘 예시해 준 바 있다.

단일한 동학?

이런 일이 벌어진 시절엔, 홉스봄 자신의 책 몇 장 분량보다도 『우리의 시대』에서의 단 몇 줄이 학생 홉스봄에 대해 훨씬 더 많은 정보를 제공하거나 적어도 더 많은 걸 환기시켜 줄 수 있다.[26] 게다가 홉스봄이 대학과 공산주의에 대해 설명하며 가장 먼저 꺼낸 케임브리지대학 내 첩자들에 대한 '간주곡'이 드러낸 것보다는 분명 더 많은 걸 보여 준다. 『흥미로운 시절』에서 홉스봄은 [첩자로 지목된] 버제스와 일당을 공개적으로 모른 체하지 않았다. ("우리 대부분은, 그중 나는 확실히, 요구를 받으면 [그 임무를] 몸소 했을 것이다."[27]) 정확히 말하자면, "국가 사이뿐 아니라 국가 내부를 가르고" 1930년대뿐 아니라 그 이후에도 여전했던, 정치 무리들 '사이'에서만이 아니라 그 '내부'까지 갈라놓는 충성심의 경계선이 이 대목에서 드러난다. 그것도 주제의 복잡성과 격렬함을 온당하게 평가하는 데 미치지 못하는, 냉정하고 초연한 태도로 말이다.[28]

　물론 이를 완벽하게 정당한 바닥 청소 작업으로 여길 수도 있다. (홉스봄이 1979년 '제4의 인물'The Fourth Man 추적 중에 말했던 것처럼) "첩자 추적은 …… 1930년대를 이해하는 최선의 방법이 아니다"[29]라는 정당한 신념 아래 이루어진 작업으로 말이다. 그렇다면 자서전 『흥미로운 시절』은 홉스봄의 1930년대를 이해하는 데 어떻게 기여하는가? 학부생들한테 마르크 블로크와 아날학파를 소개해 준 중세 연구자 마이클 포스탠(Michael Moissey Postan)의 지적으로 흥분되는 경제사 강의를 빼면 홉스봄은 완연히 옛스럽던 당시 케임브리지에서 "지적으로 그다지 고된 주제가 아니던"[30] 역사학과의 선생들로부터 별다른 자극을 받지 않은 듯하다. 그러나 그가 강의실에 자주 가지 않고 케임브리지 학생회를 그만두고 러시아어 공부를 중단——"내가 순수하게 서유럽 세계인으로 남아 있도록 한"[31] 선택——했을지언정, 이 덕분에 그는 자신에게 가장 중요한 학생 시절의 경험, 곧 정치에 참여할 시간을 더 많이 할애할 수 있었다.

그는 곧바로 공산당 학생조직에 참여해서 3인 공동체제의 서기직까지 올라갔고 ("내가 여태까지 맡은 것 가운데 정치적으로 가장 높은 직무") 케임브리지대학 사회주의자 클럽에도 합류했다. '빨갱이 케임브리지'라는 신화가 거짓임을 보여 주면서 홉스봄은, 1939년 초 절정기 시절 사회주의자 클럽 회원은 1천 명 수준이었으며——그래 봐야 전체 학부생의 20%가 조금 넘는 수준——공산당 조직은 당원을 100명 이상 소집해 본 적이 없다고 썼다. 『흥미로운 시절』은 사실 그가 직접 공산당 내부에서 활동하거나 당과 관련해 외부에서 한 활동에 크게 주목하지 않는다. 이제 우리도 아는 것이지만, 그는 여름 방학을 코민테른의 유럽 내 중심지가 된 파리에서 보냈다. 케임브리지 공산당 지부 지도자로 있다가 파리의 학생 전위 조직 대표로 자리를 옮긴, 불가사의한 인물 제임스 클루그먼("그는 아무것도 누설하지 않았다")[32]과 함께 일하기 위해서다. (거기서 홉스봄은 샹드마르스 공원을 사이에 두고 소련과 나치의 전시장이 서로 노려보던 세계박람회 기간 중에 마침 열린 1937년 당대회에서 통역을 맡았다.) 이 맥락에서 넌지시 언급되는 인물이 바로 클루그먼과 함께 케임브리지 공산당 조직을 이끌다가 1936년 스페인에서 살해당한 존 콘퍼드의 연인, 마고트 하이네만(Margot Heinemann)이다. 그이에 대해서는 "내가 아는 누구보다 아마도 더 큰 영향을 끼쳤을 것이다"[33]라는 말 이상도 이하도 언급하지 않는다. 그밖에 그의 생애 중 이 시기에 대해 추상적으로 집중하는 [책의] 두 장, '케임브리지'(7장)와 '반파시즘과 반전투쟁'(8장)은 '공산주의자가 되다'(9장)를 포괄적으로 다루는 데 그친다.

1930년대의 잇단 위기와 돌발 사건들에 직면한 그들은 "운동을 벌였다. 꾸준히, 열정적으로, 그리고 되돌아보면 놀라움을 금치 못하게 하는 희망찬 확신의 기운을 띤 채 말이다."[34] 오든(W. H. Auden)이 수정주의 시각에서 회상하듯 "가라앉은, 정직하지 못한 시기"라는 인식과는 동떨어지게도, 그들에게 1930년대는 "정당한 명분이 적들과 대결한 시기"[35]였다. 사람들이 우파로 전향하는 소란스러움에 묻힌 1952년에도 여전히 마찬가지였지만 말이다. 홉스봄은 1930년대의 '신념을 지킨 생존자' 처지에서 같은 부류의 사람을 옹호하며 이렇게 썼다.

15년 전 우리가 케임브리지에서 배운 것, 곧 좋은 사회를 세우려는 욕구를, 뼛속 깊이에서부터 느끼지 않는 이들 그리고 좋은 사회 건설이 가능하다는 확신이 없는 이들은, 그 모든 소란이 대체 무엇인지 이해하지 못할 것이다. 우리, 1930년대의 신념을 지킨 생존자들은 그래서 1952년이 우리를 흉내 내게 하려 애쓰지 않는다. …… 그저 우리는 이렇게 선언하고 싶다. …… 우리는 여전히 다른 케임브리지 세대에 …… 또는 우리를 뺀 다른 누구의 생애에 향수를 느끼지 않는다고 말이다. 당신들 덕분이다, 우리가 지금처럼 꽤나 행복한 것은.[36]

홉스봄이 당시 꽤 강하게 환호한 이유로 든 세 가지 가운데 둘——좌파는 (파시즘과 그의 능동적·수동적 협력자들이라는) 단 하나의 적이 있다는 사실과 좌파가 스페인에서 이에 맞서 무기를 들었다는 사실——은 똑같은 강도로 우려의 불씨를 던졌음 직도 하다. 그 적들의 승승장구가 끝나지 않고 스페인이 곧 그 손아귀에 들어갈 수도 있는 상황이었기 때문이다. (이에 비해) 세번째 이유——"우린 낡은 세계가 종말을 고한 뒤 새로운 세계의 모습이 어떨지 안다고 생각했다"[37]——는 지성인들과 결의에 찬 인물들 사이에서 나타나는 그 어떤 비관주의에도 대항할, 훨씬 더 강한 확실성을 지녔다. 그 뒤에는 전세계 범위의 운동 곧 제3인터내셔널뿐 아니라, 소련을 지칭하는 '세계의 6분의 1을 차지하는 사회주의'도 강하게 버티고 있기 때문이었다. 링컨 스테픈스[Lincoln Steffens; 미국 언론인]가 소련 혁명에 대해 말했듯이, 홉스봄과 그의 공산주의자 동료들도 자신들이 미래를 봤고 그 미래가 제대로 작동하고 있다고 생각했다.[38]

역설적이게도 1930년대 공산주의자들은 스탈린의 소련——소비에트라는 요소를 빼고 대신 테러를 더해 충격을 던진 체제——이 "계몽, 합리주의, 과학, 진보의 유산"[39]을 구현했고, 한때는 혁명적이었으나 이제는 후계자들한테 창피하게 조롱당하고 욕 먹는 처지가 된 부르주아지의 전통과 야심을 계속 실현해 가고 있다고 믿었다. 많은 영국 지식인은 당시에 실제로 자유주의자이기 때문에 공산주의로 눈을 돌렸다. 이것은 바로 1937년 '레프트 북 클럽'이 출판한 영향력 있는 책, 스티븐 스펜더의 『자유주의로부터의 전진』(*Forward from Liberalism*)이 던지는 메시지다. 파시즘 야만주의에 맞서는 투쟁에서 관건은 '전체 문명의 미래'였고, 소련의 맑스주의는 이 문명의 정통 후계자이자 유일하게 진정한 수호자였기 때문이다. "파시즘이 맑스를 뭉갠다면 볼테르와 존 스튜어트 밀도 뭉

갤 것이다."⁴⁰⁾ 키어넌이 기억하는 케임브리지의 공산주의는 "우리의 구호는 볼테르의 구호와 같다 — '유치함을 분쇄하자.'"⁴¹⁾ 말하자면 볼테르, 맑스, 밀, 스탈린 모두가 **같은 싸움**을 벌이는 "'진보'와 '혁명'의 이념적 결혼"⁴²⁾ 상태에서 맑스주의는 (프랑스 잡지 『라팡세』가 부제로 달았듯이) '근대 합리주의'였다.

맑스주의가 "옛 18세기 진보 이념"⁴³⁾에 가까워지는 흐름은, 독일에서 대실패를 맛본 뒤에 코민테른이 정책을 바꾸면서 더 강해졌다. 1935년 제7차 대회는 '인민전선' 노선을 정식화했는데, 이는 (디미트로프가 퉁명스럽게 말했듯이) 서유럽에서 "프롤레타리아 독재와 부르주아 민주주의 가운데 하나가 아니라 부르주아 민주주의와 파시즘 가운데 하나의……**확실한 선택**"⁴⁴⁾을 강제하는 것이다. 홉스봄이 "연합체의 동심원 한 묶음"⁴⁵⁾ — 공산주의자와 사회주의자의 연합전선, 노동운동과 부르주아 자유주의자의 인민전선, 모든 파시즘 반대세력의 국민전선, 파시즘 반대 국가간 국제 전선 — 이라고 묘사한 것을 이뤄내는 데 힘을 보태려고, 공산주의자들은 디미트로프가 '국가적 허무주의'라고 혹평한 것을 피하면서 각자 자신들의 국가를 위한 투사로 스스로를 내놔야 했다.⁴⁶⁾ '국가의 구원'이 궁극적으로는 사회주의를 통해서만 보장될 수 있다면, 그건 파시즘이 국가에 지옥의 형벌을 선고했기 때문이다. 공산주의는 그래서 수사에 있어서나 현실에 있어서나, 인류 진보의 명분 속에서 최고의 국가 전통과 보조를 맞췄다. '인터내셔널가', '라마르세예즈'[프랑스국가], '성조기여 영원하라'[미국국가](영국국가 '신이여 왕을 구하소서'까지는 아닐지라도)가 제창될 수 있었고 영국·미국·프랑스·러시아혁명은 한 혈통에 속했으며, 삼색기가 설 마땅한 위치는 적기 옆으로 지정받았으며, 폭넓은 진리 목록은 베이컨부터 스탈린까지 죽 이어졌다.

홉스봄은 이런 선별적 '애국주의 개척'이 순수하게 방어 전술에 그치지 않고, 제정 러시아 상황과 전혀 다른 방향으로 나아간 상황에서 참신한 사회주의 전략으로 이끌어 갈 전환 과정의 한 부분을 이뤄 냈다고 일관되게 주장한다.[47] 그렇다 할지언정 이는 1930년대와 40년대의 이념적·군사적 국제 내전 상황에서 애국주의와 특정 국제주의가 강하게 결합하게 만드는 효과도 분명 발휘했다. 그리고 젊은 홉스봄한테 이것은 심오한 방향 전환의 징조였다. 디미트로프가 인민전선 정치학의 '혁명적 현실주의'라고 규정한 것이 "오늘날까지도 정치에 대한 내 전략적 사고를 계속 결정한다"[48]고 고백할 정도로 그 여파는 크다.

1930년대 인민전선의 수확은 빈약했다. '동심원들'은 아예 구성되지 못하거나 ──가장 치명적인 사례는 독일 팽창주의에 대항한 '집단 안보'의 실패다 ──, 예상대로 프랑스와 스페인의 경우 내부적 압박을 견디는 데 급급했다. 홉스봄은 1936년 프랑스혁명 기념일에 파리에서 인민전선의 바로 한달 전 승리를 축하하는 거리 행사를 목격하고 "내 마음이 무의식적으로 움직인, 몇 안 되는 날 가운데 하루였다. 나는 그저 느끼고 경험했다"[49]고 회상한다. 하지만 그해의 희망은 곧 재로 변하고 말았다. 사회주의자 다수를 포함해 1936년 6월 선거에서 국회의원으로 선출된 이들의 압도적인 다수가 4년 뒤 (1차 세계대전 때) 베르됭 전투의 승리자[필리프 페탱 장군]에게 전권을 넘기는 데[독일의 앞잡이인 비시 정부 수립을 뜻함] 표를 던지게 된다. 피레네 산맥 너머에서는 1936년 2월 권력을 잡은 인민전선이 곧 이탈리아와 독일이 뒤를 미는 '프로눈지아미엔토'(군사 쿠데타)에 직면했고, 스페인 공화국은 말뿐인 프랑스 동료들한테 외면당한 채 최후를 맞았다. 그해 여름 홉스봄은 피레네 산맥을 걸어서 넘어 아나키스트들이 지배하는 푸이그세르다에 도착했다. 불법 입국 때문에 결국 추방당한 그는 '스페인 아나키즘이라는 비극적 소극'[50]의 변치 않는 기억을 간직한다. 대조적으로, 그는 스페인공산당이 옳은 정책 ──혁명을 성사시키는 데 절대적인 전제조건으로서 전쟁을 승리하는 것 ──을 취했으나 이를 효과적으로 실행하는 데 충분한 대중적 지지는 결코 얻지 못했다고 언제나 주장한다. 그는 1981년에 "스페인 내전에서 공산당 정책에 어떤 대안이 있었나? 그때도 지금처럼 답은 딱 하나였다. 답이 없다는 것"[51]이라고 했다.

국제 여단으로 확고히 상징되는 스페인 공화국 방어를 위한 전투는, 홉스봄한테 "진정 국제적인 공산주의 운동의 최후이자 아마도 가장 위대한 사업"[52]이라는 평가를 받았다. "회고해 볼 때조차, 1936년에 그랬듯 똑같이 순수하고 억누를 수 없는 것으로 보이는 오직 단 하나의 정치적 명분", 그것은 "첫번째 위대한 사랑의 가슴 찢어지고, 깨질 수 없는 기억처럼"[53] 회고된다. 소련 정보 기관이 트로츠키에 반대하는 마녀사냥꾼들을 유라시아에서 이베리아반도로 침투시켰고, 그래서 부하린 추종자들과 맑스주의자들이 서로 싸우는 내전 내 내전에 불을 질렀으며, 그 결과 전쟁의 패배를 재촉했는데도 이렇게 회고하는 것이다.

전반적으로 홉스봄의 인민전선 시절 회고는, 자신이 1960년대 중반 "분석의 시대가 영웅적 기억의 시대를 뒤따라야 한다"[54]며 내세운 자세를 자신은 전혀 따르지 못했음을 보여 준다고 여길 수 있겠다. 그가 "계급 대 계급의 적대" 시절을 분석한 양태와 대조적으로, 그들이 관여하고 싶어한 것은 바로 서유럽 정치세력 간 실제 균형에 관한 '현실론'이었다. 그리고 이는 디미트로프를 본받아 홉스봄이 종종 자신의 태도로 내세우곤 하던 것이다. 이 전략은 언제나 표리부동과 솔직함을 똑같이 품었는데, 이렇게 된 것은 '연합의 동심원들' 구성을 주장한 이들 상당수가 결국 결실을 따먹을 집단은 공산주의자들이라고 경계했기 때문이다. 파시즘의 공세에 대한 표면상 방어가 공산주의의 실질적 진전을 뒤에 숨긴 트로이목마 같다고 느낀 것이다(물론 부정적 함의가 없는 이야기지만, 이는 홉스봄 자신의 해석이라는 점에서 스스로 부담을 떠안게 되는 이야기다).

1939년이 홉스봄 개인에게는 잘 풀린 해일지라도 ―― 학내 문예잡지 『그란타』(*Granta*) 편집장이 되고 비밀 학생조직 '케임브리지 사도들'(Apostles)에 들어가고 학과에서 영예의 일등을 함으로써 킹스칼리지 장학금을 획득했다 ―― 정치적으로는 재앙이 꼬리를 물었고 이는 오래도록 예상되던 전쟁이 터짐으로써 최고조에 달했다. 하지만 이 전쟁은 "당이 우리한테 대비를 하도록 한 바로 그 명분을 위한 전쟁, 예상했던 전쟁이 아니"[55]었다. 9월 1일 '레종데트르' ―― 존재의 이유 ―― 는 소련으로 하여금 집단 안보라는 망상을 버리고 독일과의 불가침조약을 선택케 했다. 게다가 소련은 코민테른에서 파시스트 대항 연합 전선을 냉소적으로 팽개치고 독일과 영국의 공산당한테 히틀러에 맞서는 전쟁은 그 무엇이든 제국주의 전쟁이니 반대하라고 지시했다. 고위급 인사들이 반대했음에도 두 정당은 충성스럽게 방향을 돌렸고 이 과정에서 두 전쟁 중간기에 쌓았던 명성을 상당히 잃고 말았다.[56] 이 결정이 "정서적으로나 지성적으로 이치에 맞지 않다"고 인정하면서도 홉스봄은 자신이 당시에 이 결정을 그냥 '받아들였'을 뿐 아니라 ―― '민주집중제' 체체에서 대안은 사퇴 또는 제명뿐이었을 것이다 ―― '그 어떤 유보'도 마음에 품지 않았음을, 달리 말해 동의를 함축하고 있었음을 술회한다.[57] 전쟁 초기엔 특별한 사건이 벌어지지 않은 덕분에 자신의 대응에 안도한 홉스봄은, 영국과 프랑스가 공산주의 러시아를 공격함으로써 나치 독일과의 전쟁을 개시하는 듯 보이던 때인 1940년 2월 러시아-핀란드 전쟁에 대해 레이먼드 윌리엄스와 16쪽짜리 소책자를 작성했다는 사실도 거론한다.[58] 케임브리지 대학 사교클럽(CUSC)이 펴낸 「소련에 대한 전쟁?」(War on the USSR?)이라는 이 문건은 그 겨울 전쟁에 대한 당의 노선에 부합하는 캠페인 슬로건, "핀란드 지원 반대. 러시아에서 손을 떼라!"로 끝맺음으로써 당의 노선을 옹호했다.

1940년 2월에 군대에 소집된 홉스봄에게 전쟁 경험은——"내 삶에서 가장 만족스럽지 못한 때"[59]—— 황폐했는데, 아마도 그의 정치적 소속 때문이기보다는(힐, 새빌, 윌리엄스, 톰슨에게는 이것이 걸림돌이 되지 않은 것으로 확인된 바다), 중유럽이라는 성장 배경 때문에 더욱 그랬을 것이다. 공병대에 배속된 홉스봄은 "우리 역사에서 아주 특이한 순간"을 살았는데, 1940년 당시는 (비록 영국을 지탱하는 제국과 함께이기는 해도) "홀로 서서 우리의 영웅적 자질을 의식하는 국민이 된"[60] 때였다. 쾨네만이 그의 특성으로 지목한 "잉글랜드에 대한 애국심"을 입증하면서 홉스봄은 언젠가 이렇게 털어놓았다. "그때에도 내게 확실했던 것은, 그 즈음 젠체하지는 않는 위엄이 존재했다는 사실이다."[61] (홉스봄이 처칠식의 거들먹거림을 부인하려 애쓰는 걸 고려하더라도, '젠체하지 않는'unassuming 이라는 단어는 여느 사람이 맨 먼저 떠올릴 형용어구가 아닐 것이다.) 국가와 자신을 하나로 여기는 심정은 계급——주로는 홉스봄이 군대에서 사귀게 된 영국 노동자들——에 대한 공감 탓에 더 커졌다. 그가 "종종 분개하기는 했을지언정 (노동자) 그들의 올곧음, 허풍에 대한 불신, 계급의식, 동지애, 상호부조에 대한 변치 않을 경탄이 몸에 배게"[62] 되면서 생긴 일이다.

프랑스가 무너지고 영국의 전투가 시작되자 전쟁의 성격 규정을 둘러싼 당의 노선이 전혀 현실적이지 못하고 무기력하다는 사실이 점점 더 명백해졌다.[63] 1941년 6월22일 히틀러가 소련에 맞서 '바르바로사' 작전을 전개하자 '안도감과 희망의 기운'이 솟아났다. 1939~41년의 막간이 지난 뒤 국제공산주의운동은 민족해방, 그리고 전쟁의 물결이 몰아치는 스탈린그라드에서 그 상징을 찾는 사회변혁이라는 두 개의 나눌 수 없는 명분을 내세우며 반파시즘 연합전선에 복귀했다. 전쟁 기간의 시도가 실패로 끝난 데 대한 홉스봄 개인의 좌절감은 이제 의심할 것 없이 훨씬 더 격심해졌으며, 1941년 가을 공병대에서 육군 교육단의 하사관급 교관으로 옮기는 정도로는 쉬 수그러들지 않았다(이 소속 변경은 그에게 싱가포르에 파견돼 일본군 포로가 되는 위험을 면하게 해줬다).[64] "절반쯤 유리된 삶"을 살며 "군대의 묘한 중간 지대"에 묶여 있던 그의 자기환멸적인 회상은 "히틀러 타도에 기여한 바 없는 것만큼이나 영국군 남부사령부의 정치적 급진화에 기여한 바도 없다"[65]는 것이다.

주말을 런던에서 보내는 일이 잦아지던 1943년 5월 홉스봄은 상무부[현재는 영국무역산업부] 고위 공무원이며 같은 당 당원인 뮤리얼 시먼과 결혼했다. 이 일은 마그레브에서 농업 문제를 연구*하려던 애초 계획을 포기하고 런던에 자료가 많은 페이비언협회 역사 연구로 바꾸도록 재촉함으로써 "전후 내 미래를 명확히 하는 데 도움을 줬다".[66] 그 이후 그가 전공하게 되는 19세기 노동 역사 연구의 여정이 [제도 중심으로 접근하는] 시드니와 비어트리스 웹을 거쳐간 까닭에, (1978년 자신을 인터뷰한 이들한테 말했듯이) "내가 [접근법을 바꿔] 노동계급을 주제로 글을 쓰기 시작한 것은 …… 거의 우연"[67]이었다.

---

* 1938년 프랑스령 북아프리카 조사여행 경비를 대학에서 제공받게 되면서 아프리카에서 활동한 영국의 인류학자들에 자극을 받는다.

1946년 2월 제대하기 전에 홉스봄은 공산주의자들이 조직한 범독일권 구성 반대 자유 오스트리아운동에 관여했다.[68] 전후 처리 방식은 이미 1943년부터 중요한 사안으로 더 널리 인식되어 갔는데, 특히 6월의 코민테른 해체가 "공산주의 운동 전체의 미래에 의문을 던지는 듯하던"[69] 상황이었기에 더 그랬다. 그해 테헤란에서 열린 루스벨트, 스탈린, 처칠의 정상회담은 자유주의적 자본주의와 공산주의의 임시 연합이 추축국 격퇴 이후 지속적인 협력 관계로 확장하리라는 전망을 낳았다. 홉스봄은 영국공산당이 "테헤란 노선'에 이런 뜻이 담긴 걸로 전제하고 미래 계획을 세웠다"며 걱정했다.[70]

무기를 든 지식인들

한때 영국공산당으로 하여금 전쟁 기간의 연합이 지속될 걸로 보게 만든 '새로운 전망들'은 1936년의 희망과 꿈들이 사그라져 간 그 길을 재빨리 뒤따랐다. 1948년에 이르자 유럽에서 냉전이 시작되었고 아시아에서는 곧 열전이 터졌다. 공산주의자들이 서유럽에서는 연합전선 정부에서 내쫓기고 대륙의 동쪽 절반에서는 권력 독점을 막 굳히려는 상황에서 공산주의 운동을 조율할 코민포름이 구성됐다. 주다노프는 '양대기지' ──미국이 이끄는 호전적인 제국주의와 소련이 앞장서는 평화스런 사회주의 ── 노선을 적절하게 퍼뜨렸는데, 이 노선은 공산주의자들의 전술을 회유에서 대결로 좌회전시켜 제국주의 기지의 분열을 노리도록 명했다. 첫번째 냉전 상황에 대한 홉스봄의 반응에 대해 『흥미로운 시절』은 놀라우리만치 언급을 회피한다. 심지어 1949년 중국에서의 승리가 대표하는 공산주의의 중대한 진전에 대한 반응조차도 언급하지 않는다(이 사건은 해리 폴리트[Harry Pollitt; 1929년 이후 영국공산당 서기장]로 하여금 "세인트 판크라스에서는 졌지만 중국에서는 이겼다"라는 생각으로 선거 패배를 자위하게 했다고들 말할 정도의 사건이다).[71] 홉스봄은 선배이자 동지인 유명 인사 버널[J.D. Bernal; 20세기 아일랜드 출생의 물리학자이자 과학사가]과 나란히 1947년 런던대 버크벡 칼리지에서 강의 자리를 확보했고, 공개된 공산주의자들(또는 공산주의자로 의심받는 이들)에 대한 직무 박탈과 추방 움직임이, 미국에서만큼 지독하진 않았지만 본격 영향을 끼치기 바로 전까지 그 자리를 지켰다. 홉스봄은 1949년 킹스칼리지의 연구원 자리를 얻고 곧 비밀 학생조직 '케임브리지 사도들' 재건 책임도 맡게 됐으나, 1950년대 내내 당연히 확보할 걸로 기대하던 케임브리지대학 내 자리를 번번이 놓쳤다. 1959년에 버크벡에서 부교수로 승진한 게 고작이다. 그의 경력에 있어서 어떤 것보다 좌절감이 심했던 사건은——실로 "냉전 시대에 나한테 가장 아픈 기억으로 남아 있는"—— '임금 노동자의 등장'에 관한 책 집필을 그에게 요청했던 출판사한테 "너무 편향적"이라는 이유로 출판을 거부당한 것이다.[72]

이런 낱낱의 사실들——전세계적 총합의 작은 변화——은 의심의 여지 없이 홉스봄이 정식화한 그 시대의 역설을 강조해 보여 준다. "많은 사람한테 옛 신념을 지키기 더 쉽게 해주거나 지킬 수 있게 해준 건, 무엇보다 냉전기에 서방이 전세계를 상대로 퍼뜨린 십자군식 반공주의였다."[73] 홉스봄에게 이때는 "정치적으로도 개인적으로도 암흑기"였고 1950년은 결혼생활의 파탄, 한국전쟁 발발과 함께 그 가운데서도 최악을 기록했다.[74] 그들의 적, 그리고 그 적들과 대면하는 이들의 비타협적 자세는, 홉스봄의 날카로운 자문자답 속에서 개인적인 것과 정치적인 것이 하나로 합치는 양상을 보면 충분히 가늠할 수 있다. "더 고통스러운 것은 내 이혼인가 아니면 당시 그렇게도 많은 공산주의자가 자신의 패배이자 비극으로 여긴 미국 공산주의자 로젠버그 부부의 사형인가? 두 가지 모두를 견뎌 내겠다는 결의에 찬 분위기에서 하나로 합쳐진 두 갈래를 나누기는 어렵다."[75]

홉스봄은 1950년부터 55년까지 케임브리지에 머물게 되면서 런던에서의 지부 관련 일상 업무에서 벗어난 걸 기꺼이 받아들였다고 말하지만,[76] 그는 그때도 여전히 '충실한' 공산당원 이상의 존재였다. 1952년 당의 요청에 따라 작성한 홉스봄의 자전적 글은 그때까지 자신의 당 기여도에 불만을 느끼고 있음을 증언한다.[77] 게다가 1954년 출판된 어떤 글은 명백히 일반 대중을 위한 것이었음에도, 홉스봄과 당의 관계에 어떤 긴장의 기미도 없으며 그래서 외상을 입게 될 기미도 없다는 걸 고스란히 드러낸다. '민주집중제' 또한 불편한 기색 없이 묘사한다.

지난 10년 동안 당 노선의 근본에 대해서는 불화가 거의 없었으며 당내 비판과 제안의 기제가 적절하게 작동하지 않는다는 느낌이 퍼지지 않은 것도 거의 확실하다. …… 전당대회와 전당대회 사이에 집행위원회가 내리는 결정은 당 전체에서 할 수 있는 한 최대로 토론을 거쳐, 그리고 이로부터 동의를 얻어 도출되는데, **모든 중요 사안에 대한 실질적인 만장일치로 도출된 것이다.**[78]

비록 리센코 학설 ──부르주아와 프롤레타리아의 과학이 각각 따로 있다는 것 ──과 주다노프 노선──철학의 당파성과 예술의 사회주의식 사실주의 ──이라는 재앙이 있었지만, (홉스봄이 단언하기론) 그때까지도 그 당은 '맑스주의의 철학적 전망'에 끌린 이들을 포함해 '진보 지

식인'들에게 호소력을 발휘했다.[79)]

　12년 뒤, 스탈린주의 등장 탓에 중단된 '맑스주의에 관한 대화'의 재개를 마음에 품고서 홉스봄은 1930~36년의 '지적 빙하기' 동안 "아주 소수의 사람만 …… 맑스 사상의 과학적 힘 때문에 공산주의자가 됐다"고 인정하게 된다. 이렇게 인정하며 거론한 이유도 적절했다.

　　점점 더 우리는 맑스, 엥겔스, 레닌, 스탈린 또는 소련에서 정통으로 인정받는 것 외의 요소들을 제거해 갔다. '사회주의식 사실주의'를 뺀 모든 예술이론, 파블로프의 이론을 뺀 모든 심리학 이론, 심지어 때로는 리센코의 이론을 뺀 모든 생물학까지 말이다. 헤겔은 맑스주의에서 추방됐고 …… 오죽하면 아인슈타인조차 의심을 샀으니 '부르주아' 사회과학 일반은 더 말할 것도 없었다. 우리의 공식 신념이 설득력을 잃어 갈수록 우리는 대화를 감당하기 더 힘들어졌다. 우리가 맑스주의의 침투 능력에 대해서보다 그 이념 '옹호'를 더 자주 언급했다는 게 재미있다.[80)]

　'공산주의의 나침반'이라는 『소련공산당사 단기 과정』과 함께, 냉전의 문화 전선에서 공산주의자들에게 당파적 엄정함을 명령한 주다노프의 『문학, 음악 그리고 철학에 대해』가 당시의 사고방식을 대표했다.[81)]

　북대서양조약기구의 적들, 곧 영국 공산주의자들은 다른 서유럽 국가의 동지들처럼 이 전투의 나날 동안 자신들이 불신자의 땅(partibus infidelium)에 산다는 걸 점점 더 자주 깨닫게 된다. "정말로 험한 때는 한국전쟁 기간이었다. 전쟁이 터진 데다가 남들과 다른 편에 서야 했다"[82)]고 홉스봄은 2003년에 한 인터뷰에서 말했다. 그리고 이는 영국공산당의 코민포름식 정책을 신중히 절제하면서도 어쩔 수 없이 취한 태도다.

(소련에서 초안을 쓴 건 아니더라도) 모스크바의 심의를 거쳐 1951년 1월에 출판된 『사회주의로 가는 영국의 길』(*The British Road to Socialism*) 초판은 이를 공식적으로 제기했다. 이 책은 노동당이나 보수당이 매한가지로 미국한테 내어준 '영국의 독립성 회복'을 최우선시하면서 1930년대 중반에 등장했던 좀더 전통적인 레닌주의식 계획 곧 '소비에트 영국을 향하여'라는 목표를 폐기했다.[83] (대신) '통일된 노동계급'이 이끄는 '폭넓은 인민동맹'이 국가주의 색채가 뚜렷한 사회주의 추진 전략을 시도하게 될 안을 제시했다. "자본주의적 민주주의를 진정한 인민의 민주주의로 바꾸면서, 그리고 영국의 역사적 민주주의 쟁취 투쟁의 산물인 의회를 광범한 인민 대중의 의지 관철을 위한 민주적 도구로 바꾸면서" 말이다. 프로그램에 입각한 전망을 이렇게 모두 개량주의적으로 변형하면서도, 공산당은 여전히 전위로서의 존재 이유를 붙들고 있었다. "이런 당이 없으면 사회주의를 위한 전투에서 이길 수 없음을 역사가 증명하기"[84] 때문이다. 승리를 막는 핵심적인 걸림돌은 노동당 지도부에 존재했다. 고로 공산주의자들이 그들에게 독설과 같은 비난을 퍼부은 것이다. 이런 행태의 본보기는 애틀리, 베빈(Ernest Bevin)과 그 일당의 근대 노동당 귀족들을 "자본주의라는 마차에 평민들을 단단히 묶어 두는 일을 제 몫으로 삼는 사회 집단"이라고 맹렬히 비난한 홉스봄의 당시 글에서 찾을 수 있다.

> 오늘날 영국에서 자본주의적 민주주의의 안정은 노동당 지도자가 평당원들에게 어떤 정치력을 발휘하느냐에 달렸다. …… 절망적인 위기 상황에서 영국 자본주의 경제 주위로 휘몰아치는 바람을 노동계급이 정면으로 맞는 순간이 점점 다가오고, 이와 더불어 '사회민주주의의 위기' 그리

고 이에 따라 지금 지배계급이 동원하고 있는 정치적 통제력 유지 방법의 위기도 다가오고 있다.[85]

이런 종류의 결론을 떠받치고 있는 암묵적인 전제는 자본주의가 1930년대의 사멸에 가까운 상태에서 온전하게 회복할 수 없다는 것, 게다가 1930년대는 '부르주아' 민주주의의 종말을 겪은 시기라는 것이다. 고로, 홉스봄이 『흥미로운 시절』의 핵심이 되는 장 '공산주의자가 되다'에서 하나 하나 열거한 '공산주의적 이상주의'의 신념 목록들이 전후에도 여전히 유지되었다. 무엇보다 냉전시대의 맑스주의는 "우리의 승리의 확실성, 다시 말해 지구 전체의 6분의 1이 넘는 지역에서 프롤레타리아 혁명이 승리하고 1940년대에 혁명이 진전함으로써 검증되고 확인된 예측을 과학의 방법으로 제시해 주는"[86] 일을 계속했다. 홉스봄에게 있어 맑스주의자는 자신이 "브레히트 세대, 인간해방 전쟁에서 가장 어려운 결정들을 승인할 만큼 자신을 단련시킨 세대"[87]라 부른 이들, 바로 그들이었다. 그는 이렇게 썼다. 브레히트의 "놀라운 시 「후손들에게」는 그 어떤 것보다 우리 세대 공산주의자들에게 더 많은 걸 이야기해 준다."[88] 이에 한해 말하자면, 그의 공산주의자 체험 회상의 핵심, 자세히 말하자면 "공산당은 낭만을 위한 게 아니었다. …… 조직과 일상을 위한 것이었다"[89]는 얘기는 일방적인 관점을 대변한다고 할 수 있을 것이다. 사실 이런 "예수회식 공산당 규율"[90] 강조를 적절히 정당화하는 게 홉스봄의 이어지는 성격 규정 곧 "레닌주의 '전위정당'은 규율, 사업 효율성, 완전한 감성적 일체화 그리고 **전적인** 헌신 의식의 결합체"라는 주장이다. 다시 말해 "우리 시대의 영웅" 프란츠 마레크[Franz Marek; 20세기 오스트리아 공산주의자로 공산당 산하 이주노동자 조직의 중심인물]를 묘사하면서 명시한 '사실주의'와 '낭만주의'의 혼합[91]인 것이다.

1945~56년의 정치 행동주의와 직업 활동의 연결고리는 공산당 역사가 모임이었다. 홉스봄은 이 모임에 힐, 키어넌, 힐튼, 뤼데, 모리스 돕 같은 인물들과 더불어 참여했다. 좀더 일반적인 의미에서 전국의 지적 풍토뿐 아니라 사학사 측면에서도 1950년대는 (E.P. 톰슨이 주목할 만하게 표현했듯이) "나폴레옹식 환멸과 빅토리아 시대의 순종이 하나로 집약됐다. 워즈워스의 은둔과 디킨스의 포드스냅[빅토리아 시대의 오만하고 속물적인 인간형을 이름]이 …… 같은 거죽 아래 깃들었다"[92]고 할 수 있는 시대다. 역사가 모임의 조직적 유산은 1952년 홉스봄이 힐, 힐튼 등과 함께 창간한 학술지 『과거와 현재』(Past and Present)로 남았다. 변명하거나 사죄하는 기색 없이 제 사상을 확고히 표명하면서 이 학술지는 1957년까지 스스로를 '과학적 역사 학술지'로 내세웠다. 이 점은, 이븐 할둔[Ibn Khaldun; 14세기 이슬람 역사가]의 말을 인용해 맑스와 엥겔스를 대변하고 폴리비오스[Polybius; 고대 그리스 역사가]의 말로 레닌과 스탈린의 주장을 대변한 공동 집필 형식의 창간호 사설에서부터 분명히 제시됐다. 힐 등은 나중에 이렇게 썼다. "우리는 …… 전쟁 전 파시즘 반대 투쟁 시절에 배운 폭넓은 연합의 정치를 전후 시대에 지속하거나 부활시키려 애썼다."[93] 그때처럼 당시도 합리주의의 신뢰성은 꼼꼼히 검토되고 도전받는 상황이었다.

합리주의는 신념이나 당의 전유물이 아니다. 하지만 현재 세대는 역사에 대한 합리적이고 과학적인 접근의 가능성 그 자체를 거부하는 19세기 초 낭만주의의 반합리주의 세계관에서 직·간접적으로 물려받은 특정 사상 조류가 다시 발호하는 걸 보고 있다. …… 우리는 이성과 과학의 방법이 적어도 지질학, 고생물학, 생태학 또는 기상학에서처럼 역사에도 적용될 수 있다고 믿는다. 비록 인류의 변화 과정은 이런 과학보다 몹시 더 복잡하지만 말이다.[94]

적들 가운데 최강은 사상사를 자랑스럽게 몰아내고 고차원의 정치를 기초적인 동기로 환원하는 네이미어의 사학*이었으며, 이런 분위기는 "상당 부분 근대 역사는 시대 의상을 걸친 바로 지금의 정치"[95]라는 홉스봄의 주장에 담긴 요점을 잘 보여 준다. 이런 태도가 버크식의 보수주의를 승인하는 데 반해, 역사유물론의 국가적 전통은 과거 영국 역사의 자유주의-급진주의적 해석을 잇고 대체하려고 전면에 등장했다.[96] 이를 근거로 맑스주의 "'인민전선주의자'은 영국 사학사 분야의 온갖 급진적 전통과 노동의 전통이 묘사하는 …… 폭넓은 진보적 역사의 선봉"[97]을 형성할 수 있었다. 이런 야심은 중요한 인식론적·방법론적 차원을 담고 있다. 이는 초점과 어조에 있어서 전통적으로 정치적이고 입헌적인 색채를 띠는 역사학 분야를 폭넓게 '근대화'하는 데 핵심이 되는 것이었다. 이런 측면에서 『아날』은 『과거와 현재』의 "위대한 선구자"였다.[98] "명백한 이념 차이와 냉전시대의 양극화"가 존재함에도 근대화주의자들은 공통의 적에 맞서 단결했는데, 홉스봄은 그 적을 '실증주의'로 지목했다.[99] 이렇게 근대화주의자들은 네이미어와 포스탠의 이름이 상징하는 '전투'에 뛰어들었다.

---

* 루이스 네이미어(Lewis Namier, 1888~1960): 18~19세기 유럽 연구로 유명한 영국의 역사가로, 헌법과 정당의 역사라는 전통적 연구에 안주하기를 거부하고 하원의석 구성 및 선거과정 등에 대한 세부 연구조사를 진행했다. 이로부터 '네이미어 사학'(Namierism)이라 불리는 정치사 연구의 새 방법이 생겼다.

[이 싸움은] '역사는 과거의 정치'라는 전통적인 전제와 …… 사회와 문화의 구조 및 변화의 역사라는 생각 사이, 그리고 서술로서의 역사와 분석·종합으로서의 역사 사이, 과거 인간사를 일반화할 수 없다고 생각하는 이들과 이 일반화가 핵심이라고 믿는 이들 사이에서 벌어졌다.[100]

하지만 맑스주의 당에 있어서, 사학사 내부의 '폭넓은 진보 운동'보다 더하지는 않을지언정 그에 못지않게 중요한 것은 현실의 쟁점들이었다. 비맑스주의 역사학을 비판하고 이에 맞서 "정치적으로 더 급진적인 해석들을"[101] 제기하면서, 다시 말해 버니언[Jonh Bunyan; 17세기 영국 작가·목회자]의 기독교를 트레셀[Robert Tressell; 20세기 초 아일랜드 소설가]의 누더기 박애주의자['ragged-trousered philanthropist'; 노동계급 문학의 고전으로 평가받는 트레셀의 소설 제목이기도 하다]에 묶어 족쇄를 채우면서, 공산주의 역사가들은 "시대 의상을 걸친 바로 지금의 정치"에 개입했다. 사학사라는 다른 수단을 동원해 인민전선 정치를 지속한 것이다.[102] 냉전시대 '이념전쟁'에서 그들은 1948년 4월 학자 모임 회의의 의사록이 "진보적인 합리주의 전통"[103]이라고 부른 것뿐 아니라 17세기의 '옳고 오래된 대의명분'으로부터 이어지는 노선에서 물려받은 영국 역사의 합리적인 국가 전통을 자신들이 지킨다고 여겼다. 정치화와 대중화는 그래서 전문화와 나란히 진전됐다. 돕의 『자본주의 발전연구』(*Studies in the Development*, 1946)가 대부분의 씨를 뿌린 논쟁인 영국의 절대주의와 "부르주아 혁명"[104]에 관한 표면상 전문적인 논쟁에 암묵적으로 담겨 있던 것은, 영국 근대 역사의 전반적인 궤적 곧 그 역사(특히 민주화 투쟁)에서 인민의 구실과 과거·현재·미래의 세계에서 (개신교) 영국의 구실을 개념화하는 것이다.[105]

홉스봄도 필자로 참여했던, 역사학계의 거장 도나 토르(Dona Torr) 기념문집에 실린 집단 헌사는 그들이 지녔던 관심사를 유창하게 증언하고 있다.

그이는 역사를 우리의 맥박 속에서 느끼게 했다. 역사는 책의 한쪽에 실린 단어들이 아니고 왕과 장관들의 발자취도 아니며 그저 사건들인 것만도 아니다. 역사는 평범한 이들, 우리 인민들의 땀, 피, 눈물이며 승리의 기록이다. 무엇보다 우리가 그이한테 배운 것은, 우리 선조들에 대한 뿌리 깊은 인간적 공감과 함께 심오하지만 부드러운 낙관이다. 그이한테 역사의 움직임은 빅토리아 시대 휘그당원들의 꾸준한 상승이 아니고, 퇴락한 후손들의 다람쥐 쳇바퀴 돌기는 더더욱 아니며, 수확과 상실이 같은 운동의 두 가지 면에 불과한 변증법적 과정이다.[106]

이 '변증법적 과정'의 정확한 윤곽은 2장에서 더 상세하게 검토할 것이다. 지금으로서는 인민전선주의의 핵심 저작인 A.L. 모턴의 『영국 인민 역사』(*A People's History of England*, 1938) 증보판을 집단 창작으로 내놓으려던 역사가 모임이 시도한 '우리 자신을 위한 맑스주의 연속 세미나'가[107] 홉스봄의 첫번째 편집서, '생성중인 역사' 시리즈를 위해 토르가 주도한 문헌 작업의 하나로 1948년에 출판한 『노동의 전환점 1880~1900』을 호되게 비평한 자리였다는 걸 지적하는 걸로 충분하다.[108] 그런데 그의 데뷔가 맑스주의 역사가들의 독특한 접근법을 요약해 주는 '계급투쟁 분석'과 '밑으로부터의 역사'라는 개념을 뒷받침하긴 했어도,[109] 홉스봄은 (뒤에서 보겠지만) 1859년의 「서문」이 생산양식의 변천 과정과 함께 정리한 '맑스의 질문'이라고 자신이 지칭한 것에 관심

을 훨씬 덜 기울이는 동료 몇몇에 비해 정통에 더 가까운 맑스주의를 고수하였다.[110]

위에서 언급했듯이 1940년대와 1950년대에 문제제기 항목의 윗자리를 차지한 것은 힐의 혁명 300주년 기념 소책자 『영국 혁명 1640』에 정리되어 있는 '부르주아 혁명'의 지역별 실증 작업이었다. 1978년에 전후 논쟁을 재검토하면서 홉스봄은 "우리의 논증은 때로는 필연적으로 '옳다'고 우리가 이미 아는 걸 확인하려 고안해 낸 **사후 작업**"[111]이었음을 인정했다. 하여튼 여기에 뜨거운 정치적 함의를 담고 있는 이론적 쟁점이 있다. 왜 그런고 하니, 봉건주의에서 자본주의로의 이행이 내부 자체 혁명을 통해 진전되지 않았다면, 혁명은 이 이행뿐 아니라──더 중요하게는──자본주의에서 사회주의로 넘어가는 미래의 이행에 대해서도 보편적이고 불가결한 조건을 제공하는 게 아닐 수 있기 때문이다. 홉스봄의 재검토 결과가 무엇이었든, 1950년대 중반에 그는 영국을 "'부르주아 혁명'이 처음 완수된 나라"[112]로 지목하면서 정통 견해에 동의했다. 그래서 홉스봄과 그의 동료들이 보기에 "경제적으로 진보한"[113] 영국의 혁명은 역사에 있어 결정적인 에피소드를 구성한다. 그런데 이 역사는 본질에 있어서는 이 모임의 '진보주의'와 그 아래의 '기술적 인간주의'를 진단하는 과정에서 가장 젊은 회원──홉스봄──이 '서사'로 규정한 것처럼 인식되었다.

[이 '서사' 속에서] 각 계급은 역사적으로 부여받은 임무를 수행(또는 수행에 실패)한다. 역사 과학은 발전 법칙을 축으로 회전한다. 인류는 사회주의 달성과 함께 전사(前史)가 끝나고 진정한 역사가 시작될 때까지 한 지점씩 앞으로 전진하는 것이다.[114]

동쪽의 지진

"'러시아 실험'의 성공"에 의지해 이런 진보주의는 힐로 하여금 소련과 영국을 "두 개의 연방"[115]으로 짝짓게 만든, 전쟁 직후의 상황 속에서 구체화되었다. 10년 뒤인 1954~55년 겨울 소련과학아카데미 초청을 받아 힐 등과 함께 갔던 소련 여행은 홉스봄을 "의기소침"하게 하는 계기가 됐다. 이 여행은 그에게는 '현존 사회주의'를 직접 경험하는 기회였는데, 비록 "정치적으로는 변함없었지만, 낙담해 돌아왔으며 …… 다시 가보고 싶은 욕구도 가졌다".[116] 공산 블록 나머지 국가의 발전에 대한 그의 태도는 1948년부터 51년까지 공산주의자들이 관장한 잡지 『새 중부유럽 옵서버』(New Central European Observer)에 쓴 글에 나타나는데, 여기서 홉스봄은 '인민민주주의'에 관한 당 노선을 강력하게 옹호하면서 독일의 수정주의와 군사주의에 대해 경고했다.[117] 『흥미로운 시절』에서 그는 또 1949~52년 사이 동유럽의 여론 조작용 재판에 대해 불신으로까지 커진 회의감을 드러낸다. 또 1948년부터 쏟아지기 시작해, 거짓 설명으로 가득한 클루그먼의 『트로츠키에서 티토로』(1951)에서 정교하게 정리된 유고슬라비아에 대한 공격에 전적인 불신을 표시했다.[118] 그의 동료 역사가 누구도 『공산당 약사』(Short Course)가 가르친 소비에트와 소련공산당사를 뒷받침하지 않았으나, "당시 공산주의자들이 인식하던 것보다 훨씬 더 심한 소비에트 캠프의 공포"를 인식하지도 못했다고 홉스봄은 주장한다. 10월 혁명에 동조하는 성향의 정보조차 공산당 쪽에서 나오지 않는 한 믿기를 꺼리면서, 20세기 러시아에 대해 진실되게 글을 쓸 수 없던 이 역사가들은 회피의 길을 택했다.[119] 홉스봄은 이렇게 쓴다. "명백하게 나 같은 이들은 소련에 관한 많은 환상 때문에 공산당에 남아 있던 것이 아니다. 물론 의심의 여지 없이 환상을 품었던 건 맞지만 말이다. 예컨대 우리는 스탈린 치하 소련에서 벌어진 폭력 행각을 분명히 과소평가했다."[120] 홉스봄이 1950년대에 당적을 유지한 것은 (그가 말하듯이) 지정학적 기술의 균형이 전반적으로 긍정적인 종합평가를 낼 수 있게 하기 때문이었다.

세계 대부분의 나라한테는, [소련이] 가능한 모든 체제들 가운데 최악은 커녕 서구 제국주의에서 해방되기 위한 투쟁의 우군으로 보였다. 또 비-유럽식 경제·사회 발전의 모델이기도 한 듯했다. 공산주의자와 공산정권의 미래, 그리고 식민지에서 벗어났거나 벗어나고 있는 세계의 여러 운동세력이 소련이라는 존재에 의지했다. 공산주의자들이 얽히는 한 소련을 지지하고 방어하는 것은 여전히 국제 문제에 있어 우선 순위 중에서도 으뜸에 있었다. 그래서 우리는 의심을 삼키고 주저하는 마음을 억누르며 소련을 옹호했다.[121]

공산주의자들이 "정치적 신경쇠약의 벼랑 끝에서 산"[122] 때인 '외상이 가득한 해' 1956년은 흐루쇼프가 2월 소련공산당 20차 당대회에서 탈스탈린주의를 내비친 '비밀 연설'을 한 해이자, 11월에 소련이 헝가리 혁명을 폭력으로 진압한 해이다. 이 사건이 서유럽의 다른 자매정당들에 끼친 여파처럼 영국공산당에 끼친 여파도 극적이어서, 대략 3만 명 조금 넘는 당원 가운데 4분의 1이 결국 탈당했다.[123] 흐루쇼프가 스탈린 문제를 공식화한 걸 숨기려는 지도부의 부질없는 시도는 "공산주의자 신념의 본질에 영향을 끼치는 사안의 진실을 우리가 전해듣지 못한다"[124]는 걸 뜻했다. 역사가 모임 회장으로서 홉스봄은 폭풍의 눈에 휩싸인 처지가 됐다. 이 일은 "당 노선에 대한 소리 높은 반대의 핵"을 형성했는데, 이렇게 된 것은 역사가들이란 "개인이자 공산주의 투사로서만이 아니라 전문가의 책임 측면에서도 상황을 직면할"[125] 의무가 있다는 간명한 이유에서였다. 헝가리에서 이어진 사건의 진실은 '역사에 관한 질문' 곧 형성 과정에 있는 (그리고 형성되지 않는 과정에 있는) 역사에 관한 질문이기도 했다. 노선이 갈라지는 과정에서 새빌과 톰슨은 1956년 11월 반대파 잡지 『더 리즈너』(The Reasoner) 발행 중단을 거부하면서 당을 떠났고,[126] 힐은 자신이 서명한 내부 민주주의 관련 소수 의견 보고서가 1957년 4월 특별 회의에서 압도적으로 기각되자 그 뒤를 따랐으며, 키어넌은 50년대 말에 탈당했다. 돕, 모턴과 함께 홉스봄은 계속 남은 극소수에 속한다. 왜였을까?

운동의 의도는 충분히 사회주의였지만 반-소비에트라는 여파를 가져온 부다페스트의 운동에 러시아가 개입한 이후, 홉스봄은 신랄한 집단 항의 편지에 서명을 했다. 『데일리 워커』가 게재를 거부한 뒤 당 규율을 심하게 어기면서 1956년 12월 1일 『뉴스테이츠먼』과 『트리뷴』에 실은 이 편지를, 홉스봄은 『흥미로운 시절』에서 자신이 소련의 행동에 반대하고 영국공산당 지도부와 충돌한 증거로 제시한다. 편지의 핵심 구절은 이렇다.

공산당 집행위원회가 헝가리에서 소련이 벌인 일을 무비판적으로 지지한 것은 몇 년 동안 지속된 바람직하지 않은 사실 왜곡에 해당한다고 우리는 느낀다. …… 20차 당대회에서 공개한 사건이 …… 영국 노동운동에서 맑스 이념이 받아들여지는 것은 우리가 사는 세상의 진실로부터 그 이념이 도출될 때뿐이라는 걸 우리 당 지도부와 기관지로 하여금 깨닫게 하는 계기가 되기를 기대했다.

소련에서 자행된 끔찍한 범죄와 학대의 폭로, 폴란드와 헝가리의 사이비 공산주의 관료와 치안 체제에 대항하는 노동자와 지식인의 최근 반란 같은 일은 지난 12년 동안 우리가 오도된 사실에 근거해 정치 분석을 수행했음을 보여 줬다. …… 우리 노동운동에서 좌파와 맑스주의 경향이 지지를 얻으려 한다면, 이는 사회주의 성취를 위해 꼭 필요한 것이기도 한데, 이 과거를 철저히 물리쳐야 한다. 이 과거에는 사악한 과거가 가장 최근에 만들어 낸 결과, 집행위원회가 최근 소련 정책의 오류를 지지한 것도 포함된다.[127]

홉스봄은 편지의 마지막 유보조항을 책에 인용하지 않았는데, 그것은 "서명자들은 이 편지의 내용 전체에 동의하는 것이 아니지만 전반적인 의도에 충분히 공감하기에, 이 점을 밝히면서 서명했다"[128]고 독자들에게 알리는 내용이다.

홉스봄은 유보조항을 전제로 서명한 사람인가? 집단 항의 편지가 공개되기 3주 전이자 초안이 작성되기 9일 전 그가 쓴 편지 하나가 집단 편지와 같은 것을 암시하는 '사실을 억압하기'(Suppressing Facts)라는 제목을 달고 『데일리 워커』에 등장했다. 길지만 인용할 가치가 있는 내용이다.

아마도 반혁명과 개입의 기지가 될지 모르는 '민첸티의 헝가리'가 국경을 맞대고 있는 소련, 유고슬라비아, 체코슬로바키아, 루마니아에 끔찍하고 심각한 위협이 될 소지가 있음을 모든 사회주의자가 이해할 수 있을 것이다.

우리가 소비에트 정부의 위치에 있다면 사건에 개입해야 할 것이고, 유고 정부의 위치에 있다면 이 개입을 승인해야 할 것이다.

그러나 모든 사회주의자는 …… 헝가리 상황에 대해 다른 세 가지 사실도 말해야 한다는 걸 이해한다.

첫째, 옛 헝가리 정부와 러시아 점령에 반대한 운동은 비록 잘못된 방향으로 인도됐을지언정 폭넓은 인민 운동이었다.

둘째, 헝가리노동자당(HWP)이 인민들로부터 고립되고 일부한테서는 증오의 대상이 되도록 상황을 만든 잘못은, 헝가리노동자당뿐 아니라 소련의 옛 정책 탓이기도 하다.

셋째, 비록 방향이 잘못됐더라도 인민의 운동을 외국 군대가 억압하는 건 잘해 봐야 비극적인 불가피함이며, 이런 사실을 인식하는 게 마땅하다.

무거운 마음으로 지금 헝가리에서 벌어지는 걸 승인하면서 우리는 고로 솔직하게 말해야 한다. 소련이 최대한 빨리 군대를 철수해야 한다고 말이다.

영국 인민들이 우리의 진정성과 판단을 신뢰하게 하려면, 이런 점을 공산당이 공개적으로 거론해야 한다.

그리고 그들이 우리를 따르지 않으면, 우리가 익히 알듯이 세계의 사회주의와 영국의 사회주의가 크게 의존하고 있는 현존 사회주의 국가들의 대의명분을 우리가 어떻게 북돋을 수 있겠는가?

잘못을 인정한다고 우리와 소련의 대의명분이 약해지지 않는다. 도리어, 공산주의자 아닌 독자들이라면 근시안적인 데다가 상당히 설득력 없게 사실을 감춘다고 여길 만한 성명을 발표하는 게 명분을 훨씬 더 약화시킨다.[129]

심각하게 권위를 부여하며 소련의 행동을 지지하는 홉스봄의 『데일리 워커』 기고문은, 소련을 시종일관 비판하는 톰슨의 『더 리즈너』 기고문과 더없이 대조된다. 홉스봄은 종종 1956년의 갈라섬이 그와 탈당자들 사이의 개인적 관계에는 영향을 끼치지 않았다고 말하곤 한다.[130] 그럴지라도, 홉스봄은 1957년에도 당내 반대 활동, 특히 내부 민주주의 문제에 관한 반대 활동을 계속하면서 몇몇 친구들과는 다른 역사-정치적 전망을 품고 있었다. 소련과의 자동적인 연대의 시절이 갑자기 끝나고 말았다 하더라도, 홉스봄은 여전히 소련과의 연대를 국제 사회주의와 반-제국주의의 보루로 인식했다. 홉스봄은 1956년에 터진 또 다른 사건, 영국과 프랑스의 수에즈운하 원정 개입 덕분에 자신의 이런 자세에 대해 안도했을지 모르겠다.[131]

당적을 버리지 말라는 아이작 도이처*의 조언을 인용하면서 홉스봄은 이 조언에 유의하기는 했지만 1956~57년의 사건 추이가 "당이 스스로 혁신할 수 없기에 정치적으로 장기적인 미래가 없다고 (나를) 설득했다"[132]고 쓴다.

결국 실제로 나는 투사에서 동조자 또는 여행 동반자로, 다르게 표현해 보자면 실제 영국공산당 당원에서 나의 공산주의 이념에 훨씬 더 잘 어울리는 이탈리아공산당의 정신적 당원으로 스스로를 변화시켜 재탄생했다.[133]

---

* 아이작 도이처(Issac Deutscher, 1907~1967); 폴란드 출생의 맑스주의 역사가·정치평론가. 트로츠키 반 나치스 통일전선을 지지하여 공산당에서 제명되고 제2차 세계대전 후 소련권 문제의 권위자가 되었다. 트로츠키 3부작을 썼다.

1999년에 그는 이렇게 언급했다. "꿈이 끝났다는 게 내게 명백했다."[134] 타락한 이후에 나타나는 역 투사 행위의 요소를 이 발언에서 식별할 수 있는데,[135] 이는 '공산당에 머무는 것이 나오는 것보다 더 중요한지' 그 이유에 얽힌 수수께끼를 더 복잡하게 만든다. 그런데 공산당에 머무는 게 더 중요하다는 이 판단은 1956년 공산당 30돌을 맞아 인터뷰하는 자리에서 홉스봄이 "공산당의 미래가 어찌되든지, 영국 노동계급 역사에 있어서 공산당이 1920년부터 수행한 몫을 순수하게 판정하면 압도적으로 긍정적이다"[136]라고 말함으로써 드러낸 생각이다. 그러므로, 에드먼드 윌슨의 노래("소련의 비행 탓에/ 그는 다시 노예의 길을 선택했다네")가 풍자한 도스 파소스** 같은 전향 공산당원들을 홉스봄이 비웃으면서 1987년에 고백한 자기 세대 공산주의자들에 대한 존경 어린 충성심 이상의, 아니 이보다 훨씬 더한 그 무언가가 이런 판단에 깔려 있었다.[137] 당원이라는 약점을 무릅쓰고 직업적으로 성공한 데서 비롯될 법한 어떤 감성적 만족감 이상의 그 무엇, 곧 합리적인 정치적 근거가 홉스봄의 판단에는 있었던 것이다. 그리고 이 판단이 지시하는 방향은 '순수한 판정'이라는 표현에 담겨 있다.

홉스봄은 1956년 사건 처리에 대해 이렇게 서술함으로써 결론을 맺는다.

1936년에 공산당에 입당한 나는 정치적으론 반파시즘 연대와 인민전선의 시대에 속한다. 이는 오늘날까지도 정치와 관련된 내 전략적 사고를

** 도스 파소스(Dos Passos, 1896~1970); '미국 3부작'(USA Trilogy)으로 유명한 미국의 작가로 훗날 우파로 변절했다. 제2차 세계대전 때는 저널리스트로 활동.

계속 결정해 왔다. 그러나 1932년 베를린에서 청소년 시절에 전향한 사람으로서 정서적으론 세계혁명의 희망과 그 희망의 고향, 곧 10월혁명과 거의 끊을 수 없는 탯줄로 연결된 세대에 속한다. 소련에 대해 그 얼마나 회의적이고 비판적일지라도 말이다. 나와 같은 출생배경 그리고 나와 같은 방식으로 운동에 합류한 이들은 당과 관계를 끊는 일이 나중에 다른 곳에서 운동에 합류한 이들보다 몹시 더 어려웠다.[138]

이 대답에는 의심스러운 대목이 없지만, 이 역시 제대로 해명되지 않는 정당화이긴 매한가지다. 2장에서 보겠지만 1960년대와 70년대 홉스봄의 글들은, 1973년 당당하게 자신을 "'구좌파' 맑스주의자"[139]로 규정한 인물이 무조건적이거나 무비판적인 충성의 기미 없이 국제공산주의운동의 과거 성과와 현재 상태, 미래 전망에 대해 훨씬 더 긍정적으로 평가하는 걸 보여 준다. 그를 묶었던 끈이 그리 쉽게 끊기지 않은 건, 꿈은 깨어지고 소련이 더는 빛나는 모범("소련의 오늘은 우리의 미래다")이 아니며 '환하게 빛나는 미래'는 멀고 먼 이상향이 됐을지라도 현실이 잠재성과 약속까지 앗아 가진 않았기 때문이다.

1956년 이후 공산세계의 '다극화'에 직면한 소련은 내부에선 흐루쇼프 주도로 탈스탈린화를 재개해 급진적으로 밀어붙였다. 반면 국외에선 식민지에서 벗어난 뒤 고립되어 있던 아프리카의 정권 곧 루뭄바의 콩고와, 아메리카에서 거의 고립된 채 혁명을 이룬 카스트로의 쿠바에 대해 아무 조건 없는 지원을 강화해 갔다. 서유럽에서는 지역 내 주요 대중적 공산당 조직인 프랑스공산당이 제5공화국 때문에 이러지도 저러지도 못하고 있었다면, 또 다른 대중적 공산당 곧 홉스봄이 애정을 느낀 이탈리아공산당은 점점 더 활기 넘치는 세력으로 보이기 시작했다. 영국

공산당은 1956년의 집단 탈당 사태 이후 안정세를 유지하면서 회복의 발판을 마련했다. 그래서 비록 홉스봄이, 탈당파들이 결성한 신좌파와 관계를 유지하고 그들이 주도한 학술지가 나오자마자 진정한 협력에의 의지로 글을 기고했다 할지라도,[140] 이와 동시에 런던 킹스트리트에 본부를 둔 공산당한테 『대학 및 좌파 리뷰』(Universities and Left Review)로 대표되는 환경[탈소련, 탈공산당 신좌파의 등장을 뜻한다]에 어떻게 대응해야 할 것인지 조언했다는 사실은 놀랄 것도 없다. 신좌파에 대한 홉스봄의 평가——이 운동이 "의심할 것 없이 실질적인 것"이긴 하지만 "극도로 혼란스럽고 결속력이 없으며……특히 조직과 이념에 있어 취약하다"[141]——가 지닌 부담은 대조적으로 구좌파가 비록 결점이 많지만 그래도 '조직과 이념'을 갖고 있다고 내세우는 격이라는 점에 있다.

그와 동시대 인물인 루이 알튀세르가 인내하면서 프랑스공산당과 관계를 이어 간 것처럼, 또는 그보다 앞 세대인 루카치가 헝가리사회주의노동자당(HSWP)으로부터 용인받았듯이, 홉스봄도 1956년 이후 요컨대 서유럽 맑스주의 전통 쪽으로 방향을 재조정해 간 걸로 봐줄 수도 있다. 여기서 말하는 서유럽 전통이란 이런 것이다.

러시아혁명과 후속 사건들이 아무리 야만적이고 추할지라도 20세기가 겪은 자본주의 질서에 진정한 첫번째 파열구를 낸 사건을 대표하고…… 그러므로 자본주의 국가들이 소련에 맹렬한 공격을 가한다는 인식을 거의 언제나 갖고 있었다. 게다가 서방에서 노동운동 내 대안 전통, 사민주의 대안 전통은 자본주의에 대한 진정한 반대세력의 위상을 잃고 전반적으로 주체성 없는 현상 유지의 지탱 세력이 되고 말았다. 이런 상황에서 지역 부르주아지가 계속 직면하는 호전적인 적대세력은 오직 이념적으로 소련 지향적인 공산당뿐이다.……이런 이유들 때문에 서유럽 맑스주의 전통은 공산주의 국가들에 대한 비판에 있어서 전형적으로 모호하고 신중한 태도를 보였다.[142]

자서전 작가로서 자신을 묘사할 때의 초연함을 역사가로서는 덜 보여 주는 홉스봄은 "제 과거를 부인하는 걸 체계적으로 거부할"[143] 뿐 아니라 그 과거의 상당 부분을 변함없이 자기 미래 속에 적극적으로 보존하기까지 했다. 『흥미로운 시절』을 읽을 때 드는 생각보다 훨씬 더 깊고 넓게, 학생 홉스봄이 어른 홉스봄의 아버지였고 이는 변치 않았다.

2장 | 국제적 행로와 섬나라의 행로

정치적 투사의 신념이 변화하면서 이 직업적 역사가는 성숙해져 갔다. 1956년 이후 15년, 이 대단히 생산적인 기간 동안에 홉스봄은 자기 이름으로 일곱 권의 책을 냈다. '초기' 사회운동 연구가 『원초적 반란』(1959)이라는 책으로 포괄되어 나왔고, 첫번째 근대사 연구서 『혁명의 시대』(1962), 노동 역사에 관한 글 모음 『노동하는 인간』(1964), 산업혁명기에 시작된 영국 경제사 종합 『산업과 제국』(1968), 1830년 영국 농업 종사자들의 반란 분석서로 조지 뤼데와 함께 쓴 『스윙 대위』(1968), 1959년 '원초적' 반란의 모형을 정교화한 책 『의적의 사회사』, 그리고 마지막으로 공산주의, 맑스주의, 아나키즘에 관한 서평과 글 모음 『혁명가들』(1973)이 이어졌다.

하지만 보통 말하는 첫번째 저서는 『원초적 반란』이 나온 해에 프랜시스 뉴턴(Francis Newton)이라는 가명으로 낸 『재즈 풍경』(*The Jazz Scene*)이다(이 가명은 그와 마찬가지로 공산주의자였던 미국 트럼펫 연주자 프랭키 뉴턴에서 따온 것이다). 홉스봄은 당내 전투에서 벗어나 즐거운 취미 활동에 빠질 기회를 확실히 가져다줄 일로서 1956년 6월부터 『뉴스테이츠먼』의 재즈 담당 기고자로 활동했다. 록 음악은 맑스주의자들이 대중문화를 업신여기는 근거로 삼기에 딱 어울리지만——"아마추어들의 예술이자, 음악이나 심지어 문자도 모르는 문맹의 예술"[1]——, 재즈는 나중에 재즈 관련 "글 가운데 가장 바보스러운 축에 드는 것"[2]이라는 소리를 들은 바 있는 아도르노의 혹평을 받을 만큼 형편 없는 게 아니다. 재즈는 "인민의 음악"이며 "세계 민속 음악을 없애려 하는 …… 세상에서 민속 음악의 수준을 구해냈으며 …… 대중음악과 예술음악을 각각 다른 면에서 평가하는 이중적인 아첨에 맞서 지금까지도 그 수준을 유지할"[3] 만큼, 20세기 문화사에서 확고한 위치를 다진 진정한 대중예술이란다. 억압 받는 흑인과 백인의 "항변과 반역의 음악"으로서 재즈는 주다노프 체제 아래서조차 공산주의자들이 소련의 장황한 재즈 비판을 묵살할 정도로 그들에게 타당한 호소력을 발휘했다.[4] 실제로 아래 인용한 홉스봄의 회상은 재즈가 그의 감성에 (음악 취향 이상의) 의미를 지닌 대항 수단임을 암시한다.

내 기억으로 케임브리지 시절 가장 먼저 진정으로 재즈 열풍을 접한 무리들은 전쟁 발발 직전에 공산당 안에 있거나 그 주변에 있던 이들이다. 그러나 그들의 취향은 1940년대의 신낭만주의, 유사 초현실주의 시의 세계로 그들을 이끌어 갔는데 …… 이는 우리 사이에 퍼져 있던 볼테르주의 성향이 아니라 루소주의 성향이었다.[5]

자기 세대 이후의 루소주의 음악 문화를 일축하면서 이 볼테르주의 비평가는 오명을 비판하기보다 어리석음을 비판하는 자세를 보였으나, 1963년 "20년 안에 [비틀스의] 그 어떤 음악도 살아남지 못할 것이다"[6]라고 경솔하게 예측하고 만다.

진보의 드라마

홉스봄이 인민전선 시기에 흡수한 맑스주의식 계몽주의 진보관과 합리주의에 계속 의지했음에도, 『원초적 반란』은 이와 대조되는 집착, 라파엘 새뮤얼(Raphael Elkan Samuel)의 말로 표현하면 "불운한 반란의 역사적 재구성"[7]을 강화했다. 이런 태도가 그의 저작 전반의 요지와 모순되기보다 대조되는 것이라면, 그건 (그가 1986년 인터뷰에서 말했듯이) "[『원초적 반란』에는] 아나키즘과 자유방임주의를 비판하는 숨은 의미가 있고 …… 이는 **조직의 필요성**을 내세우는 것"[8]이기 때문이다.

1950년대 스페인과 이탈리아를 여행하고, (피에로 스라파[Piero Sraffa; 20세기 이탈리아 경제학자]의 소개로 알게 된) 이탈리아 공산주의 지식인들을 자주 방문했으며 그들을 통해서 그람시의 글들을 발견한 덕분에 쓴 『원초적 반란』은 사회인류학자들(특히 맨체스터대학의 맥스 글루크만)과 접촉하면서 지역에 좀더 밀착한 내용들도 담았다.[9] 라자레티나 안달루시아 아나키즘과 같은 천년왕국운동*과 의적이나 도시폭동 같은 현상을 연구할 때 피해야 할 '직업적 버릇'은 우월감인데, 이 우월감은 (톰슨이 지적한) 후손들이 갖게 되는 우월감이 아니다. 그것은 이런 현상들을 "'역사 이전' 단계 사회 동요 현상의 일종"[10]으로 정당하게 평가하는 데 필요한 이해를 가로막는 "합리주의적이고 '근대주의적인' 편향"인 것이다. 연구 대상에 대한 홉스봄의 상상 속 공감의 깊이와 넓이는 『의적의

---

* 라자레티는 19세기 이탈리아의 종교지도자이다. 안달루시아 아나키즘(무정부주의)은 19세기 스페인에서 등장한 운동이다. 둘의 공통점은 천년왕국운동의 전통에 속한다는 점이다. 천년왕국운동은 세상이 끝나갈 즈음 천년동안 악마가 없는 새로운 세상이 열린다는 성경의 예언을 신봉하는 급진적 종교운동이다.

사회사』에서 그가 스페인 사람 프란시스코 사바테 요파르트를 신랄하게 묘사한 대목을 읽은 독자에겐 금방 분명히 드러날 것이다. 하지만 역시 명백한 것은 연구 대상들을 궁극적으로 평가하는 홉스봄의 기준이다. 이는 홉스봄이 사바테에 대해 "그 어떤 합리적이고 현실적인 기준으로 봐도 사바테의 인생 경력은 삶의 낭비였다"[11]고 결론 맺은 데서 드러난다. 이런 결론이 나온 건, 스페인 농민 아나키스트들의 약점인 천년왕국을 추구하면서 "조직, 전략, 전술, 인내의 필요성"을 무시한 것[12]이 치명적이어서다.

'근대'——아마 '원초적'이라는 말이 가리키는 것과 대조적으로 문명화한 상태라는 뜻까지 담고 있을——의 사회운동에 있어서 명백한 규범은 착취당하고 억압받는 이들에게 영원한 피해자라는 딱지 대신 역사의 잠재 동력이라는 몫을 부여하는 성숙한 노동운동이었다. 맑스와 엥겔스의 자본주의 생산양식 해부에 따라, 산업화는 종종 도시폭동을 일으키는 성향을 띤 하층민을 "존재 그 자체가 조직이자 지속적 연대"[13]인 산업 프롤레타리아트로 대체한다고 홉스봄은 말했다. 산업 노동계급에 뿌리를 둔 "혁명운동이 이상주의나 '사회개혁불가능론'"에 물들지 않아서 그런 건 아니다. 이런 사회개혁불가능론은 "오죽하면 근대 [혁명운동가조차] 사회주의가 도래해도 …… 모든 문제를 해결하거나 해결의 실마리를 찾을 수 있게 되지 않는다는 걸 깨달으면서 육체적인 고통이나 다름없는 감정에 빠지게 하는" 것이며, 아마도 "주요 혁명 달성에 없어선 안 될 초인적 노력을 유발하는 데 필요한 사회적 장치"[14]였다. 그래서 홉스봄은 이런 경향의 과거 모습과 지금 드러나는 징후를 존중한다. 그러나 근대 이념, 조직, 전략과 결합하지 않는 한 이런 경향의 폭발적 잠재력은 정치, 사회변혁이라는 목표에 집중하기보다 흩어지기 쉬웠다. 새로운 유형의 역사를 열면서 초기 근대 혁명은 과거와 확연히 단절했다. 과거를 일소하진 못했을지라도.

> 미국혁명과 프랑스혁명은 …… 이념과 야망을 전통적인 종교의 용어가 아닌 세속적인 합리주의 용어로 표현한 세계 역사상 첫 대중 정치운동일 것이다. …… 근대 노동운동은 이 시기의 산물인데 …… 이 운동을 이끈 이념인 사회주의가 …… 18세기 계몽주의와 합리주의의 마지막이자 가장 극단적인 후계자인 까닭이다.[15]

그래서 영국 노동운동은 특이하다. '부르주아 혁명'이 전근대 종교적 양식을 띤 채 싸워 이긴 나라에서 태어났기에 말이다.[16]

"홉스봄은 맑스와 엥겔스도 종종 무시했던, 인간 진보에 내재된 비극이라는 현실을 찬양하지 않고 정면으로 대면하길 고집한다"[17]고 이야기해 왔다. 역사유물론을 만든 이들이 채택한 역사 진보 개념이 그 속에 담긴 비극을 무시했다는 지적을 당시 홉스봄이라면 확실히 부인했을 것이다. 홉스봄이 '진보의 드라마'라고 부른 개념은 19세기에는 다양한 견해가 한 목소리로 지지하던 것이다. 그럼에도 "진보란 다소간 연속적이고 직선적이라고 생각한 이들과 (맑스처럼) 불연속적이고 서로 모순된 것이어야 하며 또 그렇기도 하다는 걸 알던 이들 사이에"[18]는 "근본적인 분열"이 있었다.

『혁명의 시대』에서 이 분열의 경계선은 1789년 이후의 **바로** 그 거대한 이념적 분열 곧 진보를 믿는 이들과 나머지 사람들 사이 분열의 하위에 있는 분열로 그려진다.

어떤 뜻에서 보면, 중요한 의미를 지닌 세계관 하나와 …… 이 세계관, 그러니까 18세기의 승리감에 찬 합리주의, 인간주의적 '계몽'에 대한 부정적인 비판을 바탕에 깔고 있는 다른 여러 관점이 존재했다. 이 세계관 신봉자들은 인간 역사가 추락하는 것도, 그렇다고 일정한 수준의 흐름 가운데 기복을 보이는 운동도 아니라, 상승하는 것이라고 확고하게(그리고 올바르게) 믿었다. 그들은 인간의 과학 지식과 자연에 대한 기술적 통제가 나날이 강해지는 걸 볼 수 있었다. 그들은 인간 사회와 각 개인이 이성을 똑같이 활용함으로써 완벽해질 수 있고 역사에 의해 그렇게 완벽해지도록 운명지어졌다고 믿었다. 이 점에서 부르주아 자유주의자와 혁명적 프롤레타리아 사회주의자는 하나였다.[19]

맨체스터 자유무역주의의 진리와 결합한 앞의 무리가 지닌 신념, 곧 자본주의가 인간 역사에서 궁극적으로 진보적인 요소라는 신념은 어느 정도 ── '당시에는' ── 정당화됐다. 반면 후자 곧 사회주의자들은 자본주의를 필연적으로 도래할 사회주의를 향해가는 데 필요한 중간 기착지로 봄으로써 역사 발전의 종착점을 바꾸면서 계몽주의를 재구성하고 급진화했다. 홉스봄이 이어지는 인용문에서 사용한 용어들의 원전인 『공산당 선언』에서 묘사된 맑스주의는 **계몽사상가**의 후계자였다.

진보 이념은 하나의 진화를, 아마 역사 발전 단계를 거치면서 꼭 필요했을 진화를 암시한다. 그러나 맑스가 …… 논증의 중심을 역사 발전의 합리성과 바람직함에서 발전의 역사적 불가피성으로 바꾸기 전까지 사회주의는 여전히 계속 나타나는 반박성 저항에 맞설 가장 강력한 지적 무기를 확보하지 못했고 …… 자본주의가 일정한 지점에 이르면 필연적으

로 더 진보하지 못하게 가로막고 또 회복할 수 없는 위기로 내몰기도 하
는 내부 모순을 지닌 체제임을 정치경제학이라는 수단을 통해 볼 수도
없었다. 게다가 자본주의는 …… 불가피하게 그 체제의 무덤을 파는 이
들 곧 프롤레타리아트를 만들어 냈다. 단지 자본주의가 봉건주의보다 더
합리적이어서가 아니라 부르주아 사회 세력의 힘 때문에 자본주의가 번
성했듯이, 사회주의도 피할 수 없는 노동자들의 승리 때문에 번성하게
될 것이다. 이것이 영원히 실현되지 않을 이상에 불과하다고 여기는 건
어리석다. …… 이는 자본주의의 자식이다. 사회주의의 조건을 창조한
사회변혁 이전에는 사회주의를 적절하게 정식화할 수도 없었다. 그러나
일단 그 조건이 나타나자 승리는 확실해졌는데, [1859년 「서문」에서 맑
스가 한 말로 표현하면] "인류는 언제나 스스로 풀 수 있는 임무만 설정하
기" 때문이다.[20]

방어하는 자세는 아니지만 집착을 내비치고, 불가피함을 반복 강조
해 설명하는 이 구절은 "역사유물론을 가장 충실한 형식으로 제시한"[21]
1859년 「서문」에서 맑스가 개괄한 역사의 진보 궤적에 대한 홉스봄의
신앙 고백으로 여길 수 있겠다.

1964년 '자본주의 이전의 경제 형식'에 대해서 쓴 『정치경제학 비
판요강』의 영어 번역본 한 구절을 소개하면서 홉스봄은 다음과 같이 지
적했다.

그 **형식**은 가장 일반적인 형태로 역사의 내용을 정식화하려 시도한다. 그
내용은 **진보**다. 역사 진보 그 자체를 부인하는 이들이건,……맑스 사상을
…… 인간 해방의 윤리적 요구로 여기는…… 이들이건, 여기서 자신의 주

장을 뒷받침하는 걸 찾지 못할 것이다. 맑스에게 진보는 객관적으로 규정할 수 있는 어떤 것이며 동시에 바람직한 걸 지목하는 어떤 것이다.[22]

하지만 결정적인 경고를 하자면, 단선적인 역사 발전 개념이나 역사를 "그저 진보의 기록"으로 보는 단순한 관점을 맑스의 생각으로 치부하는 건 잘못이었다. 맑스가 1859년 「서문」에서 연속되는 생산양식을 '진보적인' 걸로 규정한 대목이 함축하는 유일한 주장은, 각각의 생산양식이 인간의 생산 능력 확장 덕분에 더 강한 자연 제어력을 갖추고 자연으로부터 점점 더 해방되면서 "결정적인 점에서 인간의 원초 상태와는 크게 동떨어지게 됐다"[23]는 것뿐이다.

따라서 '유물론적 역사 개념'은 역사가 순환하는 게 아니라 지향성을 지닌 것이며, 퇴보하는 게 아니라 진보하는 것이라는 생각이다. 그럼에도 여전히 그 진보의 유형은 단선적이지도 직선적이지도 않으며, 단절적이고 '변증법적인' 과정이다. 또 그 과정에서 역사는 (맑스가 그렇게도 강하게 프루동에 맞서 주장했듯이) '나쁜 편'에 의해서 진전할 수도 있고 실제로도 이것이 불가피했다.[24] 역사에서 자본주의가 맡은 구실을 맑스가 했듯이 적절히 평가하자면, (프레드릭 제임슨이 적절하게 표현했듯이) 자본주의는 "인류에게 일어난 일 가운데 최선이자 최악"[25]이었다. 이에 대한 그 어떤 일방적인 평가도 역사 현상으로서 자본주의의 모순성을 잡아내는 데 실패했다. 부정적인 측면만 인식하는 것은 그 언제 과거의 신비한 황금기로 거슬러 올라가는 낭만주의에 굴복하는 것이었다. 부정적인 측면을 무시하는 것은 (그람시의 표현을 빌리자면) '철과 불의 시대'를 황금기로 변질시키면서 '부르주아 관점'의 냉담한 실용주의에 빠지는 것이었다. 자본주의 생산양식의 기원과 동력에 대한 맑스의 인과론적 해명은 이 생산양식이 근대성의 해방 약속을 창조하는 동시에 그 약속 실현을 방해한다고 평가하면서 나온 것이다. 근대성의 잠재력은 포괄적인 변혁이라는 근대적인 의미에서의 혁명을 통해서만 온전히 실현될 수 있다. 이것이 바로 현재를 이해함으로써, 세상을 개선하려 세상을 제대로 이해함으로써, 미래를 준비하려는 '과학적 사회주의'의 야망이다.

맑스 이후 맑스주의 전통에서 자본주의 평가와 관련해 세 가지 폭넓은 경향을 확인할 수 있는데 이 가운데 둘은, 홉스봄이 '낭만주의' 관점과 '부르주아' 관점(가혹한 상업, 온화한 상업)[26] 사이의 '대립'이라고 부른 문제와 관련된 것들이다. 첫번째 — 초기 루카치와 프랑크푸르트 학파가 제기하고 이어 안드레 군더 프랑크나 사미르 아민 같은 저개발 이론가들이 (그 자체로는 러시아 대중추수주의에서 나온 제3세계론을 통해) 예시한 낭만적 반자본주의 — 는 자본주의를 완전한 재앙으로 판정했다. 두번째 — 예컨대 차르 시대 러시아에서 나온 합법적 맑스주의나 1970년대 영국의 빌 워렌 같은 이가 신봉한 신공리주의적 친자본주의 — 는 자본주의를 전폭적인 축복으로 여겼다. 세번째 — 맑스와 엥겔스로부터 나와 레닌, 트로츠키, 룩셈부르크, 그람시가 제기한 균형론 — 는 실천적으로는 자본주의 초월을 제기하되 지적으로는 대립하는 관점들의 극복을 목표로 했다. 이렇게 함으로써 이 관점은 홉스봄이 "나쁜 사회를 좋은 사회로, 부조리를 이성으로, 흑을 백으로 대체하는 데 나선 이들의 단순 이분법"[27]이라고 부른 것도 피했다. 자본주의는 해소할 수 없는 모순의 현실이고, 그 핵심 동력은 창조적인 파괴의 동력이다. 결국 자본주의는 현재의 자본주의가 공산주의로 귀결되는 것, 곧 더 나은 사회적 미래를 앞에 두고 있으며, 이런 상황에서 마법사가 의식하지 못한 채 제 무덤을 팔 사람을 불러내듯 자신을 대체할 체제의 물질적·사회적 전제 조건을 만들어 낸다. 이렇게 인식하니, 결국 프로메테우스식 진보를 상징하는 비극적 과정이 구성됐다. 영국 제국주의가 인도에 끼친 영향에 대한 맑스의 판단은 '가장 진보한 사람들'이라는 언급만 빼고 보면 홉스봄이 확립한, 전통적 맑스주의 전망을 요약하는 걸로 볼 수 있다.

> 위대한 사회혁명이 부르주아 시대의 결과물, 세계 시장, 근대 생산력을 통제하고 이것들을 가장 진보한 사람들의 공동통제 아래 두면, 인간의 진보가 신들의 술 넥타를 마시지 않고 시체의 해골로 물을 마시는 흉측한 저 이교도 우상을 더는 닮지 않게 될 것이다.[28]

바로 이것이, 모리스 돕 등의 학자가 자신들의 지성 형성에 도나 토르가 기여한 바를 격찬하면서 "얻는 것과 잃는 것이 한 가지 운동의 두 가지 측면인 변증법적 과정"[29]이라고 본 것이다. 이런 역사적 진보 개념화에 잠재된 위험들은 금세 명백해진다. 그 위험들은 거침없이 계속되는 생산력 진보를 스탈린이 굉장히 기뻐한 데서──비인간적인 것조차 낯설지 않게 느끼는 기술 인간주의──적절하게 입증되는데, E. P. 톰슨은 진시황제에 대한 시로 이를 풍자했다("황제가 얼마를 죽였든/ 과학적 역사가는/ [모순을 기록하면서]/ 생산력 성장을 단언한다"). 하지만 E. H. 카의 『역사란 무엇인가』를 "역사적 반계몽주의에 날리는 힘차고 눈부신 공격"[30]이라고 열렬히 받아들인 홉스봄에게는 쟁점이 명백했다. 전후 사학사계의 보수주의 군단은 맑스주의를 포함하되 이를 한참 넘는 범위까지 포괄하는 '일종의 역사학계 인민전선'에 대해 단련이 되어 있었다.

구닥다리 감각으로 볼 때 자유주의적이고 급진주의적인 모든 역사, 인간의 진화가 진보라고 믿는 역사, 이성과 과학을 과거에도 적용하려 시도한 모든 역사, 탐사 행위가 현재와 미래를 이해하고 통제하는 데 보탬이 될 수 있다고 믿는 모든 역사는 똑같이 거부당했다.[31]

역사유물론자들은 "[자신들의] 관점을 공유하는 이들이 다시 한번 공세에 나서는 모습을 보게 되어 크게 기뻐했"[32]을 것이다.

『혁명의 시대』처럼 「역사의 진보」[바로 위의 인용문을 담고 있는 글]도 소련에서 흐루쇼프의 수정주의가 최고조에 달했을 때 쓴 글이다. 당시는 소련의 위성과 유인 우주선이 발사된 때이기도 하다. 이 사건이 바로 그해에 홉스봄으로 하여금 러시아혁명이 홀로 "진정 전세계적인 경제 성장과 모든 인민의 균형잡힌 계발의 수단과 모범을 제공했"[33]음을 재표명하도록 한 게 분명하다.

맑스의 역사 진보 관점은 영국에서 농업 자본주의가 마무리단계에 들어가고 산업 자본주의가 강화되는 맥락에서 형성됐다. 옹호자들의 찬사를 받은 '상업 사회'의 '나쁜 측면'에 홉스봄이 주목한 건 두 자본주의의 희생자 치유 문제에서 비롯된 게 분명하다. 그래서 그는 산업혁명의 영향을 낙관하는 이들한테 전형적으로 나타나는 "역사적 또는 인간적 상상력과 현실성 결여"를 혹평한 엥겔스의 『영국 노동계급의 조건』의 개정판을 낼 때 편집자들이 "영국 산업사회 초기 단계의 결점을 감춘 걸"『노동하는 인간』에서 비판했다.[34] "희생자들이 …… 관련되는 한"이라고 서두를 꺼내면서 그는 이렇게 썼다.

(당시 사회가 만든) 결과는 의도적으로 남녀 인간의 정신을 비인간적이고 비인격적이며 무정하게 박탈하고 그들의 존엄성을 파괴하는 것만큼

이나——어쩌면 도리어 더 심하게——나쁜 것이었다. 어쩌면 이는 역사적으로 불가피하고 심지어 필요한 것이었는지 모른다. 그러나 희생자들은 고통에 빠졌다. …… 그리고 이 결과의 진가를 알 수 없는 역사가의 글은 읽을 가치가 없다.[35]

'생활 수준 논쟁' 개입 초기에 홉스봄은, J. L. 해먼드가 대표적인 낙관론자 존 클래펌에게 별 까닭없이 통계 사례에 관해 양보하고 자신의 논거를 "도덕적·비물질적 영역"으로 옮긴 걸 아쉬워하며 해먼드 쪽의 전통적인 비관적 관점을 옹호했다. '수치 증거'의 세밀한 검증 결과는 비관론자의 주장을 뒷받침했고, 그 덕분에 비관론자들은 19세기 전반 삶의 질에 대해 수치 이외의 주장을 제시하지 않아도 됐다.[36] 후기에서 홉스봄은 통계 관련 부담이 낙관론자들에게 넘어간 것에 흡족한 심정을 기록하면서 계량적인 면에만 매달리던 자세에서 탈피한다. 산업화가 초래한 '평범한 인민들의 비극적인 혼란'을 언급한 칼 폴라니를 끌어들이고는, "클래펌 이전 세대 역사가들의 더 폭넓고 분별 있는 시각"으로 돌아갈 것을 역설한 것이다. 논쟁을 실질 소득과 같은 지표에 국한해 진행하는 건 "산업혁명 당시 목격자들은 봤지만 '낙관론자들'은 보지 못하는 진짜 역사 문제에 우리도 집중하지 못하게 할" 위험이 있기 때문이고 "노동 빈곤층에 산업혁명이 끼친 결과는 경제적인 동시에 …… 사회적인 것"[37]이기 때문이다.

폴라니의 『거대한 전환』은 『혁명의 시대』 참고 문헌에 추천 도서로 올랐는데, 자유주의적 명령이 유럽 농촌경제에 침투하면서 유발한 파괴에 대한 홉스봄의 혹독한 평가를 확증해 주는 자료이기 때문이다. 이 점은 잊을 수 없을 만큼 인상적인 비유로 표현됐다. "사람들[농부 또는 소작

농]이 살던 사회 구조를 산산조각내고 그 자리에 자유라고 하는 고독, 오직 이 한 가지만 풍부하게 남겨 준 어떤 형태의 조용한 폭격처럼."[38] 폴라니의 "눈부시지만 부당하게 무시당한 책"은 홉스봄과 뤼데가 『스윙 대위』에 담은, 영국 농업 노동자들의 절망적인 저항이 농촌 자본주의에 끼친 전체 여파 분석에 정보를 제공했다.[39] 두 사람은 "도래하는 산업사회가 영국 시골 노동자들에게 가져온 박탈을 표현할 말을 찾기 어렵다. …… 그들은 심지어 장자의 권리를 피죽 한사발에 팔지도 못했다. 그냥 빼앗겼다"[40]라고 썼다.

무산자화와 빈곤화는 어떤 비인격적 정치경제학 법칙의 결과가 아니라 지배계급의 정책이 직접 의도한 결과이다. 이는 '신빈곤법'(New Poor Law)이라는 '비인격적 법령'이 잘 예시해 주는데, 이 법은 "[노동자들이] 사회에 바라는 최후의 요구이자 가장 온당한 요구, 이른바 사회가 가난한 이들을 개처럼 굶주리게 놔두지 않으리라는 믿음을 무너뜨렸다."[41] 당시에 벌어진 과정은 '사에바 인디그나티오(거친 분노)'란 말의 억양에서 말고는 적절한 표현을 찾을 수 없는, 형언할 길 없는 것이었다.

[이 과정이 유발한 것은] 지배자들의 체계적이고 점점 심해지는 노동자 약탈 행위인데, 그들은 노동자들을 무기력하고 비참한 농노로 전락시키려 했고 빅토리아 시대 상류층이 그저 백인이라는 사실 때문에 좋아한 계층들과 이 농민들을 구별하는 인종주의 사회구조를 농촌 사회에 정착시키려고도 했다.[42]

1830년 폭동 그 자체에 대해 말하자면, 실업을 없애고 생활 임금을 쟁취하려고 한 "즉흥적이고 고풍스러우며 자연발생적인 저항운동"

이 같은 때 벌어진 "탄광, 공장, 도시의 반란"[43]과 만나지 못했다. 조직되지 못하고 고립된 채 진압당한 농장 노동자들은 결국 1870년대가 도래하자, 전국 규모의 '근대 운동'을 부른 "지식 세계 근대화"[44]를 겪는다. 그후로는 다른 '농노들'——제국주의 희생자들——의 경우처럼, 형세가 결국 완전히 뒤바뀔 수도 있게 된다. 전통의 이름으로 전통 수호를 내건 저항이 패배의 운명을 맞이한 그곳에서 "진보 그 자체로 무장한"[45] 저항이 더 밝은 성공의 전망을 누리게 된 거다.

아무튼 진정 엄격한 사회사는 홉스봄이 후속으로 쓴 역사 곧 '인민의 역사'에서 비난한 악행들을 피할 의무가 있었는데, 이는 상당 부분 톰슨의 『영국 노동계급의 형성』(1963)으로부터 직·간접 영향을 받은 부분이다.[46]

> [영감을 불어넣으려는 의도 때문에] 이런 종류의 역사에서는 …… 찬양과 동일시를 위해 분석과 설명을 희생하는 문제가 생긴다. 골동품 수집 취미의 유행을 부추기고 …… 보수적인 장로제 지지파 관점에서나 왕당파 관점에서나 마찬가지로 만족스럽지 않은 일반화를 싫어하는 풍조를 부추기는 것이다."[47]

1970년 홉스봄이 제목에 핵심을 압축한 글에서 쓴 표현처럼 "사회사에서 사회의 역사로" 전환해야 한다면, 1960년대 말 사회과학의 의제를 지배한 "역사적 질문 묶음을 그 누구보다 먼저 규정하고 제안한 사상가"[48]인 맑스와 현재의 역사가들이 온전히 같은 시대를 호흡하기 위해 전환을 시도해야 한다. 다른 무엇보다도 핵심 질문은——한참 뒤에 홉스봄이 뉴욕 강연에서 뉴욕식으로 표현한 바로는 "640억 달러짜리 역사

질문"[큰돈이 걸린 퀴즈쇼의 마지막 질문에 빗댄 표현]은 —— "구석기 시대부터 원자력 시대까지 다양한 사회 조직 형태를 거치면서 이뤄진 복합적이고 불균등하며 얽히고설킨 전세계 규모의 인간 발전 경로를 어떻게 설명할 것인가"[49]였다. 이는 "가장 넓은 의미에서 역사는 뭘 다루는가"[50]에 대한 것이었다. 그러나 이는 다른 역사들, 곧 비극적인 드라마 속에서 그리고 호모 사피엔스의 신기원을 이룩한 진보의 보상받지 못한 시간 속에 사멸한 존재들의 역사들을 배제하지 않았다. 이 역사들은 아직 쓰여지지 않고 남아 있었다.

관찰과 참여

1976년 페리 앤더슨의 『서구 맑스주의 읽기』(Considerations on Western Marxism) 서평을 쓰면서 홉스봄은 이 책이 서유럽 맑스주의 전통을 규정하는 특성이라고 단정한 것들 가운데 하나에 대해 이렇게 의문을 제기했다. "(책이 언급하는) 저 저자들은 '공통의 잠재적 비관주의'를 (전통으로) 공유했다기보다는 …… 환멸이 깨진 뒤의 희망, **역사를 비극의 과정으로 느낌**으로써 성숙해진 정치적 의지와 열정 ——그는 이를 인식한 극소수에 속한다 ——을 공유했다."[51] 이렇게 쓰면서 홉스봄은 1950년대 "낙담의 시기 반맑스주의 경향"과 대조되는 긍정적 시기인 1960년대에 눈에 띈 맑스주의의 부활로부터 15년 정도 뒤의 자신을 간명히 묘사한 걸지도 모른다.[52] 그는 1966년에, 맑스주의가 스탈린의 등장 이후 "그동안 거쳐 온 지적 빙하기 같은 때의 유산을 청산할 것"을 촉구하면서 "맑스주의를 대하는 전반적 경향이 전통적 맑스주의 분석의 해체로 기울고 있다"[53]고 언급했다. 좀더 정확하게 묘사하자면 정통 맑스-레닌주의 분석을 해체하고 공산주의와 맑스주의를 준자동적으로 동일시하는 태도를 버렸다고 할 수 있는 추세에 따라, 맑스주의는 더욱 다원적이고 '다극적인'[54] 양상을 보이게 됐다. 1960년대와 70년대의 이 두 사태 전개를 홉스봄은 "신중한 참여자" 또는 "참여 관찰자"[55] 자격으로 추적했다.

서유럽 맑스주의 전통이 재발견되어 최후의 생산성을 발휘하던 순간에 간헐적으로 개입한 홉스봄의 경험은 그 자신의 역사유물론에 소중한 증거들을 제공한다. 실존주의적 맑스주의의 신뢰성에 대한 깊은 회의는, 사르트르의 『변증법적 이성비판』(1960)에 대한 간접적인 암시에 묻어난다.[56] 비판이론에 대한 알레르기(재즈에 반감을 보였다는 것 단 하나 때문일까?)는 『계몽의 변증법』(1944)이 서독에서 재발행되고 영어로 번역됐는데도 홉스봄이 침묵한 데서 추론할 수 있을 것이다. 반수정주의자이자 반볼셰비키였던 카를 코르쉬[Karl Korsch; 20세기 독일 맑스주의 이론가]가 겪은 딜레마를 동정적으로 그린 그의 묘사는 "그의 기둥에 자리 잡은 이념적 성 시메온[St.Simeon; 아기 예수를 알아보고 달려와 안았다는 기독교의 성인]"[57]에 대한 가차없는 비판으로 끝맺었다. 한편 에른스트 블로흐의 『희망의 원리』(1959)는 "이상하고, 너무 혼잡하며, 때로 터무니없음"에도 1950년대 이념의 종말 시대 이론가들에게 강한 해독제가 되는 "최고의 작품"으로 받아들여졌다. "지상 낙원을 바라고 건설하는 것이 인간의 운명임을 …… 상기하는 건 매일 있는 일이 아니다."[58]

"일종의 맑스주의자 쉘링"에 대해 공개적 존경을 표했음에도[59] 홉스봄의 역사적·정치적 관심은 그를 다른 방향으로 이끌었다. 젊은 맑스의 윤리적 역사철학으로 스탈린주의뿐 아니라 성숙한 맑스와 엥겔스의 역사유물론까지 대체하는 광범한 경향이 지배한 상황에서, 알튀세르가 『맑스를 위하여』와 『자본을 읽자』(1965)를 통해 맑스의 의도적인 과학적 역사이론을 야심차게 재구성한 것은 환영받게 되어 있었다.[60] 그럼에도, 홉스봄이 서평과 『자본론』 발간 100주년 기념 학술회의 기고문에서 드러낸 유보적인 태도는 꽤나 뿌리가 깊은 것이었다. 역사유물론은 실로 어떤 의미에서 '사회 구조-기능론'이고 맑스는 "설익은 구조주의자"[61]였다. 하지만 둘의 차이는 이중적 측면을 담고 있었다. 첫째, 토대/상부구조의 지형이 지시하듯이 맑스는 경제 생산양식을 최우선시하면서 다층을 이루는 사회적 층위에 위계구조를 상정했다. 그 결과 그의 이론은 '보편적 직선형 진화' 방식이 아니면서도 역사 과정과 '방향'을 결합시켰다. 둘째, 맑스는 "내부 모순"——특히 생산력과 생산관계 사이의 모순——을 시대를 여는 역사적 변혁의 기제 또는 한 생산양식에서 다른 생산양식으로 바뀌는 기제로 지목했다.[62] 맑스의 해석대로라면 역사는 단지 **과정**이 아니고 **진보**였다. "[맑스가] 했어야 하는 말을 대신하게 만드는"[63] 방만한 "징후적 독해" 방식으로 무장한 알튀세르가 역사유물론을 특히 반진화론적으로 재주조하려 한 데 홉스봄이 반대한 핵심 이유가 바로 이것이다.

> 구조-기능주의는 [맑스주의를] 맑스 사상을 포함한 19세기 사상의 특징인 '진보' 개념에서 해방시키는 대가를 치르면서 19세기의 다른 특징인 진화론에서 구해 내는 수단을 제시하는 것처럼 보였다. 그러나 왜 이걸 바라야 하는가? 맑스 자신은 분명 바라지 않았으리라. …… 맑스주의자가 보나 상식으로 보나, 자연에 대한 인간의 통제와 같은 결정적인 측면에서 따지면, 분명 맑스주의는 적어도 충분히 긴 기간에서 볼 때 특정한 방향으로의 변화나 진보를 암시한다.[64]

사태 해명의 우선 순위를 생산 관계에 부여하고 생산력을 실질적으로 그 하위로 격하시키면서 알튀세르는 1859년 「서문」을 맑스주의 정전에서 암암리에 배제시켰다. 그러나 「서문」은 (홉스봄이 맑스 사망 100주년에 즈음해 언급했듯이) "이를 거부하면서도 맑스주의자로 남을 수 있는가"[65]라는 질문을 유도하면서, 역사유물론의 '가장 온전한 정식'을 제시한 문건이다.

그 이후 알튀세르의 지적 궤적은 홉스봄에게 매력을 발하지 못했다. 홉스봄은 1966년 막 떠오르는 알튀세르 학파가 "메타-역사라고 부를 만한 것의 꼭대기"에서 내려오는 일이 없을 것 같다고 걱정했으며 1990년에는 가장 걱정하던 바가 사실임을 확인했다고 언급했다.[66] 1968년 프랑스에서 만들어진 맑스주의 경향에 대한 홉스봄의 무뚝뚝하고 무차별적인 묵살은 어쩌다 마주쳐 알게 된 것만도 못하다는 식의 서툰 익살이다. 그럼에도 알튀세르의 경향에 대한 적대감은 의심할 것 없이 정치적 고려에서 나온 것이다. 홉스봄이 감지하기로는, 이 '이념적 강경파 인물'이 마오주의로 옮겨갔고 (홉스봄의 견해로는) 이와 더불어 베이징에서 가르치는 "옛날의 단순한 초등학교 수준 맑스주의"의 변형태로 되돌아가고 말았다.[67]

마오주의의 대안은 서유럽에서 막 되살아난 트로츠키주의에서는 분명 찾을 수 없었다. 비록 아이작 도이처 같은 뛰어난 인물을 대표로 내세울지라도 말이다. 지적 흐름으로 보면 트로츠키 전통은 "1920년대 소련에서 논의된 공산주의의 역사적 틀을 넘어설 수 없음이 확실하다는 걸"[68] 스스로 폭로했다. 근대 서유럽 현실에 공명하는 정치학 이론을 개척하기 위해서 맑스주의는 다른 곳, 다시 말해 "1917년 이후 서유럽에서 가장 독창적인 [맑스주의] 사상가"[69]인 그람시로 눈을 돌려야 했다.

1977년 『맑시즘 투데이』에 쓴 글에서 홉스봄은 "그람시가 우리 지식계의 한 부분이 됐다"[70]고 기뻐했다. 앞에서 거론했듯이, 4반세기 전 영국 지식인 가운데 홉스봄이 가장 먼저 1차대전 이후 이탈리아공산당 지도자 팔미로 토글리아티가 수집한 『옥중수고』 편집본에서 이 사르데냐 출신의 개념들을 발견했을 때 이미 그람시는 홉스봄의 지식 세계에 일부분으로 들어왔다. 홉스봄은 1958년 1월 로마에서 열린 그람시학회 총회에 영국인으로는 홀로 참석했다.[71] 그리고 짐작건대 1957년 『옥중수고』의 일부를 로런스 앤드 위샤트 출판사(Lawrence and Wishart)가 '근대 군주와 그 밖의 저작들'이라는 제목으로 번역해 출판하는 데 일정한 몫을 했을 것이다(번역은 공산당 역사가 모임 회원이자 홉스봄의 친구인 루이스 마크스가 맡았다).

그람시는 서유럽 맑스주의 전통에서 보면 공산당 지도자들한테 심하게 의심스러운 인물로 지목되며 당 주변부에 머문 루카치와 알튀세르 같은 다른 주요 공산주의 이론가들과는 큰 대조를 이뤘다. 그의 지적 유산은 공식 부문에서만큼은 파시즘에 맞선 저항운동 기간의 당 재건 이후 당내 사상계에서 살아 있는 힘을 발휘했다. 홉스봄의 이론 지지는 그의 실천 옹호와 거의 나뉠 수 없는 것이었다. "예외적으로 유능한 당 지도부"를 확보한 이탈리아공산당은 (1972년 홉스봄이 쓴대로라면) "서유럽 세계에서 공산주의 역사상 위대한 성공 이야기이거나 적어도 정권을 쥐지 못한 야당들의 역사상 성공 사례의 하나"[72]였다. 왜 그런가? 1944년 이후 유럽공산주의가 사실상 초창기부터 직면한 최우선적 딜레마, 다시 말해 사회주의 혁명을 이끌기 위해 세워진 정당들이 전통적인(즉 볼셰비키) 모델에 따른 반란 성사에 방해가 되는 정치·사회 환경의 선진 자본주의 국가에서 어떻게 움직여야 하느냐는 딜레마에 창조적으로 대처하는 능력을 줄곧 보여 줬기 때문이다.[73] 스탈린의 배신이라는 낡은 트로츠키주의 테제와 대조되게, 이탈리아공산당은 1944~45년 집권을 시도하지 않는 올바른 길을 걸었다. 그후 무기력한 최대주의의 늪에 빠지지 않고 최소주의적 점진주의의 유혹을 피하려 애쓰면서 이탈리아공산당은 "1917년 이후의 역사적으로 예외적인 시절과는 다른 조건에서 사회주의로 이행하는 걸"[74] 목표로 삼아 레닌주의와 사회민주주의 사이 '제3의 위치'를 확보했다. 이 과정에서 대중정당의 면모를 유지했고——당시까지 서유럽 최대 공산당이었다—— 실질적인 선거 참여 세력으로 컸으며 지방정부에서 능력을 보여 주고 제1이탈리아공화국에서 지적 헤게모니에 접근하는 힘을 발휘했다.

　　이 당과 비교할 만한 적절한 대상은 "심지어 과거 혁명의 살아 있는 전통조차 결여된"[75] 영국 상황 탓에 보통의 서유럽 공산당들이 겪는 곤란보다 더 가혹한 상황에 처한 군소정당인 영국공산당은 아니었다. 비교 대상이라면 혁명 전통이 풍부한 나라에 세워진 프랑스공산당이었다. 프랑스 공산주의의 전후 족적은 주다노프와 리센코가 주도한 최악의 극단주의에 빠져 계속 유지하던 '노동자주의'로 망가졌다. 게다가, 예컨대 혁명 정당은 고사하고 개혁 정당의 면모조차 보여 주지 못한 1968년 5월의 경우처럼 제5공화국에서 조성된 드문 정치적 기회를 허비하면서 당의 정체성 유지에만 급급한 고질적 파벌주의도 공산당이 망가지는 걸 거들었다.[76] 이 당의 무기력은 적절하게 응징을 받았는데, 홉스봄은 1990년에 이를 이렇게 정리했다. "공산당은 한 세대 동안 게토나 참호 속에서 자신을 지켰고 이 방어 전략 덕분에 20세기 후반기의 공세는 막아 냈지만, 1980년대 공산당의 내리막은 너무나도 극적이었다."[77]

　　이런 좋지 않은 설명이 얼마나 정당한 것이건——사람들의 예상보다 훨씬 더 난시가 심한 눈으로 본 설명이다——, 이는 이탈리아공산당의 그 이후 변화에 대한 관대한 태도와 너무나 대조된다. 그는, 1990년대 이탈리아공산당이 자체 해산한 뒤 훨씬 더 창피한 꼴로 재탄생한 걸 두고『흥미로운 시절』에서 (면죄부를 받을 만하지는 않겠지만) 담백하게 "그 이름으로 지켜온 위대한 전통을 너무 많이 포기한다"[78]고 기록했다. 사실 이탈리아공산당에 대한 홉스봄의 긍정적인 태도와 모순된다기보다는 이런 태도를 정당화해 줄 예외적인 언급도 있었다. 그건 2차 세계대전 직후 기회가 왔을 때 급진적인 개혁정당으로 자리매김 하지 못한 이 당의 과오에 대한 언급이다. 당시 공산당은 "1948년 이후 사실상 정치적 황폐화를 유발한 바로 그 기존 체제들"[79]인 가톨릭교회와 파시즘 시절부터 이어진 국가 기구에 맞서고 있었다.

핵심 요점은 유러코뮤니즘이 절정에 있던 1977년, 자신의 친구이자 당시 이탈리아공산당 지도자였으며 현재(2012년) 대통령인 조르조 나폴리타노와 진행한 장시간의 인터뷰에서 제기됐다.[80] 예컨대 일본공산당을 에워싼 현상이지, 자랑스러운 전통을 지닌 포르투갈공산당이나 그리스공산당에 해당하는 것이 아닌 사태를 지칭하는 잘못된 용어인 유러코뮤니즘은 이탈리아, 프랑스, 스페인의 공산당이 어느 정도 평화롭고 민주적인 사회주의의 길을 추구하는 데 나란히 나선 것으로 간단히 치부하는 관점이다.[81] 홉스봄은 이런 흐름이 인민전선 전통을 잇는 것이라고 열렬히 지지했음에도, 유러코뮤니즘이 제기한 화급한 문제들 가운데 하나를 이렇게 제기했다.

사회주의로 이행하는 경로를 무한한 단계를 밟아 부르주아 민주주의를 거쳐 가는 것으로 내다본다면, 사민주의 신념에 빠지는 걸 어떻게 피할 것인가? 간단히 말해, 이탈리아공산당이 또다른 수정주의, 점진주의 정당으로, 새로운 형태의 페이비언주의로 빠져들기 시작하지 않았냐는 질문은 어떤가?[82]

아무튼 이탈리아공산당, 프랑스공산당, 스페인공산당이 1980년대에 집권한, 재창조된 유로사회주의 정당들한테 서로 다른 방식으로 밀리면서 유러코뮤니즘 전략은 남유럽에서 제대로 제기되기 못했다. 이탈리아 방식의 변형은, 초기부터 홉스봄이 면밀하게 관찰한 칠레의 인민연합 실험의 '결말'을 통해 정당화됐다.

산티아고는 결정적인 실험장이었는데, "칠레가 사회주의로 가는 대안의 방안을 진지하게 시도한 세계 최초의 국가이기"[83] 때문이다. 이 힘 덕분에 —— "칠레가 실제로 다른 나라의 모형이 될 수 있기 때문에" —— 비록 대의에 가장 크게 공감하는 외부 관찰자들조차 전개 양상을 "냉정하고 현실적으로" 점검하겠다고 공언했던 것이다. 예상할 수 있는 바지만 공산당이 "연합전선의 핵심이며 지금까지 보면 이 가운데 가장 실질적이고 합리적인 구성 인자"라고 지적하면서 홉스봄은 '극좌 종말론자들'이 예상하는 것과 달리 외부 침공이나 군사 쿠데타와는 다른 형태로 아옌데와 그의 정적들이 결국 충돌할 것이라고 예상했다. 쿠데타도 물론 하나의 가능성이긴 했지만, 칠레 군대가 억제되었던 것은 헌법에 대한 존중심의 발로가 아니라 —— 물론 헌법은 있었다 —— 쿠데타가 "내전을 부르고 말 것이라는 깨달음" 때문이다. 이렇게 군대가 억제될지라도, 이 민주적인 사회주의 실험에 어려움이 가중되고 있었다.

2년이 지나서 이 실험의 사망을 애도하는 글은 이런 식이 되고 만다. "쿠데타 소식이 심히 비극적이긴 해도 기대되고 예상되던 바이다. 누구에게도 놀랍지 않다." 자신이 '극좌 종말론자들'을 매도한 걸 잊기라도 한 듯 홉스봄은 이제 "좌파는 일반적으로 우파가 느끼는 공포와 증오, 잘 차려입은 남녀들이 피 맛을 얼마나 쉽게 알게 되는지 과소평가했다"고 경고했다. 하지만 이 현실을 직면하면서 홉스봄은 오직 단순한 소망만을 피력할 수 있었다. "아옌데의 적들에게 쿠데타 외에 어떤 선택의 여지가 있었느냐고 묻는 …… 이들에게 가장 단순한 대답은 쿠데타를 시도하지 않는 선택이 있었다는 것이다."[84]

1970년대 말에 이르러 사회주의를 향한 수정주의 방식은 서유럽과 라틴아메리카에서 똑같이 교착 상태에 빠지며 끝나고 만다. 그 사이에 오스트리아 공산주의자 에른스트 피셔가 '탱크가 뒷받침하는 공산주의'(Panzerkommunismus)라고 부른 세력은 체코의 '인간의 얼굴을 한 사회주의'를 망치고 거의 20년 동안 동유럽 지역에서 시도되던 탈스탈린화에 종지부를 찍었다. 특히 이탈리아와 영국의 공산당으로부터 비난을 받은──이에 대한 홉스봄의 동의는 액면 그대로 받아들일 수 있다──1968년 8월 바르샤바조약기구 군대의 프라하의 봄 진압은 유러코뮤니즘을 키웠다. 1960년대 초 중국과 소련이 갈라서면서 나타난 국제 공산주의 운동 동쪽의 분열을 가중시킨 서쪽의 분열을 촉발하면서 말이다. 홉스봄이 되돌아보면서 "소련에 의한 비극적인 체코슬로바키아 점령"[85]으로 규정한 사건은, 많은 사람이 경솔하게 이상화한, 끔찍한 문화혁명의 소용돌이에 휩싸이게 되는 마오의 중국을 바람직하고 생존 가능한 사회주의 모형으로 받아들일 기분을 느끼지 않던 그가 1956년 사건에서 도출한 기본 교훈을 확인하는 것이었다. 1982년 『맑시즘 투데이』에 쓴 글에서 제시한 대차대조표에서 홉스봄은 다음과 같이 진술한 바 있다.

1956년은 맑스주의자 다수가 현존 사회주의 정권들이 …… 사회주의 사회 또는 사회주의 건설에 착수한 사회로 여길 만한 바람직한 모습과 거리가 멀다고 결론 내리는 시기가 시작되던 때이다. 맑스주의자 다수는 1917년 이전 사회주의자들이 취했던 태도로 돌아가야 할 의무감을 느꼈다. 그들은 다시 한번 사회주의를 자본주의 사회가 만든 문제들을 해결할 필연적인 대안, 미래의 희망인 동시에 실제 경험에서는 적절하게 뒷받침된 적 없는 대안으로 인식하게 됐다. 그렇다고 이런 인식이 지금까지 크나큰 어려움 속에서도 사회주의를 건설하려 시도한 노력들의 주목할 만하며 여러 면에서 긍정적이기도 한 결과를 맑스주의자들이 과소평가하도록 만든 건 꼭 아니다.[86]

물론 1968년은 제2세계에서 프라하의 봄이 등장했을 뿐 아니라 제3세계에서 베트남전쟁의 구정공세가, 제1세계에서 프랑스의 5월혁명이 벌어진 해다. 『극단의 시대』와 『흥미로운 시절』에서 가혹하리만치 부정적으로 회고한 것과 대조적으로(이 문제는 3장에서 다시 거론할 것이다), 홉스봄은 적어도 당시 다른──더 나은──사회주의에 대한 희망만큼은 부분적으로 공유했다. 그해가 막 시작됐을 때 그는 나중에 자신이 열정적으로 묘사한 아바나 문화회의에 참석하고 있었다. 1960년 홉스봄은 "쿠바 유토피아화의 감정적 폭발"을 경계하면서 "대단히 사랑스러우며 고무적인 혁명"을 축하한 바 있다.[87] 8년 뒤 아바나 모임은 1930년대의 지적 자유와 참여의 부활을 위한 대항 회의 형태를 표방하면서 "1950년대 상황이 뒤집혔다"는 긍정적인 증거로 소집됐다. 회의가 열린 이 나라는 "요새화했으며 영웅적"일 뿐 아니라 "눈에 띄게 매력적인"[88] 곳이었다. 카스트로주의가 자유지상주의의 일종으로 오해될 상황은 아니었다.

1967년 볼리비아 투쟁으로 숨진 직후 전세계에 걸쳐 유통된 체 게바라의 이미지는 낭만적이었지만 ──그래서── 잘못된 것이었다.[89]

이미 1965년부터 홉스봄은 민족 해방과 사회 변혁이라는 목표를 융합한 공산주의 혁명가들의 손에 미국이 베트남에서 패배하길 기대했다.[90] 그에 따라 68년 벽두의 구정공세는, 이 사태와 (홉스봄도 적극 참여한) 베트남 전쟁 반대운동이 상당 부분 촉발한 사건인 5월 프랑스 사태보다 덜 놀라운 것으로 받아들여졌을지 모른다. 바리케이트가 쳐진 파리에서 열린 맑스 관련 유네스코 회의에 참석했던 홉스봄은 전개되는 사건에 대한 반응을 요청받자 이번만큼은 공개적으로 자신의 심중을 털어놨다.

> 프랑스에서 벌어진 일은 놀랍고 매혹적이다. …… 이 일이 세상에 길을 보여 줬는가? 파리가 길을 보여 준 건 처음이 아니다. 이제 다시 길을 보여 줄 거라고 생각한다. 프랑스 사건은 예상 밖의 일이자 전례가 없는 일이다.…… 프랑스가 증명한 것은 인민이 힘없는 존재가 아님을 누군가 보여 주기만 하면 인민이 다시 행동에 들어간다는 사실이다. 어쩌면 그 이상일지 모른다. 우리 가운데 많은 이들이 사람처럼 행동하지 못하고 좀비처럼 있게 하는 건 그저 무력감이라는 사실을 증명함으로써 말이다.[91]

이 사태가 끝난 뒤 좀더 숙고한 홉스봄은 5월 사건이 "25세 이상의 급진주의자가 …… 믿지 않는 것, 말하자면 선진 산업 국가에서 평화와 번영, 표면적인 정치 안정 속에서도 혁명이 가능하다는 걸 보여 준 듯하다"[92]고 지적했다. 당시 상황이 사실 고전적인 뜻에서 혁명적이지 않았다면, 적어도 그 방향으로 진전될 수는 있었다. 하지만 이런 진전을 가로

막은 건, 학생과 노동자(결정적인 노동자 총파업은 5월 사태 이후 쏟아져 나온 글들이 거의 무시했다)의 심한 이념적 차이, 프랑스공산당의 정치적 무능 그리고 분명 과소평가하면 안 될 요소인 너무나도 대조되는 드골의 탁월함이다.

대서양 양쪽에서 벌어진(그리고 유럽 양쪽 모두에서 벌어진) 학생 봉기에서 가장 극적인 사건인 '68년 5월'은, 짧은 20세기 역사를 쓴 역사가로서 그리고 자서전 작가로서 홉스봄이 거의 끊임없이 폄하한 신좌파의 절정기를 기록했다. 참여 관찰자로서 홉스봄은 좀더 미묘한 태도를 보였다. 1961년 블로흐 책을 평하면서 홉스봄은 "지적인 '신좌파'라는 국제적인 현상의 열정적이고 요동치며 혼란스럽지만 희망찬 분위기"[93]를 환기시켰다. 신좌파의 활기는 1950년대에 냉전 자유주의자들이 합심해 세상에 '절망 또는 비관론'을 침투시키려 시도한 노력이 물거품이 됐음을 증명했다. 다른 한편, 그리고 바로 여기에 문제가 있다.

최근 몇년 사이에 등장한 인상적인 '신좌파'는 존경스럽지만 많은 면에서 새롭지 않을 뿐 아니라 과거의 약하고 덜 발달한 사회주의 운동 형식으로 퇴보하기까지 한다. 공산당 선언 때부터 냉전 때까지 국제 노동계급 및 혁명 운동의 주요 성과에서 배울 의지도 능력도 없다는 것이다.[94]

1930년대 그들의 선배들과 비교하면, 명목은 맑스주의자인데 사실상 부하린 추종자들인 그들, 서유럽의 새로운 혁명 세대는 생산력을 발전시키고 상대적인 물질적 풍요(또는 가까운 장래에 그걸 실질적으로 이루리라는 전망)를 이뤄 낸 전후 자본주의의 '충격적인 성공'이라는 맥락에서 등장했다.[95] 이런 환경에서 자본주의 경제의 비합리성과 비인간

성 ── 그 고유의 위기와 노동자 착취·'빈곤화'에서 비롯된 ── 에 대한 전통적인 맑스주의적 고발은 선진 자본주의 사회의 '소외'와 '관료화'에 대한 사회학적 비판으로 바뀌었다.[96] 젊은이들의(그러나 그리 젊지는 않은) 반란의 근거로 착취 대신 소외를 제기하는 것이 징후를 드러내듯 보여 주는 건, 정치·사회 혁명과 성 해방 사이에 보편적인 연결고리를 부여하는 잘못된 연결 시도다. 신좌파 문화 반역의 이런 자유지상주의적 ── 심지어는 반율법적인 ── 측면은 물병자리 시대[서양 점성학이론에 따라 1960년대 시작되어 2000년이 간다는 새로운 자유의 시대]가 막 개막되는 시점에 대소롭지 않게 취급됐다. "부르주아한테 충격을 주는 것은, 아아, 그들을 거꾸러뜨리는 것보다 더 쉽다."[97]

무엇보다 구좌파와 신좌파를 근본적으로 구별하는 것은 이렇다.

아마 실수겠지만 우리는 사회주의라는 대안 사회의 구체적인 모형과 희망을 지켜 왔다. 오늘날 위대한 10월혁명과 소비에트 연방에 대한 믿음은 거의 사라졌다. …… 그리고 무엇도 이를 대체하지 않고 있다. 새로운 혁명투사들이 가능한 모형을 찾으려 한다 해도, 작은 데다가 지역에 국한된 혁명 정권 ── 쿠바 등 ── 도, 심지어 중국도 우리 시대에 소련이 의미하던 것과 같은 걸 주지 못하기 때문이다. 우리의 전망이 차지하던 자리를 대체한 것은 기존 사회에 대한 부정적인 증오와 이상향이 결합된 모습이다.[98]

68세대의 손에서 사회주의는 다시 한번 이상향이 됐다. 맑스의 "현재 상태를 폐지하는 **진정한 운동**"이라기보다는, 말하자면 푸리에의 "만들어야 할 **사태**, 현실이 거기에 맞춰 갈(가야 할) **이상**"[99]인 것이다.

학생과 지식인들의 이런 증상 '재발'을 진단한 1971년의 바로 이 글에서, 홉스봄은 다른 가능성, 노동자 집단에서 마찬가지로 나타나는 무기력 곧 노동운동이 '전투적이고 강력'하지만 제한된 '경제주의'로 퇴보할 가능성을 제기했다.[100] 60년대 말에 이르면 이 주제는 홉스봄의 영국 정치 관련 글에서 중심을 차지하게 된다.

노동 분화

1964년에 낸 글 모음집 『노동하는 인간』(*Labouring Men*) 서문을 쓰며 홉스봄은 지금까지 "(노동조직과 노동운동에서 거리를 둔) 노동계급 그 자체에 관한 작품, 노동운동을 유효한 것으로 만들거나 그 반대로 만드는 경제적·기술적 조건에 관한 작품이 상대적으로 적다"[101]고 언급하면서 자신의 연구 접근법을 시드니와 비어트리스 웹 부부나 G.D.H.콜이 관여한 서술적 노동사*와 구별지었다. 후속 작품 『노동 세계』(*Worlds of Labour*, 1984)에서 홉스봄이 만족스럽게 "지난 20년은 의심할 것 없이 노동 역사의 황금기였다"[102]고 지적할 수 있었다면, 그건 적지 않은 부분에 있어서 노동계급의 역사를 노동운동의 역사와 동일시하는 경향을 극복하는 데 그가 기여한 덕분이었다. 노동 역사에 뿌리 깊은 또 다른 경향 곧 노동 여성에 대한 확연한 배제 경향을 일정하게 개선하는 작업은 더 한참 뒤에나 이뤄지게 된다.[103]

---

* 웹 부부는 페이비언협회에서 활동한 역사가들이며, 이 협회에서 이들과 함께 활동한 콜은 『영국노동운동사』, 『사회주의사상사』 등을 쓴 사회주의 운동가이자 학자다. 이들의 노동사는 노동조합 같은 조직·제도를 중심에 두고 서술하는 방식인 반면, 홉스봄 등은 조직보다는 노동계급 구성원들을 강조한다. 홉스봄 같은 이들에게 노동사는 노동계급의 사회사다.

이 분야에서 홉스봄이 추구한 궁극의 목표가 (1974년 그가 언급했듯이) "일하는 이들이 자신의 삶과 역사를 만들 수 있는 세상을 창조하는 것"[104]인 한, 노동운동의 유효성(또는 무능력)은 말할 것 없이 주요한 쟁점이었다. 영국 사례로 눈을 돌리기 전에 우리는 위에서 언급했던 사학사 분야의 '대리주의'(전위주의)를 정치 분야에 적용시킨 논리로 보일 여지가 있는 문제를 강조해야 한다. 홉스봄의 주장을 따르자면, (고전적인 맑스주의 용어로 표현하면) 즉자적 노동계급이 조직적으로 묶일 때만 대자적 계급 곧 집단적 '역사 주체'가 된다. 그 결과 과두제의 철칙에서처럼 대리주의의 위험은 상존한다. "'구성원'들에게 현실을 부여하는 것인 조직, 계급 또는 집단은 그 규정상 구성원들에게 위로부터 부과되는 것이며, 그 구성원들을 대체하는 경향이 있다"[105]는 것이다. 트로츠키가 『우리의 정치적 과제』에서 볼셰비키를 비판한 내용을 의식하지 못한 채 거의 말 그대로 가져다 쓰며 홉스봄은 계급, 운동, 당, 지도부의 일정한 '분화'가 불가피하다고 과감하게 주장했다. 이는 사회주의를 어떻게 인식하고 있는지 보여 주는 중요한 함의를 담고 있다. 맑스와 반대로, 노동계급이 스스로를 해방시킨다고 곧바로 이해할 수 없었던 것이다.

> 사회주의자에게 결정적인 문제는 혁명적 사회주의 체제가 …… 계급으로부터가 아니라 계급과 조직의 독특한 결합에서 생겨난다는 것이다. 권력을 쥐고 헤게모니를 발휘하는 건 노동계급 그 자체가 아니라 노동계급 운동 또는 당이며 (나로선 아나키즘적 관점이 부족하여) 다른 방식이 어떻게 가능한지 알기 어렵다.[106]

자아상에 있어서 철저히 레닌적이고 그람시적인 이런 고찰은 스탈린주의에 핑곗거리를 제공할 수 있었고 실제로 그랬다.

그럼 영국 노동계급과 노동운동은 어떤가? 기초가 되는 사실은 둘의 역사가 근본적으로 단절됐다는 점이다. 1830년대 초 의회 개혁을 둘러싼 위기 국면에서 협상이 성공적으로 마무리되고 곡물법이 폐지되고 '기아의 40년대'가 끝나면서, 나폴레옹 전쟁 이후 '토지 소유자 영국'을 떠돌던 혁명의 유령은 퇴치됐다. 인민헌장운동은 수그러들었고, 사회주의는 "제 고향 국가에서 사라졌다".[107] 개척에 앞장서는 산업-자본 권력은 '세계의 작업장'이라는 독점적 지위 덕분에 세계 경제 지배권을 확보하면서 절정기에 도달했다. 그와 함께 산업혁명이 형성한 노동계급——톰슨의 위대한 책이 다룬 주제——은 일시적인 일탈이라기보다 영구적인 장치가 된 듯 보인 경제체제에 직면하면서 새롭게 다시 형성됐다. 1950년대와 60년대에 오면 '전통적인' 노동계급으로 취급되는 세력은 1880년대에 이런 환경에 의해, 그 환경 속에 형성된 새로운 계급이었다. 그들은 직업별 노조로 조직됐으며, 판매자 우위 시장을 누리는 소수 숙련 기술자와 대체로 조직되지 못한 채 구매자 우위 시장에서 근근이 살아가는 비숙련 다수로 크게 나뉘었다. 그들은 50년을 훨씬 넘는 기간 동안 사회·문화 면에서 상대적인 동질성을 유지한 채 분리되어 (심지어 격리되어) 제 위치를 의식한 프롤레타리아트 신분을 유지했다. 그들은 영국 국민의 대다수를 차지했으며, "내부적 차이와 상관없이 운명의 공동체에 함께 묶여 있는 단일한 노동계급"[108]이었다.

영국의 산업계 독점에 대한 도전을 동반한 대공황기에는 '새로운 조합주의'가 등장하고 사회주의도 재등장했으며, 결국은 근대 영국 노동운동이 특징적인 형태로 나타나게 됐다. 그 주된 참신함은 "노동계급 해방의 주요 정치적 장치로 민주화 대신 사회화를 선택한 데"[109] 있었다.

19세기의 마지막 20년 동안 노동운동이 비록 아주 모호한 형태일지라도 점점 더 사회주의로 전향해 가긴 했지만, 결국은 노동당에 의해 개량주의적 틀 안에 압도적으로 끌려들어가 제도화되어 갔다.

20세기 영국 노동운동에서 개량주의가 지속된 것을, 강철 같은 장악력을 지녔던 것을 무엇으로 설명할까? 공산주의운동 진영은 레닌주의식 '노동 귀족' 개념을, 1차 세계대전 이후 노동계급 계층화의 부인할 수 없는 사실을 표현하기 위해서만 아니라 노동운동이 온건한 이념적·정치적 지향을 띠는 쪽으로 진화한 것을 설명하기 위해서도 도입했다. 그래서 영국 개량주의는 영국 제국이 자행한 착취의 과실을 공식·비공식으로 즐긴 (당과 노조 전임자는 말할 것도 없이) 특권층 노동자들에 뿌리를 둔 걸로 간주됐다. 1940년대 후반, 50년대의 글들에서 "정통 어법에 대한 정중한 동의"를 인정하면서도 홉스봄은 이것을 적절한 설명항으로 받아들이길 거부한 바 있다.[110] 1949년에 처음 발표됐고 1963년에 개정판이 나온 글에서 홉스봄은 개량주의를 대체할 전망에 대해 애초 보여준 낙관적인 결론을 철회하고 개량주의의 모체와 그 지속에 대한 자신의 견해를 이렇게 요약했다.

영국 개량주의의 뿌리는 의심할 것 없이 세계를 지배했던 세기의 역사 그리고 노동 귀족의 형성 또는 좀더 일반적으로 세계 지배에서 이익을 취한 전체 노동계급에 두고 있다. 역으로, 영국 자본주의 문제가 현재도 지속되는 관심사라는 신념을 유지하는 것이 …… 개량주의 부활의 (충분 조건은 아닐지라도) 필요조건은 된다. 두번째 …… 이유는 …… 영국 노동운동이 아직도 그 흔적이 남아 있는 개혁적 자유주의-급진주의 전통이 지배하던 시절에 형성되고 틀을 굳혔다는 것이다. 하지만 개량주의 부활의 세번째이자 아마도 가장 중요한 이유는 특정한 것이라기보다는 일반적인 것이다. 자본주의가 안정되거나 번성하는 조건에서 그리고 노동운동이 공식적으로 인정받는 상황에서 개량 정당의 정책은 분명한 데다가 실천적인 정책이기 때문에 개량 정당이 '자연스러운' 것이라는 게 그 이유다. …… 그러므로 저항하지 않는 한, 정치·사회 지형의 자연발생적인 경사로가 노동운동을 개량주의로 떨어져내리게 하는 경향이 있다. 심지어는, 종종 그래왔듯이 저항하더라도 그렇게 되고 만다.[111]

영국 노동계급은 1860년대부터 '화해와 협력의 거미줄'에 스스로를 묶으면서 자연발생적인 개량주의 추수 현상에 저항하기는커녕, 반대로 제 성향에 딱맞는 맑스 이전 노동운동 형태에 스스로를 옥죄었다.[112] 이런 상황에서 맑스주의의 영향력 그리고 공산당이 무대에 등장했을 때 발휘한 영향력은 불가피하게 "개량주의가 실제로 개량적으로 되게 만드는"[113] 임무를 띤 "운동의 두뇌집단" 구실을 하는 것 정도로 국한하게 된다. 제3시기처럼 외부의 유도로 방향을 전환하던 때가 아닌 때 영국공산당이 자발적으로 선택한 현실적인 구실은, 혁명적 차이를 지닌 대중 노동계급 정당으로 자리매김하면서 노동당을 대체하는 게 아니라 노동당을 왼쪽으로 끌어가려는 전형적인 모습이었다.

홉스봄의 계산에 비춰 볼 때, 이는 전후에 애틀리[Clement Richard Attlee; 1945~51년 영국 총리를 지낸 노동당 정치인. 2차 세계대전에서 상실한 국부 회복을 위해 대규모 사회보장제도를 실시하여 국민 최저생활보장에 힘썼다]가 했듯이 1964년에 월슨이 육체 노동자와 전문직 중간계급의 선거연합을 다시 성공적으로 이뤄 내 보수당 정권 13년을 종식시키기 직전 노동운동 내부의 세력 균형이었다. 1961년 랄프 밀리밴드의 책

『의회 사회주의』를 논하면서 홉스봄은 "사회민주주의 정당 관련 문헌들은 실패를 주제로 한 다양한 변주의 묶음"인데 이것이 실패인 것은 그들이 가장 자랑스럽게 내세우는 것 ─복지국가─이 스스로 설정한 목표가 아니기 때문이라고 역설했다. 사실 이는 사회민주주의적 목표만은 결코 아니다. 이렇게 변함없이 이어지는 실패의 역사라는 관점에서 보면, 60년에 걸친 노동당 지도부의 행태에 대한 밀리밴드의 비판은 "차라리 너무 온건한"[114] 것이었다. 그럼에도 노동당 당헌 4조가 공언하는 "**새로운** ······ 사회를 향한 모호한 일반적 염원"은 "노동계급 전통이 길지 않은 나라에서는 유사성을 찾기 어려운, 거대하고 규율이 있으며 흔들리지 않는 계급의식에 압축되어" 있다. 따라서 비관주의는 부적절하다.[115]

상대적인 경제 하락을 막지 못하고 미국 외교 정책에 대한 종속을 계속 이어 간 노동당 정부 집권기가 4년이 되면서 홉스봄은 결정적으로 자신의 견해를 수정하기 시작했다. 홉스봄의 후속 주장이 취할 방향을 내다보면서 그의 책 『산업과 제국』은 노동당이 선거에서 정체를 벗어나지 못하고 1950, 60년대 당의 지지 기반─'전통적인' 육체 노동자 계급─이 계속 줄어들고 변화하는 걸 기록했다.

전통적인 분리주의 노동계급 세계의 모든 기구들이 눈에 띄게 정체됐다. 전국 선거에서 노동당이 꾸준히 성장하던 추세는 1951년 중단된 뒤 다시 나타나지 못했다. 노조원 수도 정체 상태였다. ······ 아마도 더 심각한 것은 경제 변화가 전통적으로 이해되는 노동계급 곧 주로 탄광이나 공장에서 손에 흙을 묻히며 일하거나 엔진 같은 것을 다루는 남자와 여자 집단의 기반 그 자체를 약화시켰다는 사실이다.[116]

제조업 쇠퇴가 부른 육체 노동자 계급의 감소보다 더 중요한 것은, 그들이 소비자본주의에 점차 통합되면서 계급의식이 질적으로 저하된 것이다. 학계의 사회학자들이 진단하는 소시민화와 같은 것은 아니지만, (홉스봄이 나중에 언급했듯이) "1950년대 이후 역사상 처음으로 영국 대부분의 노동자들이 인간다운 삶을 살 수 있게 됐다"는 사실이 탈급진화를 촉발하기 시작했다.[117] 1930년대라면 정당화될 수 있겠으나 50년대와 60년대라면 확연히 모순으로 여겨질 전통적 사회주의 전망의 수정이 이루어질 것 같았다. 홉스봄이 1971년에 조심스럽게 핵심을 표현했듯이 "40년 전에는 거의 믿기 어려워 보이던 전망이지만 영국 노동자들이 먼저 자본주의를 뒤집지 않고도 상당히 오랫동안 높은 생활 수준을 영위하며 완전 고용을 누릴 수 있게 될 수도 있다"[118]라고 할 상태였기 때문이다.

1970년대의 전후 호황 종료와 세계적인 경기 침체는 특히 영국 경제에 혹독하게 영향을 주면서 이런 전망에 커다란 의문부호를 붙이는 듯했다. 이 시기의 10년 동안엔, 노조운동에 대한 영향력이 최고조에 달한 영국노동당 인사 또는 당과 가까운 인사들이 종종 주도하는 작업장 내 분규가 폭발했다. 홉스봄은 레닌과 그람시의 '경제주의'와 '조합주의' 비판에 의존해 이런 행태의 적절성을 문제 삼으면서 꾸준히 사태 추이에 의심의 눈초리를 보냈다.[119] 경제 투쟁을 정치적으로 '일반화' 할 기회를 만드는 것과 정반대 행태인, 현장 활동가들의 고용 조건을 위한 투쟁은 노동계급 정치에 불화를 가져오는 힘이 될 수 있었다. 홉스봄이 1970년대에 '생디칼리즘 신봉자 없는 생디칼리즘?'이라는 강력한 제목을 붙인 글에서 썼듯이,

노동쟁의 파벌주의가 계급 연대에 무언의 중압감을 강하게 주고 있다.
…… 이 전투성의 상당 부분은 노동계급 내부 불평등을 강화하는 데 맞
춰진 까닭이다. 상당 부분은 비록 의도하지 않은 결과이지만 말이다.
…… 전투적이고 강한 노조운동과 오랫동안 계속 지지도가 떨어지면서
조직적으로 약해진 노동당의 간격은 위험하리만치 넓다.[120]

홉스봄에게 국내 지역 상황은 경제 위기의 재발 와중에 깊어지는
서유럽 좌파의 방향감각 상실의 징후였다. 두 전쟁 중간기와 비교하면
이중으로 무기력해졌다. 대안사회 모델, 즉 외견상 자본주의 경기순환에
대한 면역력을 지닌 사회주의 사회를 거론하지도 못하고, 경기 침체를
극복할 케인스주의적 다양한 방안을 제시하지도 못한 것이다.[121] 홉스
봄은 1978년 11월에 이렇게 썼다. 좌파가 "어두컴컴한 데서 더듬거리고
있다. 이 위기가 어떻게 사회주의적 변혁으로 이어질지 분명한 전망도,
솔직히 말하면 이렇게 될 거라는 진정한 기대도 없다."[122] 6개월 뒤 국운
의 하락을 되돌리고 영국 자본주의의 야생적 충동을 회복할 신자유주의
적 기획에 심취한 보수당 정부의 집권과 함께 상황은 결정적인 ——확정
적인? ——악화일로의 전환점을 맞는다. 그 뒤 10년 동안 홉스봄은 스스
로 "영국의 전국 정치 무대에 잠깐 찬조 출연"이라고 표현한 일을 했다.
이에 대해 홉스봄은 『흥미로운 시절』에서 토니 벤이 주도하는 세력이 노
동당을 황폐화하지 못하도록 '구하는' 데 있어 자신이 가치 있는 구실을
한 걸로 회상함으로써 평소와 다르고 궁극적으로는 부적절한 자기만족
을 드러냈다.[123] 홉스봄의 개입 활동은, 1989년에 의미심장한 제목을 달
고 나와 "좌파 이성의 좌파 감성 비판"[124]이라는 문구로 선전된 책 『합리
적인 좌파를 위한 정치』(Politics for a Rational Left)에 기록되어 있다. 인

민전선주의 전통에 확고히 뿌리를 두고 (그가 1979년부터 편집위원회에 합류한 잡지) 『맑시즘 투데이』를 통해 제기한 그의 비판 활동은 ("몇몇 오래된 소중한 친구와 동지들"을 포함해)[125] 영국 좌파들로부터 다양한 반대에 부닥쳤다.

1980년대 홉스봄이 제기한 주장의 핵심은 세 부분으로 이뤄졌다. 첫째, 대처주의는 전통적인 보수주의나 되살아난 보수주의 계급투쟁 형태가 함축하는 것보다 훨씬 더 불길한 걸 예고한다는 것이다. 이는 새로운 역사적 현상이자, 영국 국정에 있어서 포괄적인 혁명 곧 전후에 정착된 체제(그리고 그 이상)를 거부하는 정치·사회·문화적 반개혁을 목표로 한 급진적이고 권위적인 신자유주의였다. 그래서 이를 무찌르는 건 좌파에게 가장 시급한 일이었다. 둘째, 신우파는 다수의 지지를 얻지 못했고——대처주의에 대한 전반적 합의는 없었다—— 다른 당들 간의(그리고 각 당 내부의) 분열 덕분에 집권했다는 것이다. 그러므로 다른 당들의 연합이 시급했다. 셋째, 대처 반대세력의 분열은, 중도 좌파 성격의 반대처 선거 협정에 필요한 정치 목표 조율을 거부한 노동당 내 극단적인 파벌주의가 유발하고 재생산했거나, 적어도 둘 중에 하나라는 것이다. 그래서 신 노동당 좌파를 주변화하고 중도적인 지도부를 격려하는 것이 반동적인 추세를 뒤집는 전제 조건이 된다.

1978년 맑스 기념 강좌에서 홉스봄은, 1970년대에 급격히 늘어난 노동쟁의의 "거의 전적인 **경제주의** 전투성"과 "현실에 있어선 노동당 지지를 뜻하는 계급의식의 정치적 표출"[126] 후퇴 사이의 간격을 목격하면서 이 간격의 위험성을 강조했다. 1979년 총선 결과는 그의 이런 걱정을 확인시키는 걸로 인식됐다. 홉스봄은 처음엔 토니 벤이 이끄는 좌파의 부상을 "의심의 여지 없이 환영할 만한 진전"으로 받아들였고, 1980

년『맑시즘 투데이』에 실린 (그러나『합리적인 좌파를 위한 정치』에는 포함되지 않은) 토니 벤과의 긴 인터뷰에서 이 흐름을 "아주 오랜 기간 나타났던 그 어떤 세력보다 나은 노동당 좌파"[127]로 칭찬했다. 노동당 온건파 일부가 사민당으로 떨어져 나간 뒤 자신이 강의에서 제기했던 논쟁에 대해 언급할 기회가 왔을 때 홉스봄은 "**조직**이 정치를 대체할 수 있다는 …… 환상"[128]에 대해 경고했다. 사회주의를 위한 노동당의 승리는 사회주의적 노동당 쟁취와 같다는 것이다.

이제 철의 여인이 국내외에서 패기를 보여 주는 가운데 대처 정부가 "아마도 이번 세기 영국에서 가장 반동적인 정부이고 (터키를 빼면) 확실히 현재 유럽에서도 가장 반동적인 정부"[129]임을 스스로 폭로한 까닭에 그렇다는 것이다. 벤과의 대담에서 홉스봄은 현재 위기 국면의 반동적인 통치와 1930년대 파시즘 사이에 '유사점'이 있는지 여부를 쟁점으로 제기했다.[130] 1982년 포클랜드 전쟁 이후 홉스봄은 대처가 보복주의적 국가주의를 "우익(준파시즘이라고 말하는 걸 간신히 자제한다)의 방향"[131]으로 이끌어 간 걸 언급한다. 몇 년 뒤 그는 어떤 독일 사민주의자에게 "파시즘이라는 단어를 쉽게 쓰고 싶지 않지만 전체 노동운동과 진보운동을 약화시킬 힘을 갖춘 강력한 우익 급진주의의 위험이 실제로 있다"[132]고 털어놨다.

전제는 인민전선을 회복하는 준비 차원에서, 노동당을 "진보적 변화를 위한 '인민의 정당'"[133]으로 보존하거나 재창조하는 게 필요하다는 점이다. 사회주의를 위한 '긴 여정의 정책'을 수반하는 이 '인민의 정당' 보존 또는 재창조 작업은 "반동이 두려워 하는 전략"[134]이다. 1930년대의 상황 전개 기록이 있음을 고려하면 이런 전략을 택할 이유는 분명치 않았다. 이와 달리 명백한 것은, 홉스봄이 속한 당(공산당)이 가장 최근의 일로는 1978년판 『사회주의로 가는 영국의 길』에서 옹호한 '폭넓은 민주연합' 개념이 변형된 것이라는 점이다. 이 연합은 사회주의 정책에 헌신하고 또 그 정책을 실현할 능력도 있는 '새로운 종류의 노동당 정부'라는 목적을 위한 수단으로 제시됐다.[135] 그래서 이는 유러코뮤니즘식의 "영국 사회주의 혁명 장기 전략"[136]의 중심 항목이 됐다. 1980년대 중반에 이르면, 영국공산당 안팎의 비판에 반론하던 때 홉스봄이 주장하던 것과 반대되는 이 주장은 대개 방어 전술 차원에서 짜증스러운 태도로 제기하는 것이 되고 만다. 그리고 1985년 대규모 광부 파업의 위기 상황 이후 그의 옹호 논조는 점점 더 날카로워지는 한편 주류 언론의 어법을 닮아 갔다.

이런 주장 밑에 깔린 열정적인 신념은 대처를 무너뜨리는 것이 "온건한 영국을 유지하고 더 나은 사회로 나아갈 출구를 찾는 데 필요한 조건"[137]이라는 생각이다. 의도는 분명했다. 하지만 『맑시즘 투데이』가 제기한 노동당 중심주의 비판과 좌파 전반에 대한 비판을 명망 높은 홉스봄이 지지한 결과 또한 그랬다. 그 결과란 비판을 주도한 저자들의 손으로 "애덤 스미스를 빨갛게 칠하는 데"[138] 그친, 겉치레뿐인 우상 파괴였다. 『사회주의로 가는 영국의 길』을 거론하면서 홉스봄은 『맑시즘 투데이』가 노동당의 미래를 둘러싼 논쟁에서 확실하게 공산주의적인 색채를 띠면서 결정적으로 기여했다고 믿었다.[139] 오래전부터 공산당에 할당된 몫을 계속 담당한 것이다. 그러나 그전과는 차이가 분명했다. 영국공산당(또는 그 일파)은 이제 전위 정당으로 행동하면서 노동당을 왼쪽이 아니라 중도, 아니면 심지어 오른쪽으로 몰아가는 전문가 집단처럼 움직였다. 닐 키녹의 수정주의를 진짜 수정주의 그 자체로 만들고 만 것이다. 홉스봄의 유로노동당 전망은 1980년대 말 『맑시즘 투데이』가 드러낸 전면적인 '새 시대' 전망과 달랐다.[140] 하지만 이런 전망과 연결지으면서 홉스봄은 내부의 병폐를 겨냥한 보편적 방법으로 '근대화'를 내세웠다. 이 단어는 1960년대에는 대체로 얼빠진 걸로, 80년대 이후에는 예외 없이 잔인한 걸로 취급된, 극도로 유동적인 기표이다. '중산층 영국'이 1997년 다시 인민의 당을 받아들였을 때 이 선택의 밑바탕에 흐르는 논리는 명백했다. 대안 없는 교체였던 것이다. 대처식 해결은 선거 승리의 전제 조건이자 정부 정책의 변치 않는 본보기로 인정받았다. 자서전 작가로서 홉스봄은 "우리는 바지 입는 대처가 아니라 개혁된 노동당을 바랐다"[141]라고 변변치 못하게 한탄하는 신세로 남았다.

요약하자. 홉스봄은 활동 경력의 상당 기간 동안 '새로운 종류의 노동당', 사회주의 정당을 이뤄 가는 과정에서 공산당을 중요한 부분으로 받아들이는 노동당을 바랐다. 1980년대에 그는 과거의 다양성을 회복한 노동당 정부로 눈높이를 낮췄다. 이런 형태의 정부는 1960년대와 70년대에 신자유주의를 준비시키고 벤의 파벌주의를 낳으면서 제 존립 기반이 되는 선거 연합을 망친 사회민주주의 행정부의 실패, 바로 그것이었음을 망각한 채 말이다. 1990년대 후반부에 이르러 홉스봄이 보게 된 것은 상상할 수 없이 새로운 노동당 정부, 확실히 새로운 것만 좇는 노동당 정부였다. 이는 대처가 최대 업적으로 자랑하는 바로 그 노동당 개조이지만, 노동당 내 좌파를 무기력하게 만드는 일을 거든 『맑시즘 투데이』의 논쟁 제기가 촉진하고 사주한 것이기도 하다.[142] '다시 생각하기'는 특이하고 편파적인 생각으로 흘렀고, 재구성은 청산으로 흘렀다. 노동당은 구원받지 못했다. 이름을 뺀 모든 것이 (그리고 심지어는 부분적으로 이름까지) 망가졌다.

『합리적인 좌파를 위한 정치』 서문에서 홉스봄은 이렇게 주장했다.

사회주의 분석과 사회주의 기획을 다시 생각하는 것은 아마도 분명히 오래도록 유지하던 관점의 …… 중대하고 광범하며 고통스러운 변형으로 이어질 것이다. 그러나 자본주의에 대항하는 고전적인 사회주의의 주장, 사회주의 기획에 대한 고전적인 이해, 아니면 자본주의는 인간의 오랜 역사 발전 과정에서 지나치는 한 국면이 될 운명이라는 맑스의 신념을 허무는 것까지는 아니고 또 허물어서도 안 된다.[143]

맑스라면 20세기 말의 상황 전개가 "[자본주의] 체제를 다른 체제를 통해, 아니면 어둠의 시대로 돌아가는 걸 통해 바꿀 필요가 있다는 주장에 힘을 실어 준다"[144]고 여길 거라고 홉스봄은 자신있게 주장했다. 그로부터 5년 뒤 단일한 자본주의 세상의 도래와 함께 어둠이 몰려들었다. 이 어둠 또한 무너질 운명이라면 말이다.

3장 | 수수께끼 같은 변주

홉스봄은 언젠가 "진짜 중대한 질문들을 피해서, …… 전공 분야와 전문 지식이라는 이중의 족쇄에 매인, 즉 전반적 무지가 점점 심해지는 [역사] 분야 전문가들이 도망가는 경향이 있다"[1]고 언급했다. 유명한 일이지만, 그는 1789년부터 1991년까지를 다룬 자신의 '시대 4부작'이 맑스주의 역사가로서는 드문 특권이라 할 수 있는 '폴리오 협회(Folio Society) 판본'[고급스럽게 소량 제작되는 소장용 판본]으로 2005년 출간될 때 붙여진 책 제목, '근대 세계의 형성'에 축약되어 있는 질문들 가운데 가장 중요한 질문과 씨름하기를 마다하지 않았다. 30년 이상 지속된 저술 작업의 초기에 계획된 것은 아니지만, 홉스봄의 근대성 종합 역사는 1962년 『혁명의 시대』로 시작되어 1975년 『자본의 시대』와 1987년 『제국의 시대』를 거쳐 1994년 『극단의 시대』로 끝을 맺었다. 『혁명의 시대』의 「서문」은 후속 작품들이 변주하게 될 주제 한 가지를 이렇게 소개한다.

이 책의 목적은 자세한 서술이 아니라 해석이며, 프랑스어로 표현하자면 '고급스런 통속화'(haute vulgarisation)다. 이 책은 과거에 대한 호기심을 갖고 있을 뿐 아니라 오늘날 존재하는 세계가 어떻게 그리고 왜 형성되었는지를 알고 싶어하고, 오늘날의 세계가 어디를 향해 가고 있는지를 알고 싶어하는 지적이며 교육받은 시민을, 이론적 구성물의 성격을 지닌 개념인 '이상적인 독자'로 상정했다.[2]

확인할 수 있는 과거와 현재 그리고 추측할 수 있는 미래를 아우르려는 애초의 야심은 콩트의 '예견하기 위한 지식'(savoir pour prévoir)[3]과 어느 정도 비슷하되 대신에 맑스의 용어로 세상을 바꾸려는 관점에서 세상을 해석하는 것이었다.

진보의 시대

1975년까지, 프랑스혁명부터 제1차 세계대전까지 '장기 19세기'에 대한 3부작으로 생각되던 그의 작품들은 그 역사의 실체에 대한 신념과 그에 상응하는 시대 구분(1789~1848/ 1848~1875/ 1875~1914)에서 그렇듯 어느 정도는 고전적인 맑스주의 관점에 서 있었다. 『제국의 시대』의 '서장'이 요약하고 있는 지배적인 원칙들은 세 가지 측면을 지닌 것이다. 첫째, 근대 세계의 기원은 18세기 말 '이중혁명' 곧 영국 산업혁명과 프랑스혁명으로 거슬러 올라갈 수 있다는 것이다. 그것들은 폴라니가 '거대한 전환'이라고 부른 것, 전례가 전혀 없고 구체적으로 말하면 자본주의적 다양성을 지닌 인간 사회로의 이행이었다. 둘째, 자본주의를 '특징짓는 계급' 곧 부르주아지의 정치적 부상과 전형적인 이념 곧 자유주의의 깃발 아래 산업 자본주의의 모순된 동력이 이끈 그 변혁은 북쪽 유럽의 발상지에서부터 가차 없이 퍼져나가 19세기 후반부에는 비자본주의 세계의 상당 부분을 만나 정복했다는 것이다. 이때 비로소 역사는 "세계 역사"[4]가 된다. 셋째, 필연적으로 상당 기간 유럽 중심적이었던(『혁명의 시대』 부제는 '유럽 1789~1848'였다) 근대 세계 역사는 적어도 추세적으로는 전지구적인 양상을 띤 생산양식의 충격에 의해 불균등하게 서로 얽힌 발전의 역사를 중심으로 돌았다는 게 본질이라는 것이다. 홉스봄의 축약된 묘사를 보자면, "내가 그 세기의 역사를 체계화하려 하면서 중심축으로 삼은 것은 근본에 있어서 역사상 특정한 부르주아 사회 형태의 자유주의적 형식 속에서 자본주의가 이룬 승리와 변화다".[5] 이렇게 말하는 것은, '부르주아 사회의 자유주의적 형식'이 정점에 이르면서 '그 진전 안에 내재된 모순들'에 스스로 굴복하게 되고 이와 함께 그 시대의 조종도 울린 까닭이다. 서쪽과 동쪽 전선에서 중간계급 자유주의가 창조한 사회와 문명 형태에 최후의 일격이 가해진 것은 1914~1918년이다.[6]

상승과 추락을 동시에 그리기는 하나, 이런 인식 탓에 사학사 분야의 '쇠퇴론'을 취하는 것처럼 보일 수 있는 그의 작업은 그 과정을 인간사의 어떤 순환 형태의 사례처럼 해석하지 않는다. 홉스봄이 작업 초기에 이미 아주 분명히 밝혔듯이, 자본주의는 비록 1차 세계대전의 학살 현장에서 야만으로 추락하긴 했어도 여전히 그 앞에 더 월등한 미래를 두고 있었다. 그것은 사회주의(그리고 궁극적으로 공산주의)인데, 맑스가 내내 주장했듯이 자본주의는 사회주의의 전제 조건들을, 곧 계급 사회의 주된 부분인 물질 부족을 없애고 결국엔 자본주의를 극복할 사회적 동력을 생산한 것이다. 2장에서 이미 봤듯이 『혁명의 시대』에서 홉스봄은, 인간 역사를 "추락하거나 일정 수준을 지키는 흐름 속에서 파동을 일으키기보다는 상승하는 운동"[7]으로 옳게 본 계몽시대 진보주의의 후예인 '과학적 사회주의'를 명목상으로는 아닐지언정 그 의도를 자신이 옹호한 걸 비판한 '논쟁적 방어론'들을 깔보듯이 언급했다. 심지어 25년 뒤,

이제는 무인 우주선 스푸트니크호와 유인 우주선 보스토크호를 뒷배경으로 하는 게 아니라 체르노빌의 그림자 아래서 글을 쓰면서도 홉스봄은 여전히 조심스럽지만 낙관적인 말로 미래를 전망하고 있었다. 그 모든 역사가 "우리에게 옳은 결과를 보장하지" 않지만 "그른 결과를 보장하지도 않는다"는 것이다. 그는 『제국의 시대』 결론 부분에서 이렇게 생각에 잠긴다. "두려움과 물질적 궁핍에서 해방된 자유인 남녀가 선한 사회에서 함께 선하게 사는 세상 창조라는, 희망 가운데 최고의 희망을 꿈꿀 여지가 아직 있을까?" 그의 대답은? "왜 아닌가"라는 도발적인 질문이다.[8]

[참으로] 인간의 자연 이해와 통제는 말할 것도 없이, 인류 전체의 물질적 개선 측면에서만 봐도 20세기 역사를 진보로 보는 견해는 19세기를 그렇게 보는 것보다 실제 훨씬 더 설득력 있다. …… 그러나 우리가 우리 역사를 진보로 보는 습관을 버린 이유도 명백하다. 20세기의 진보를 부인하기 가장 어려운 때조차 예측은 계속 이어지는 상승이 아니라 재앙의 가능성, 어쩌면 심지어 임박한 재앙의 가능성을 제기하는 까닭이다. …… 우리는 우리 세기의 경험을 통해 종말을 예상하며 살라고 배웠다.[9]

근대 진보주의와 합리주의 일반의 모체로서 계몽주의는 특정한 사회 행위자의 이념으로 축소될 수 없었다. 그럼에도 이는 "떠오르는 중간 계급이 바라는 상황에 훌륭하게 어울리는"[10] 것이었다. 경제적·정치적 자유주의의 담지자로서 "지배하는 부르주아지"(최근 책 제목)는 19세기 인간 진보의 주요한 힘을 대표했다. 그리고 "부르주아-자유주의적 자본주의의 승리"는 『혁명의 시대』를 체계화한 원칙[11]과 그 책이 전개하는 주장의 전제를 제공했다. 이 밑에 깔린 것은 맑스의 개념이기보다는 맑스주의적인 '부르주아 혁명' 개념인데,[12] 어쨌든 근대 역사를 개념화하고 시기를 구분하는 데 결정적인 것이다. 이 개념이 자본주의 이후에 부르주아적 정착 과정에 변혁을 가져올 걸로 상정된 '프롤레타리아 혁명'에서 유추하여 개념화된 것이기 때문만은 (분명 그것 때문이기도 하지만) 아니다(프롤레타리아트와 자본주의의 관계는 부르주아지와 봉건주의의 관계와 같다). 대체로 말하자면, 이 혁명은 자신들에게 이로운 법률-정치적 제도 도입을 꾀하려 봉건사회의 틈새에서 떠올라서는, 경제적으로 진보한 자본주의 자산 관계를 형성한 부르주아 계급 주체를 절대주의 구체제 아래 쇠퇴하는 봉건주의를 기반으로 둔 반동 귀족과 경쟁시키는 것이다. 하지만 홉스봄의 이중 혁명에 내재된 분리, 곧 영국혁명은 경제적이고 프랑스혁명은 정치적이라는 건 정통 맑스주의 도식과는 심한 충돌 소지를 안고 있다. 이 점을 『혁명의 시대』에 대해 서평을 쓴 본디 맑스주의자(빅터 키어넌)가 재치있게 지적했다.

> 우리는 부르주아 혁명이 마치 확고하고 고정된 역사적 범주인 것처럼 언급하는 습관이 너무 몸에 배어 있다. 실제로 이는 추측의 성격이 좀더 강하거나 이론적 구성물이나 약칭과도 같은 것이다. 이것은 여러가지로 에테르와 비슷하고, -1의 제곱근이나 전설의 설인과도 비슷하다. 16세기 홀란드와 17세기 영국에서 있었던 아주 잡다한 사건들을 논외로 하면, 사실상 실체가 느껴지는 사건은 딱 하나 1789년의 일이다. 1789년 일은 흉내를 거부할 뿐 아니라 스스로를 청산하는 것이었다. 자본주의에 활력을 불어넣는 대신 기세를 꺾음으로써 말이다.[13]

1830년 프랑스에서 부르봉왕조가 무너지면서 시작된 혁명의 물결이 "서유럽에서 귀족들이 부르주아들에게 꺾이는 결정적인 패배를 보여 준다"는 홉스봄의 확신에 찬 주장은 설익은 것이며 "혁명의 시대는 또한 반동의 시대였다"[14]라는 말이 지칭하는 더 폭넓은 현실을 모호하게 만드는 경향이 짙다.

좀더 찬찬히 뜯어 보면, 키어넌이 이야기한 부르주아 혁명의 '실체가 느껴지는 사건'——정상과 예외(불완전, 지체, 위임 따위)의 기준을 제시하는 역사적 모범의 일종으로 작동하는 1789년 프랑스—— 또한 논란의 여지가 있다. 정확히 농업 사회가 자본주의적 발전을 촉진하기보다 방해했다는 점에 한해서는——홉스봄이 적절하게 부각시킨 맑스의 1859년 「서문」의 용어를 쓰자면 '거대한 역설'[15]——17세기 영국혁명이 부르주아지 아닌 자본가의 등장을 보여 주는 것처럼 프랑스혁명이 자본가 아닌 부르주아를 보여 주는 게 아닌가? 게다가 프랑스 부르주아지는 규정적인 맑스적 감각에서 보면 즉자-대자적인 계급 아닌가? 1989년 프랑스혁명 200주년을 기념해 코뱅(Alfred Cobban)부터 퓌레까지 이어지는 수정주의의 공격에 맞서 르페브르와 소불이 방어하고 나선 전통 사회적 해석을 거들면서 홉스봄은 바로 이 문제를 다시 진술한다. 프랑스 부르주아지가 보통 말하는 계급을 의식한 집단이긴 해도 "우리는 아무도 의도하지 않았는데도 왜 프랑스혁명이 부르주아 혁명이 됐는지 알아내야 한다".[16]

'어디에나 있는 부르주아지'. 이 표현은 맑스주의 이론에 대한 헌신을 무자비한 역사 기록과 조화시키려 애쓴 『자본의 시대』를 비판한 어떤 리뷰의 조롱에 가까운 제목이다.[17] 이런 비판은 『제국의 시대』 논평자도 정중하게 제기한 바 있다. "많은 역사가들은 19세기가 중간계급이 승리한 시기라고 더는 믿지 않는다. …… 그들에게는 설명의 필요가 없다. …… 왜 부르주아 문명이 무너졌는지 말이다. 이유는 간단한데, 무엇보다 먼저 부르주아 문명이 세상을 지배한 적이 없다는 것이다."[18]

홉스봄도 사실 『자본의 시대』에서 자신의 근거를 옮기기 시작했다. "유럽 부르주아지가 여전히 공공 정치에 헌신하기를 주저했다"는 것을 인정하되 1848년 이후 '자본주의의 전세계적 승리'를 '승리한 부르주아지의 시대'와 동일시하면서 말이다.[19] 더는 『혁명의 시대』가 묘사한 서유럽의 정치적 '지배계급'이 아니지만, 금융가와 거대 산업자본가 그리고 고위 공무원으로 구성된 대 부르주아지는 경제나 이념적으로 지배하는 계급이었으며 그들은 "주도권을 …… 발휘하고 …… 점점 더 정책을 …… 결정해 갔다"[20]는 것이다. 내놓고 재규정한 건 아니지만 '부르주아 혁명'은 이제 계급의 직접적·의식적 작동과 연결고리를 끊는 식으로 고쳐졌다. 자본주의 생산 관계의 재생산과 확장에 필요한 법률·정치·이념의 틀거리 마련을 알리는 사건으로 재인식하면서, 결국 부르주아지에 의한 혁명이 아닐 뿐 아니라 독점적 지배도 아닐지라도 부르주아지의 지배를 가져왔기 때문에 부르주아 혁명이라는 것이다. 따라서 홉스봄은 다른 글에서 아르노 메이어[Arno Mayer ; 현대 미국의 맑스주의 역사가]가 1914년 8월 1차 세계대전 전야에 유럽에 등장한 다양한 사회·정치적 장면에서 도출해 『구체제의 지속』(*The Persistence of the Old Regime*, 1981)이라고 이름 붙인 추론은 오류라고 주장했다. 영국의 사례가 충분히 증명하듯이 구세대 엘리트층과 지배계급의 "수용 그리고 그 결과, 예컨대 땅을 가진 귀족과 기업가 부르주아지, 또는 자유주의와 옛 군주제의 공생은 흔했고 '부르주아' 사상이 헤게모니를 쥔 상황과도 꽤나 잘 어울릴 수 있는 것"[21]이었다는 얘기다. 아무튼 구체제가 살아남은 유럽 대다수 지역에서 그 체제에 맞선 "부르주아 혁명이어야 했던" 1848년 혁명은 실패했다. 좌파 진영의 소규모 생산자들 사이에 존재하는 급진적 흥분에 놀란 부르주아지는 자신들의 역사적 구실을 버리고 "혁명세력이기를 포기했다."[22] 그 결과 '이중혁명'이라는 용어에 담긴 애초의 분리는 '이중성'으로 구체화했다.

> 정치혁명은 후퇴하고 산업혁명은 진전했다. 1848년은 …… (문자 그대로) 처음이자 마지막 유럽혁명이었다. …… 그건 보편적으로 빠르게 그리고 결정적으로 실패했다. 그 이후 1848년 이전에 세계의 '선진'국가에서 내다보던 종류의 전반적 사회혁명은 없었다. 이런 사회운동의 무게 중심이, 이에 따라 20세기 사회주의, 공산주의 체제의 무게 중심도 주변부이자 후진 상태였던 지역으로 옮겨 간다. …… 세계 자본주의 경제의 갑작스럽고 광범하며 겉보기에 경계가 없는 확장은 '선진'국가들에 정치적 대안들을 제시했다. (영국) 산업혁명이 (프랑스) 정치혁명을 삼켜 버린 것이다.[23]

1850년대의 경제 대호황과 함께 유럽에서 "정치는 휴면 상태에 들어갔으며" 이는 4반세기 동안 이어졌다.[24] 한편 지구 대부분 지역은 영국이 개척한 자본주의 경제 형태로 통합됐고 '선진'국과 '저개발'국으로 나뉘었으며, '저개발'국들은 『자본의 시대』의 '패배자들'에 속하는 모습으로 확연히 드러나게 된다.("오직 타고난 낙관론자들만" 1848~75년의 기간에 "대차대조표상 [이익이] 손해를 압도했다"고 주장할 것이다.) '진보의 무기'를 갖춘 유럽의 확장에 반발하는 저항은 아직 나타나지 않았다.[25] 다른 한편 '승리자' 집단에 비유럽 국가들인 일본과 미국이 합류하는데,

그들은 서로 경쟁하는 가운데 "집단적으로는 세계를 독점적으로 좌지우지하는 자본주의-공업 세력의 과두체제"에 한자리씩 차지했다.[26]

1873~96년의 대공황과 함께 깨어난 시대는 자본주의의 변형과 그를 잇는 자유주의의 방향 상실을 목격했다. 경제적 불안에 대처하면서 자본주의는 뿌리 깊이 변했다. "시장 경쟁을 희생한 대가로 제휴를, 개인 기업 희생의 대가로 기업 법인체를, 소규모 업체 희생의 대가로 거대 기업집단을"[27] 얻은 것이다. 이 시대의 새로운 제국주의는 국내의 사업 어려움을 자동 반영하는 걸로 인식되지 않았다.[28] 하지만 동시에 지금까지 이 체제에 종속되지 않고 있던 지역에 침투해 분할 지배한 행위는, 시장 쟁탈전을 통해 이 10년 동안의 '세계화 과정'을 더욱 가속화한 자본주의 국가들로서는 경제적 측면을 지닌 활동이었다.[29] 이런 뜻에서 자본주의 생산양식의 창조-파괴 동력은 『혁명의 시대』에 존재하던 양상을 유지했다. "우리 시대의 사람들과 사건들이 태생부터 의존한, 날로 명백해지는 역사의 몰개성적 큰 흐름"[30]을 말이다.

물론 가장 명백한 사건은 수십 년 동안 이어진 유럽의 평화에 막을 내린 대전쟁의 발발이었다. 사회주의자 좌파들에게 이 전쟁은 "당장의 이중적인 재앙"[31]이었다. 공식적으로 평화와 국제주의에 헌신하던 그들은 외국의 소수자들과 국내의 하위 계층이 겪는 불공평을 유지하는 데 동원된, 인종주의적인 동시에 우파에 밀착한 국가주의의 파도에 침몰했다. 제2인터내셔널의 독자 조직, 노동자계급 조직, 사회주의자 조직들은 아나키즘을 배제하고 명목상 개량주의로부터 자유로운 상태에서 형성됐는데, 당시는 유럽 정치가 대공황기의 동면에서 막 깨어나던 때이다. 맑스주의를 받아들이면서 그들은 계몽 시대 진보주의의 한 형태를 옹호했다. 그들은, "거의 처음부터 당당히 19세기의 핵심 개념 '진보'에 헌신한 당들이었다. 그들은 특히 맑스주의적 형태로, 더 나은 사회를 위해 피할 수 없는 역사의 행진을 하려고 일어섰다. 그들은 비록 미래상은 불분명할지언정 이성·교육·과학·기술의 지속적이고 점점 빨라지는 승리를 확실히 내다봤다."[32]

그러므로 프롤레타리아(또는 더 정확히 하면 계급의식을 지닌 전위)는 비록 부르주아지 다수가 반동의 죽 한 사발을 얻으려 이념적 장자의 권리를 팔아먹은 것에 굴하지 않고 "과학, 이성, 진보에 대한 옛 부르주아 신념"의 후예가 됐다.

자유주의 서구 유럽의 '이상한 죽음'[33]을 예시하는 부르주아 이념의 표면상 갑작스런 수정을 설명해 주는 홉스봄의 해설이 충분히 만족스럽지 않다면, 그건 아마도 그가 애초 자유주의의 지배를 지나치게 높이 평가한 탓이다. 키어넌은 보수주의가, 특히 종교의 형태로 꾸준히 퍼져 있던 걸 홉스봄이『혁명의 시대』에서 상대적으로 무시했음을 지적한 바 있다. 게다가 자유주의나 사회주의 진보 철학과 비교하면, 이에 맞서는 이념들은 "사상 체계라고 이름을 붙일 자격이 거의 없는"[34] 것으로 간주했다. 하지만 이는 "악화가 양화를 구축하며 이는 화폐에만 해당하는 게 아니다"[35]는 사실을 잊고, 의미와 효과가 있는 이념을 '사상 체계'와 동일시하는 합리주의적 편견에서 비롯된 태도다. 그래서 '체제의 정신'에 반기를 들고 니체의 생철학에서 가장 강력하게 구축된 반계몽주의 토포스[진부한 주제·사상]를 제기한 드 보날(Louis de Bonald)과 드 메스트르(Joseph de Maistre)는 "정신 나간 것에 가까운 주장들"[36]을 내세우기 때문에 논리적이지 못하고 사소한 걸로 무시됐다. 이런 근시안적 합리주의는 예술의 낭만주의를 논할 때 파스칼을 좇아서 홉스봄이 제기하던 신중한 원리와 모순된다. 그때 홉스봄은 이렇게 지적한 바 있다. "이성이 전혀 모르는 가슴속에 품은 이유(이성)들을 무시하는 건 결코 현명하지 못하다."[37]

1842년 팔머스톤 경[Viscount Palmerston; 영국 정치가로 대표적인 민족주의자이자 보수주의자]은 상업이 "신의 섭리"[38]라고 선언하면서 상업을 계속 이어지는 물질, 도덕의 진보를 실현할 도구로 찬양했다. 홉스봄이 이 말을 부르주아의 제도라는 확실히 세속적인 용어로 번역하면서, 장기 19세기는 "종말을 고할 전쟁, 혁명, 위기의 시대"[39]의 씨앗을 담고 있는 것이 됐다.

그 이후 20세기 세상을 지탱한 경제 구조는, 자본주의적일 때조차도, 1870년에 사업가들이 받아들였을 만한 의미에서 '사기업'의 체제는 더 이상 아니다. 1차 세계대전 이후 세계를 기억만으로 지배하던 그 혁명은 더는 1789년의 프랑스혁명이 아니다. 세계에 침투한 문화 또한 1914년 이전에 이해되던 그 부르주아 문화는 아니다. 세계의 경제적·지적·군사적 세력으로 압도적 힘을 발휘하던 대륙은 이제 더는 그렇지 않다.[40]

홉스봄은 이렇게 결론 짓는다. "좋든 나쁘든 부르주아지의 세기는 역사에 속하게 됐다."[41] 의심스러울 수는 있겠으나 논리적으로 보면 부르주아 계급이 『극단의 시대』에서 홉스봄이 언급한 것만큼 높게 평가되지 않을 여지가 충분하다.

『제국의 시대』맺음말에서 홉스봄은 『극단의 시대』전체의 요약이나 1, 2장으로 구상했을 내용의 윤곽을 그려 냈다. 결국 1945년까지 30년 동안 진보가 비록 불연속적이기는 해도 "일련의 지진과 같은 격변과 인간의 격동"에 길을 터주면서, 1914년 이후 세계 역사의 맥박 속에서 거대한 변화를 감지할 수 있었다.[42] 2차 세계대전 이후 제2세계의 확장과 강화에 직면한 제1세계는 "1914년 때와는 사뭇 다른 모습으로 자신을 변화시킴으로써"[43] 혁명적–사회주의적 도전을 버텼다.

> [그 결과 무수한 공포를 겪으면서도] 겉보기나 편견과는 달리, 실제로 20세기에 이뤄진 물질적·지적 진보——도덕적·문화적 진보는 아니지만——가 예외적이리만치 인상깊고 부인하기도 꽤 힘들다는 점에서 큰 희망을 품을 여지가 있다.[44]

20세기 중반부터 지금까지의 결과를 근거로 보면, 21세기에 대한 조심스러운 낙관론은 적절했다. 그런데 10년도 채 지나기 전에 그 전망을 어둡게 하면서 전혀 다른 그림이 제시됐다. 『극단의 시대』 마지막을 장식했던 그 말 '어둠'이 다시 등장한 것이다. 이런 표변의 주요 이유를 찾으러 멀리 갈 것도 없다. 그 이유는, 그 세기가 미성숙한 종말을 맞게 한 '진짜 사회주의'의 붕괴다.

프로메테우스의 선물, 판도라의 상자

『극단의 시대』는 홉스봄 작품 가운데에서만 걸작인 것에 그치지 않고[45] 전반적인 의미에서도 걸작이며, 1차 세계대전 때부터 소련의 붕괴까지 '단기 20세기'를 위엄있게 종합한 작품이라고 널리 인정받았다. 이 책은 종말이 가까웠을 때, 특히 프랜시스 후쿠야마의 '역사의 종말' 테제가 가장 악명 높게 제기됐을 때 세상에 나왔다. 알렉스 캘리니코스가 언급했듯이, 이 책은 어떤 의미에서 반(反)후쿠야마로 여겨질 수도 있다.[46] 이 책은 자유주의적 자본주의가 궁극의 승리를 거뒀음을 인정하지 않고 실로 냉전 시대의 승리가 거의 아무 소득도 없는 것이 되어 간다고 해석하지만, 세기말에 사회주의가 당한 큰 패배를 인정한다. 『극단의 시대』는 일찍부터 후쿠야마의 테제를 1990년 이후 이 책의 저자에게 가해진 독설적인 언급 목록에 더하면서 이 테제가 형이상학적 추정에 불과하다는 걸 거듭 증명했다.[47] 홉스봄에게 후쿠야마는 (다른 글에서 언급했듯이) "1990년대의 판글로스 박사"[48]였다. 추정컨대 말년의 볼테르의 손에 의해 쪼그라들기에 합당한 인물 말이다.* 『극단의 시대』에 다시 등장하는 홉스봄의 '낡은 세기'에 대한 세기말의 평가는 후쿠야마에게 잘못 연결한 판글로스식 전망과 정반대였다. 내쫓지 못한 악령처럼 되돌아오는 후쿠야마를 홉스봄이 그의 역량으로 판단하기보다 그냥 희화할 필요가 있다고 줄곧 느꼈다는 점은,[49] 달갑지 않은 진실을 피할 때 처음 나타나는 증상일지 모른다.

그렇기는 해도 『극단의 시대』에 대한 전반적으로 우호적인 주요 반응 가운데 두 가지의 비판적 평가가 눈에 띈다. 첫째는 이런 경우 꽤나 익숙한 것인데, 이렇게 줄여서 표현할 수 있을 것이다. 인상적인 책이되, 맑스주의 부분은 수치스럽다고 말이다. 인상적인 책이 『극단의 시대』라고 한다면 인상적이라는 그 책은 어느 정도까진 후자(맑스주의)에 대한 해명이라는 대꾸를 들을 만한 지적이다. 두번째는 토니 주트가 예리하게 정식화했다.

---

* 판글로스 박사는 볼테르의 『캉디드』에 등장하는 캐릭터로 무신론자이면서 휴머니스트이다. 이름 자체가 그리스어로 '모든 것을 말한다'는 뜻으로 현재의 세상이 어째서 존재 가능한 최선의 세상인지 말하는 인물이다.

이 책의 미덕이 참여적 성격과 저자 개인의 소양에서 비롯된 것이라면 결함들도 마찬가지다. 아니 어쩌면 결함은 여러 형태를 띠고 있지만 단 한 가지이다. 이 책은 홉스봄 개인의 삶 —— 그 삶은 청년 시절부터 …… 단 한 가지 대의에 헌신한 것인데 —— 이야기이기 때문에, 그는 사건들이 펼쳐질 때 자신이 봤던 대로 이 시대의 윤곽을 그리고 갈등을 보려는 경향을 드러내며 이는 이해할 만한 것이긴 하다. 특히 우파/좌파, 파시스트/공산주의자, 진보와 반동 같은 범주는 아주 강고하게 설정된 듯하며, 또 이것들은 홉스봄이 1930년대에 처음 접했던 바로 그 모습대로 설정된 듯하다.[50]

한마디로 심각한 결함이 있는 글, 그러니까 저자가 전체적으로 맑스주의에 치우쳤기 때문이라기보다 자신이 십대 때 확립한 공산당 소속감이라는 개인적 경향 때문에 망가진 글이라는 이야기다.

치료법이 뭐라고 생각하든, 주트는 신경통을 일으키는 지점을 건드렸다. 주트의 비판 가운데 두 문장을 결합하면 우리는 특정한 계몽주의적 맑스주의가 그 구조를 어떻게 관리하는지, 그리고 역사적 공산주의의 결과물에 관한 것이자 현대 자본주의의 전망에 관한 자신의 주장을 어떻게 구성하는지 그 방식을 분석함으로써 『극단의 시대』가 안고 있는 역설의 일단을 예시할 수 있다. (기대하는) 요점은 홉스봄의 역사가, 비판자들이 주장하듯이 직설적으로 맑스주의적이지도, 정통 공산주의적이지도 않다는 것이다. 또 말이 나온 김에 언급하자면, 적어도 후쿠야마의 『역사의 종말』을 홉스봄 스스로 암시한 것처럼 주의 깊게 읽고 후쿠야마에 반대하는 것도 아니다.

홉스봄은 주트가 제기한 문제를 완벽하게 인식했다. 『극단의 시대』

서문에서 그는 자신이 씨름해야 했던 어려움을 강조했다. 20세기에 대한 설명에 착수하는 것은 "일종의 자서전 같은 시도"일 것인데, 저자 자신이 "학자라기보다 동시대인으로서 그 시대에 대한 관점과 편견을 축적해 온" 한에서 그렇고, 단순한 동시대 관찰자가 아니라 '참여 관찰자'이기에 또 그렇다.[51] 1장에서 봤듯, 그의 일생의 관찰과 참여에서 열쇠는 30년대 유럽의 많은 젊은 유대계 지식인들이 취할 수 있었던 선택에 있다.

> 우리는 부르주아 사회와 자본주의에 맞서는 데 헌신하지 않았는데, 명백하게 거의 망해 가는 상황에 있어 보였기 때문이다. 우리는 그저 아무 미래도 선택하지 않은 대신 어떤 하나의 미래를 선택했고 그것은 혁명을 뜻했다. 위대한 10월혁명과 소비에트 러시아는 그런 신세계가 가능하다는 걸 증명했다.[52]

홉스봄이 『극단의 시대』에서 다뤄야 했던 것은 당황스러운 기대들, 곧 자본주의의 재와 20세기에 그 재에서 태어날 사회주의라는 불사조, 피닉스에 대한 뒤엉킨 희망과 두려움이다. 이렇게 함으로써 그는 다시 한번 자신이 틀림없이 인지한 유혹에 직면했다. 이번엔 프랑스혁명 200주년에 즈음해 숙고하면서 이야기를 꺼냈다. "우리 모두는 과거를 돌아볼 때 어쩔 수 없이 우리 자신의 시대 역사로부터 글을 꺼내게 되고, 어느 정도까지는 시대 의상을 입고 오늘의 문제와 싸운다."[53] '시대 착오'와 '편협함', 이는 사학사라는 이름값을 하는 것이라면 피해야 할 악습들 가운데서도 가장 중요한 것들이었다. 최근을 포함한 과거는 영원히 다른 영토였다.[54]

이와 관련한 어려움을 쉽게 확인할 수 있는 초기 사례는 영국에서 애초 책이 나올 때 엿보였던 책 제목의 불확실성이다. 처음엔 'The Age of Extremes'가 아니라 정관사가 빠진 'Age of Extremes'였고 정관사는 나중에 더해졌다. 무슨 기준으로 20세기가 'the'를 더한(대표성을 띤다는 뜻을 더한) 극단의 시대라고 말할 수 있는가라는 난점이 있는 것이다. 사정이 이렇다면 극단주의를 손쉽게 유발하는, 극단주의 범주의 기본이 되는 어떤 명사가 있을 것이다. 19세기를 다룬 3부작과 대조적으로 이번에 여기서 우리는, 말하자면 오늘날 이슬람에 대한 그리고 (홉스봄이 제기한 것을 포함해) 과거 노동당에 대한 상투적인 논평에 빠지지 않는 단어에 불편하리만치 가까이 가게 된다. 그것은 바로 '온건론자' 대 '극단주의자'다. 더 중요하게는, 이 개념이 1950년대와 60년대에 이념의 종말론자들이 쓴 자유주의적 용어의 핵심이라는 것이다. 예컨대 레이몽 아롱*은 『지식인의 아편』(1955)에서 홉스봄이 언젠가 분개해서 반박했던 용어를 써서 주장을 폈다. "세속 종교의 전쟁이 끝나 가고 있다"[55]는 게 바로 그것이다. 『혁명의 시대』에서 홉스봄은 이념적 세속화의 피할 수 없는 진전을 자신만만하게 확신하며 종교는 계몽주의와 그 후예 곧 자유주의자와 사회주의자 앞에서 '열등한' 힘이라고 선언했다.[56] 마치 가장 높은 단의 기어에서 바로 후진 기어로 바꾸려고 하듯이, 그는 1990년대에 들어 주기적으로 1914년 8월 계몽주의 프로그램의 잔해에서 태어난 20세기를 마치 열등한 것이 복수하는 시기로 그렸다. 서로 경쟁하는 섭리 곧 공산주의, 파시스트, 자유주의, 국가주의 신념이 『극단의 시대』가 거의 즉

---

* 20세기 프랑스 사회학자인 레이몽 아롱(Raymond Aron)은 『지식인의 아편』에서 실존주의자이자 맑스주의자인 장 폴 사르트르 등의 소련 지지를 비판하면서 자유민주주의를 적극 옹호하는 반맑스주의자로 부각된 인물이다.

각적으로 '종교 전쟁의 세기'[57]라고 불렀던 상황에서 정면 충돌하는 가운데 이런 일이 벌어졌다는 것이다. 이렇게 자신의 이념이 '상품의 대포'에 맞아 무너져 소멸하면서 홉스봄은 '역사의 종말'의 선구자격인 '이념의 종말' 테제를 뒤늦게 수용하는 상태가 된다. 비록 완강한 신자유주의가 지배하는 상황에서 얻은 깨달음이라기보다 소원을, 징후를 보여 주기보다 소망을 표현한 것이지만 말이다.

세속적이든 아니든 '종교 전쟁' 개념의 수용과 순응은 역설적으로 홉스봄이 과거를 해석하고 미래를 내다볼 때, 비록 이제는 낙관론이 사라졌지만──아니 어쩌면 낙관론이 사라졌기 때문에──맑스주의의 어떤 특정 성향에 꾸준히 의존하고 있음을 증명한다. 이 성향은 1930년대 중반부터 공산주의 운동에 존재하던 교조적 정통 사상인데, 이는 (『극단의 시대』 겉표지가 소리쳐 주장하듯이) "이성과 과학을 믿는" 저자에게 20세기 해석법을 즉각 알려 주고 또 망쳐 놓기도 한 맑스주의다. 공산주의 경험을 불완전한 과거로 묘사한 프랑수아 퓌레에 대응해, 홉스봄은 "1989년 이후 다음 세대에도 살아남길 바라는 우리 시대의 역사라면 그 시대의 이념적·정치적 전장에서 일시적으로 한발짝 물러나려 시도해야" 하는 데 반해 이 묘사는 "뒤늦게 나타난 냉전시대의 산물처럼 들린다"고 항변했다. 하지만 그는 바로 앞 문단에서 "(세속) 종교 전쟁에서 신화와 역-신화, 환상과 역-환상은 개신교 종교개혁과 그에 대한 가톨릭의 반동이 16세기 역사가들에게 구별되지 않았듯이, 이제 우리 세기 역사가들한테도 구별되지 않는다"[58]고 단언했다. 이 주장이 설득력 있든 없든, 6년 뒤 자서전을 쓸 때 홉스봄은 주트의 지적을 반쯤은 받아들이면서 우리 시대 역사에 대한 자신의 시도가 "극단의 시대에 속하는 정열을 품고 쓴"[59] 것이라고 인정했다.

우리는 세번째 천년을 바로 앞에 두고 인류를 괴롭히는 누적된 병들을 『극단의 시대』가 요약한 부분을 중심으로 뒤에서부터 거슬러올라가는 식으로 시작할 수 있겠다. 1987년 홉스봄은 『제국의 시대』를 쓸 때 품었던 것보다 "미래에 대해 희망을 느낄 이유가 덜하다"고 언급하면서 이렇게 썼다.

우리는 자본주의 발전의 거대한 경제적·기술과학적 과정에 사로잡혀 뿌리뽑히고 변형된 세상에 산다. 이것이 '끝없이' 갈 수 없다는 걸 우리는 안다. 아니면 적어도 그렇다고 여기는 게 합당하다. 미래는 과거의 연속일 수 없고 …… 우리가 역사적 위기의 지점에 다다랐다는 징표들이 있다. 기술-과학 경제가 창출한 힘은 이제 우리의 환경을, 즉 인간 삶의 물질적 기반을 파괴하기 충분할 정도에 이르렀다. 자본주의 경제의 사회적 기반 일부까지 포함한 인간 사회의 구조 그 자체가 과거에서 물려받은 것이 무너지는 걸 통해서 파괴될 상황에 이제 도달했다. 우리 세계는 내파와 외파의 위기를 맞고 있다. 변화해야 한다. …… 인류가 인정할 수 있는 미래를 갖게 된다면, 그 미래는 과거나 현재를 연장함으로써 구성된 것일 수는 없다. 이 바탕에서 세번째 천년을 건설하려 한다면, 우리는 실패할 것이다. 그리고 실패의 대가는, 말하자면 변화된 사회가 아닌 다른 것, 그러니까 어둠이다.[60]

『혁명의 시대』와 반대로 역사는 상승하지 않는 데 그치지 않는다. 우리가 접하고 있는 것은, 연속적이든 불연속적이든 필요하면 '나쁜 쪽'의 주도를 통해서라도 진보하는 대신 즉각적으로 후퇴하는 것이다. 마치 사회주의가 실패하고, 로자 룩셈부르크의 예감이 맞았음이 확인되듯이 자본주의의 대안은 이제 '야만'이다(아니면 그렇게 될 예정이다). 실제로 홉스봄은 『극단의 시대』를 내놓기 직전에 쓴 '야만'이라는 제목의 글에서 "우리가 계몽의 …… 기획이라고 부를 수 있는 일, 말하자면 인간의 합리적 진보에 헌신하는 국가 제도 안에서 구현되는 보편적 …… 규칙 체계와 도덕적 행위 기준의 확립이라는 기획이 뒤집힘"[61]을 개탄했다. 후쿠야마는 이런 상황을 비록 우여곡절을 거쳤지만 자본주의의 역사적 경쟁 상대가 제거된 덕분에 도달한 긍정적인 것으로 보는 반면, 홉스봄은 공산주의의 형태로 나타난 사회주의의 바로 그 소멸 때문에 이 계몽의 기획이 대부분 무위로 돌아갔다고 부정적으로 본다.

『극단의 시대』는 애초 20세기를 1914~45년의 '파국의 시대'와 그 이후의 '황금 시대'로 구분함으로써 한 시기에 속한 두 시대 곧 "두폭 제단화"처럼 계획됐다.[62] 1989~91년의 사건은 이런 계획에 중대한 수정을 가하게 했고, 결국 최종 출판된 책의 형식처럼 3부작 구조로 꾸며졌다.

그 구성은 다음과 같다. 첫째, '파국의 시대'. 1930년대의 파국에 가까운 경제 위기로 끝맺음한 산업의 대붕괴와 학살, 정치적·경제적 자유주의의 증발, 볼셰비키와 파시즘의 발생으로 점철된, 대격변을 일으킨 두 번의 전쟁 시기.

둘째, 1945년부터 약 1973년까지 이어진 '황금 시대'. 인간 역사에서 그 어느 때보다 더 빠르고 폭넓게 지구를 변화시킨, 유례가 없는 자본주의 번영의 '영광스러운 30년'. 공산주의가 유라시아에 참호를 구축하고 자본주의와 벌인 경쟁이 비록 불발로 끝나고 말았으나 자본주의의 개혁을 재촉함으로써, 겉보기는 '좋은 것'을 위한 길로 보이나 실제로는 확실히 '더 좋은 것'을 위해 움직인 시기. 그리고 "예방적 식민지 해방 조처"[63] 또는 무력을 통해 유럽 제국이 종말을 고하면서 제3세계가 지정학적 지도에 희망차게 제 위치를 새겨넣은 시기다.

셋째이자 마지막으로 1973~91년의 '산사태'. 이념적으로는 거의 반세기 동안 무대의 중심에 서 있었으나 이제는 탈진한 공산주의와의 '대경합'에서 이긴 자본주의가 경기 순환의 변덕을 훨씬 뛰어넘는 만성적 규제 위기에 빠져든 시기. 그리고 전 소련 소속 국가들, 동유럽 일부, 사하라 이남 아프리카 국가들의 엄청난 후퇴의 시기이다.

홉스봄이 『혁명의 시대』에서는 명백히 지지했던 것과 반대로 이제 "인류는 언제나 해결할 수 있는 문제만 제기한다"[64]는 맑스의 '19세기 낙관론'을 거부한다. 역사적 공산주의의 매장, 그리고 비이성적 '자유방임주의'와 '방관'의 부활은 역사적 자본주의의 극단(마지막 극단일까?)을 촉발하지는 않았을지라도 그것을 목격하게 됐다.

이렇기에, 페리 앤더슨이 『극단의 시대』 출간 때 지적했듯이, 명백히 이런 시기 구분의 가장 두드러진 특징은 그 작동에 대한 '평가 뒤집기'다.[65] 홉스봄이 보기에 1991년은 '악의 제국'을 파괴하고 인류를 자유 자본주의 풍요의 '새로운 세계질서'로 이끌어 간 것이 아니다. 오히려 "막대한 데다가 아직 채 완전히 계산이 끝나지 못한" 걸로 간주되는 그 '결과들'이 '주로 부정적'이라고 평가한다. "세계 한 부분의 붕괴는 나머지의 불안을 드러냈다." "사회를 조직화하는 한 가지 형태의 위기가 아니라 모든 형태의 위기다."[66]

짧은 20세기의 시대 구분과 전반적인 평가에 대해서는 이 정도면 충분할 것이다. 홉스봄의 역사 구성은, 사이먼 브롬리(Simon Bromley)가 빈틈없이 지적했듯이, 두 가지 서로 다른 원칙에 부합한다. 그리고 두가지 원칙은 서로 잠재적인 긴장 관계를 유지하는 한, 종합을 설명하는 데 도움을 줬고 홉스봄의 역사가 제기하는 적절한 질문들 가운데 몇 가지를 정리하는 것도 거들었다.[67] 앞의 3부작과 일치하는 첫번째 원칙은 20세기에 처음 실현된 전지구적인 자본주의의 발전에 관한 것이다. 이 역사에 대해 홉스봄은 맑스 경제이론이라는 개념적 무기에 의존하기를 거부하면서 그 역사의 내부 동력을 자신이 만족스럽게 설명할 능력이 없다고 인정했다.[68] 두번째 원칙은 필연적으로 새로운 것이다. 그것은 자본주의와 공산주의의 대결 역사이며, 게다가 1차 세계대전을 모체로 하고(그래서 『극단의 시대』 출발점이 1917년이 아니라 1914년이다) 1991년 냉전에서 서양이 승리한 걸 끝으로 하는 전지구 역사다. 요점은 이것이다. 1930년대에 침체를 유발하고 50년대와 60년대에 호황을 부르고 70년대에 스태그플레이션을 부른 것 등과 같은 전지구적 자본주의의 내부 동력에 대한 설명을 빼먹은 채 홉스봄은 외부 동력 곧 공산주의와의 체제 경쟁이 촉발한 발전을 언급하면서 여기에 기대 짧은 20세기 기간 중 자본주의 활동 상당 부분을 설명한다.

러시아혁명이 입맛에 따라 쓰든 달든 아무튼 1914년의 열매라면, 1930년대와 40년대에 거의 죽음을 맛본 뒤 자유주의적 자본주의가 살아나고 "일종의 경제적 자유주의와 사회민주주의의 결혼"[69]인 '황금 시대'의 폭넓은 케인스주의 모형을 통해 변화를 이룬 공적은 주로 소련이 세계 정치에서 차지한 위치와 성과로 돌릴 수 있다. 붕괴 이후 소련을 조사하면서 홉스봄은 역사적 공산주의에 내재한 장점을 거의 식별해 내지 못했다. 실로 뒷궁리 덕분에 "자본주의에 도전한 전세계 사회주의의 힘은 다름 아니라 그 적이 허약하다는 점이다"[70]라는 게 명백해진 셈이다. 후진 농업 지역에 묶인 소련은 '근대화'를 달성하고 가속화했는데, 이는 "이런 측면에서" ── 둘의 결합 덕분에 빛을 발했다는 측면에서 ── "자본주의의 황금기와 동시에 일어난 성과였다."[71] 그로부터 홉스봄은 과거에 공산주의가 근대성으로 "이행하는 과정의 질병"이라고, 다시 말해 실질적인 자본주의 발전의 사회적·정치적 조건을 획득하지 못한 나라에서 계획 산업혁명을 이루기 위해 도입한 이념이자 정책이라고 주장해[72] 자신이 비판했던 W. W. 로스토(Walt Whitman Rostow)와 같은 '근대화' 이론가들의 견해로 끌려들어갔다. 퇴행적인 공산주의는 어떤 국면에서도 선진 자본주의에 대해 현실적인 대안을 제시하지 않았다고 홉스봄은 이제 주장한다. "10월혁명의 비극은 바로 무자비하고 잔인하며 위급 상황에 머무는 데 그친 사회주의만을 창출할 수 있었다는 점에 있다."[73] 탈자본주의(자본주의 이후)가 되지 못하면서 비자본주의적인[74] 공산주의는 불행한 운명을 맞았다. 홉스봄은 『흥미로운 시절』에서 지체없이 이렇게 선언했다. "실패는 처음부터 이 기획에 내재되어 있었다." "이제 내가 알듯이 [그것은] 실패하게 되어 있었다."[75] 독일판 10월혁명이 발생할 것 같지 않은 1918년 상황에서, 볼셰비키혁명 같은 걸 예상하던 서유럽에 그 예상에 어울리는 구원은 없었다.[76] 여전히 공산주의가 국경 밖에 끼친 '직접·간접적 영향'은 중요했다.

> 그것이 자유주의적 자본주의의 구원자로 확인됐기 때문만이 아니라, 서유럽이 히틀러의 독일에 맞서 2차 세계대전을 승리할 수 있게 해준 동시에 자본주의가 스스로 개혁할 자극을 줬고 …… 소련의 분명한 대공황 면역력을 보여 줌으로써 자유시장 정통 신념을 포기하도록 자극을 줬기 때문에.[77]

그래서 1996년 『극단의 시대』로 도이처 기념상을 받고 그 기념 강연에서 소련 시대의 '끔찍한 역설'에 대해 이렇게 가차없이 언급하게 된다. "소련 인민들이 겪은 스탈린과 외부에서 해방 세력으로 여기며 본 스탈린은 똑같은 모습이었다. 그리고 그는 외부인들에게 폭군이었기 때문에 적어도 부분적으로 소련 인민들에게는 해방자였다."[78]

자본주의에 진정한 사회적 도전을 제기하는 걸로 축소된 홉스봄 일생의 거대한 신조는 그래서 회고해 보면 자본주의에 간접적으로 영향을 끼치고 의도하지 않은 결과를 가져오는 것으로 면죄부를 얻었다. 2차 세계대전에서 소련의 승리는 경제적·정치적 자유주의를 구하고 부흥하도록 도왔다. 또 (중앙집권적) 계획 수립을 지지하면서 '황금 시대'의 규제 기구를 개척하고, '위협'을 가함으로써 제1세계와 식민지에서 해방된 나라들로 구성된 제3세계에서 전후 체제 정착을 자극했다. 또 냉전이라는 비탈진 지형에서 이뤄진 것이긴 하나, 소련은 존재만으로도 지정학적 안정화를 유도했다. 동유럽의 혁명 직후에, 그리고 홉스봄이 피할 수 없는 실패라는 판단을 명시적으로 내리기 전에[1990년], 다음의 내용을 쓸 수 있었던 건 놀랄 일이 아니다.

1989년의 주요 결과는, 당분간 자본주의와 부자들이 겁먹지 않아도 된다는 것이다. 서구 민주주의가 인민들의 인생을 살 가치가 있는 걸로 만들어 준 성과들 곧 사회 안전, 복지국가, 임금 생활자의 높은 소득과 소득의 증대, 그리고 이것의 자연스러운 결과인 사회 불평등과 삶의 기회 불평등 감소는 두려움이 낳은 성과다. 가난한 이들을 두려워함, 산업 국가의 최대 규모이자 가장 잘 조직된 집단인 노동자들을 두려워함, 특히 소련 공산주의라는 형태로 실제 존재했고 실제로 퍼져나갈 수 있었던 대안을 두려워함, 체제 자체의 불안정을 두려워함 말이다.[79]

『극단의 시대』에서 홉스봄은 서구 자유주의적 자본주의와 유라시아의 공산주의가 나치에 맞서 연합했던 것을 "20세기와 그 세기의 결정적인 순간의 경첩(중심점)"[80]이라고 지적했다. 이런 지적은 이어서 책의 핵심이 되는 제5장인 '공동의 적에 대항하여'에서 공산주의가 파시즘에 맞서 인민전선을 형성하고 전쟁 중에 레지스탕스운동을 벌인 걸 옹호할 수 있게 해준다. 여기서 우리는 프랜시스 멀헌이 홉스봄의 20세기 서술의 "도덕적 무게 중심"으로 규정한 걸 만나게 되는데, 두 번의 전쟁 중간에 우파가 한 일은 다름 아니라 "보통 말하는 자유주의 문명"[81]을 위협한 것이기 때문이다.

> 1930년대가 진행해 가면서 점점 분명해진 것은 핵심 쟁점이 국제 ⋯⋯ 체제를 구성하는 국민국가들 사이의 세력 균형을 넘어서는 어떤 것이라는 사실이다. 소련부터 유럽, 아메리카에 이르기까지 서양의 정치는 실제로 국가 간 경쟁이라는 측면이 아니라 국제 간 이념적 내전 측면으로 볼 때 가장 잘 이해할 수 있다. ⋯⋯ 그리고 결과에서 나타났듯이 이 내전에서 결정적인 전선은 보통 말하는 자본주의와 공산주의 사회혁명 사이에 그어진 것이 아니라 이념적 동족들 사이에서 그어졌다. 다시 말해 계몽의 후예와 러시아혁명을 분명히 포함한 위대한 혁명의 후예들이 한편에 서고 다른 편에 계몽과 혁명의 적들이 선 그 사이에서 그어진 것이다. 한마디로 전선은 자본주의와 공산주의가 아니라 19세기에 '진보'와 '반동'이라고 불렸던 것 사이에 그어졌다. '진보'와 '반동'이라는 용어만큼은 더 이상 적절하지 않지만 말이다.[82]

이는 홉스봄이 1980년대 노동당의 미래를 둘러싼 논쟁에서 회복하려고 시도했으나 실패해 잃어버린 세계이다. 그리고 공산주의의 붕괴 ──맑스의 용어로 설명하자면 시대에 뒤떨어진 생산관계가 생산력 발전에 질곡이 되는 것[83] ──와 세계화의 국민국가에 대한 측면 공격 탓에 발생한[84] 사회민주주의의 방향 상실이 비록 "다른 종류의 사회주의 가능성"[85]이라고 홉스봄이 흐릿하게 언급한 걸 배제하진 않지만, 이제 홉스봄은 자본주의 사회에 내재된 미래 사회주의의 확고한 기반을 내세우지 않는다. 그의 분석에 있어서 '사회주의'는 대개 소련과 국제 공산주의의 형태로 형상화되는 자본주의 외부 세력으로 묘사된다.

홉스봄의 '타락 이후' 관점에서 보면, 부주의한 자유시장 자본주의의 탈국가주의 추세 속에서 이제 전망은 황량하기만 했다. 인간은 심지어 그들의 수호자들이 문제를 인식하는 때와 장소에서조차 자본주의가 풀 수 없는 문제를 제기하는 상황에 처했다. "인간사를 관리하거나 개선할 옛 프로그램이든 새 프로그램이든 모두 명백히 실패"[86]한 가운데 『극단의 시대』 서문에서 '세기의 조감도' 속에 그린 결론은 이제 피할 길이 없다. "낡은 세계는 잘 마무리되지 못했다."[87] 결실을 맺지 못한 세계는 무엇보다 인간이 제 결실을 맺지 못한 세계였다.

이 세기의 끝에 우리는 처음으로 볼 수 있게 되었다. 현재 속 과거를 포함한 과거가 제 몫을 하지 못할 때 세상이 어떤 모습이 되는지, 그리고 또 인류에게 삶의 과정을 개별적으로 또는 집단적으로 안내하던 옛 지도와 차트가 더는 우리가 움직이는 땅과 항해하는 바다를 보여 주지 못하는 세상이 어떤 모습이 되는지를 말이다. 이런 세계에서 우리의 여행이 우리를 어디로 이끌지, 심지어 어디로 이끌어 가야 옳은지조차 우리는 알지 못한다.[88]

이런 미지의 영역 앞에서 이 역사가는 옛 지도 제작자를 흉내내 "여기에 용이 산다"[Hic sunt dracones(Here be dragons); 위험하거나 미지의 땅을 표시할 때 쓰던 용어]는 전설을 새겨 넣으려는 경향을 보인다.

국민국가 수준에서 정치의 통제를 회피하거나 심지어 국제 협력을 통한 통제조차 회피하는 전세계적 자본주의 경제의 소용돌이, 불길한 생태 파괴와 함께 나타난 위기 또는 그 결과로서의 위기는 '도덕 위기'이기 때문이다. 다시 말해 "근대 사회가 산업화 이전과 자본주의 이전 과거로부터 물려받았으며 …… 근대 사회가 작동하게 해주는 인간 관계의 역사적 구조"[89]의 위기이기 때문이다. 이런 측면에서 결정적인 것은 1960년대에 등장해 "절대적인 반사회 개인주의 가치"[90]가 넘쳐나게 한 '문화적 혁명'의 여파다. 터무니 없는 반율법주의 ── 흔히 말하는 게임의 규칙 ──가 그것이다.

[관습과 금지]의 자유방임적 거부가 사회 질서를 이루는 어떤 다른 형태의 명목이 아니라 …… 개인적 욕망의 무제한적 자율이라는 명목으로 나타났다. 이는 극한까지 밀어붙인 이기적 개인주의의 세계를 가정했다. 역설적이게도 반역자들은 …… 대량 소비사회가 기반으로 삼은 전제들을 공유했다. …… 20세기 후반의 문화적 혁명은 그래서 사회에 대한 개인의 승리 또는 차라리 과거에 인류를 사회라는 직물로 엮어 낸 날줄과 씨줄을 끊는 것으로 볼 때 가장 잘 이해할 수 있다.[91]

세대 간, 세대 내 유대 그리고 실은 성별간의 유대도 끊는 행위는 고전 사회학이 오래전 예언한, 공동체사회(게마인샤프트Gemeinschaft)에서 이익사회(게젤샤프트Gesellschaft)로의 이행을 예고했다.[92] 경제적 신자유주의와 문화적 자유방임주의는 살기 알맞은 지구를 만들려는 전망을 위험에 빠뜨렸고 그 결과는 커뮤니티(공동체)라는 공허한 용어를 위안 삼아 마구 가져다 붙이는 걸로는 누그러뜨릴 수 없었다.[93] 홉스봄은 언제나 스탈린의 『아나키즘이냐 사회주의냐』를 충실히 따르는 제자임에도 '사회주의'(Socialism)의 원래 반대말은 '개인주의'(Individualism)였다는 걸 독자들에게 두 번 이상 상기시킨 바 있다.[94]

2장에서 지적했듯이 홉스봄이 『극단의 시대』에서 68세대를 다룬 방식은 깔보는 건 아닐지언정 전반적으로 과소평가하는 것이었다.

> [전세계 규모에서] 1960년대 후반 학생들의 반란은 구세계 혁명의 마지막 외침이었다. …… 그리고 이는 1917년 세대가 이해하는 바에 맞춰 보면 세계 혁명은 아니지만, 더는 존재하지 않는 어떤 것을 꿈꾸는 것이었다. 마치 바리케이드가 세워진 듯 행동하면 비슷한 것들이 서로 영향을 끼친다는 공감주술 덕분에 봉기할 것으로 생각하는 태도로 족하다는 자세에 그치곤 했지만 말이다.[95]

주역들의 의도가 무엇이었든 서양에서 이는 "좀더 문화적인 혁명, '중산층' 부모의 가치가 대표하는 사회의 모든 걸 거부하는 행위"[96]였다. 아롱의 1968년 성격 규정을 거부하고 이와 더불어 결국 '심리극'으로 타협하게 되는 그 밖의 모든 것도 거부하면서[97] 홉스봄은 반란을 일으킨 젊은이들이 존슨을 백악관에서, 드골을 엘리제궁에서 몰아내는 데 어느 정도 힘을 발휘했음을 부득이 인정했다. 그러나 동시대인으로서 신좌파에 공감했던 것을 철회하면서 홉스봄은 『흥미로운 시절』에서 신좌파가 암시하는 방탕한 반문화에 대한 신랄한 비평의 강도를 한층 높였다.

1960년대의 반란 세력을 우리가 좌파의 다른 국면 또는 변형으로 본 게 잘못이었다면 어떨까? 만약 그렇다면 그들이 시도한 것은 실패로 끝난 어떤 좌파 혁명이 아니라, 사실상 아예 다른 혁명을 승인하는 행위일 것이다. 그 혁명이란 전통적인 정치를 폐지하고 그래서 결국 전통적인 좌파의 정치를 폐지하는 것이다. '개인적인 것이 정치적인 것이다'는 슬로건을 내세우면서 말이다. 30여 년 뒤에 되돌아보면 내가 1960년대의 역사적 중요성을 오해했음을 쉽게 알 수 있다.[98]

여기서 '구좌파' 인사의 신념은 진짜 '새로움 혐오증'에 바쳐지고 말았다. 자서전 작가로서 홉스봄이 "개인의 완전한 자유와 지배 없는 사회의 꿈으로 신념을 다진 반역자, 혁명가들과 달리 토리(영국 보수당) 공산주의자의 본능"[99]이라고 털어놓은 것에 눌려 무색해진 것이다.

1972년에 출간된 논문에서 홉스봄은 "사회 관계에서 과도할 정도의 불확실과 예측 불가능성이 특히 당황스럽다. 콩트의 말로 표현하면 '질서'가 '진보'와 함께간다"[100]고 내비쳤다. "인간의 집단적 제도가 인간 행동의 집단적 결과에 대한 통제권을 잃었다"[101]고 경고하며 임박한 재앙을 예감하는 대목을 거론함으로써 『극단의 시대』 논의를 마무리하자면 콩트의 '질서와 진보'가 맑스의 '자유로운 연합'을 누르고 홉스봄의 길잡이별이 됐다는 느낌을 지우기 어렵다. 아무튼, 이 두 가지 목표를 평가해 볼 때 21세기를 시작하는 시점에 절대적으로 부족한 것이 하나 있다. 그것은 프로메테우스가 인류에게 불을 선물로 가져다준 데 균형을 맞추려고 제우스가 판도라를 시켜 보낸 상자에서 불행과 재앙이 쏟아져 나온 뒤에 남아 있던 것, 곧 희망이다.

곤경에 처하여

이에 대한 반응을 대신해 말하자면, 홉스봄의 역사에는 두 가지 즉각 드러나는 아이러니가 있음을 지적할 필요가 있다. 첫번째는 역사적 공산주의가 편의상 시도한 자유주의적 자본주의와의 일시적 연합을 홉스봄이 다룬 태도, 그리고 원칙상 이를 지속해야 한다고 주장한 것과 관련된다. 제1부 5장에서 '반동'의 '공동의 적'에 맞선 '진보'의 연합을 치켜세운 뒤, 그는 2부(냉전을 다룬 8장)에서 연합에 대한 공산당의 스탈린적 성격 문제를 언급하고 이어 강제 집단농장화와 무시무시한 속도의 산업화 뒤에 엄청난 테러가 격렬히 밀려오면서 국내적으로 소련의 야만이 극에 달한 것을 길게 거론한다. 홉스봄은 이를 변명하지도, 무시하지도 않았다(1930년대의 '국제간 이념적 내전'에서 경계선을 긋기 전에, 그는 "스탈린의 폭정이 당시 …… 최악의 상황에 있었다"는 걸 인정했다).[102] 그러나 홉스봄이 『극단의 시대』를 친소련 관점의 변명으로 읽은 크리슈토프 포미안[Krzysztof Pomian; 20세기 폴란드 역사가]의 이해 방식을 강하게 거부한 것이 정당성을 인정받을 수 있다면[103], 그것은 바로 소련이 1939년까지 벌어졌던 세계적 사건들 그리고 이어 1941~45년의 사건들에서 긍정적인 구실을 함으로써 공적을 인정받을 수 있다는 명백한 진실 때문이다. 문제는 강조점이다. 홉스봄이 자유주의적 자본주의와 공산주의를 단일한 계몽 집단으로 합치는 것, 곧 브로더[자본주의와 사회주의의 공존을 주장한 미국 공산당원]의 신념을 사후에 회복시키면서 조(소련)와 샘(미국)에게 '아저씨'의 유사성을 부여한 것은 부정적인 것을 무시한 대가로 긍정적인 것을 강조한 것이다. 그 부정적인 것은, 냉전 기간 동안 (동방은 말할 것도 없고) 서방에서 사회주의의 명성을 더럽히는 데 결정적인 구실을 했으며 나치의 러시아 침공 작전인 '바르바로사'를 저지한 걸로는 완화될 수 없는, 공산주의의 야만으로의 타락이다.

두번째 아이러니. 제3세계에서 피비린내 나는 많은 열전과 수많은 유혈 사건들이 벌어졌던 시기인 냉전 시대가 국제 체제를 안정화시키는 구조를 제공했다는 것을 근거로 그 시대에서 홉스봄이 말하는 '황금 시대'의 특징을 찾는 건 언뜻 보기에 직관에 반한다. 냉전이 끝난 데 대해서 홉스봄은 "짧은 20세기가 누구도 해법을 찾지 못했고 해법을 찾았다고 주장하지도 못한 문제를 남긴 채로 막을 내렸다. …… 두 세기 만에 처음으로 1990년대의 세계는 그 어떤 국제 체제나 구조도 완전히 결여한 시기였다"[104]라고 썼다. 이런 주장에 실체를 더할지언정, 생각할 수 있는 명백한 반박은 냉전 시기에 제시된 '해법들'을 가지고 인류는 그에 상당한 문제들을——특히 지구의 파괴와 같은 문제들을 유발했다는 것이다.

이해할 만한 행태이긴 한 '종말예감'을 이제 더는 반복하지 않는 홉스봄은 『제국의 시대』의 맺음말에서, 그리고 또 『흥미로운 시절』에서[105] 냉전을 '악몽 간의 대결'[106]로 묘사한다. 그러면서 냉전의 군사적 요소는 '황금 시대'를 망치지 않았는데, 그건 핵 전쟁의 발발 위협 요인이 됐을지언정 아주 드문 일이었기 때문이라고 한다. 뒤돌아보면 냉전은 (홉스봄이 다른 글에서 주장했듯이) "잠깐 동안 베를린-도쿄 축의 더 진정한 위험에 직면했던 걸 빼면, 한편이 일방적으로 십자군 전쟁, 종교의 냉전을 치른"[107] '대등하지 않은 세력 간 전쟁'으로 봤어야 했다. 전쟁 이후 스탈린이 선호한 것은 "자본주의와 공산주의 체제의 공생이라기보다는 장기적인 공존"이었다. 이는 코민테른의 해산과 (스탈린의 선동 또는 찬성 없이는 상상할 수 없는) 얼 브로더의 미국공산당 해체로 알 수 있다.[108] 혁명의 두번째 물결 이후 공존이 불가능한 것으로 드러나자 소련의 태도는 본질에 있어 방어적인 게 됐고 이런 태도는 계속 유지됐다. 미국과 소련이라는 초강대국 간 대결이 "이성의 영역에서 감성의 영역으로" 바뀌게 됐다면, 홉스봄은 그 주요 책임을 전자인 미국에게 확실히 돌렸고, 미국은 반공주의 십자군 전쟁이 대통령 공약에서 중요하게 부각된(예컨대 1960년 케네디와 20년 뒤 레이건의 경우) 민주주의에 반하는 이념 지배(ideocracy) 국가였다.[109] "광기로의 전락"[110]이라고 명료하게 이름 붙인 군비 경쟁이 가속됐음에도, 1980년대에 이르면 양대 초강대국이 지휘한 적대적인 사회-경제 체제 간 경쟁으로서 지정학적 지형은 현실에서 벗어나 "십자군만큼이나 국제 정치 상황에 타당성 없는"[111] 지경에 이른다. 미국과 군사적으로 대등한 수준을 유지하려는 자멸적 시도와 함께 소련이 자신의 위대함을 상실한 정신 이상을 드러내면서 상황은 고르바초프의 등장을 준비하게 된다.

> 냉전은 두 초강대국 가운데 한쪽이 핵무기 경쟁의 불길한 어리석음을 인식할 때, 그리고 한쪽이나 두 쪽 모두가 냉전을 끝내려는 상대의 진심을 받아들일 때 끝났다. …… 냉전 종식을 주도했을 뿐 아니라 자신의 말이 진심임을 믿도록 미국 정부와 다른 서방 정부들을 홀로 설득함으로써 냉전 종식을 결국 이뤄 낸 미하일 고르바초프에게 세계가 크게 빚진 건 이 때문이다.[112]

제1세계와 제2세계 간 체제 적개심이 적어도 최종 단계에 이르면 아무 뜻도 없는 이념적 음향과 분노에 불과하게 되었기에 ──합리적인 대통령이 해소하기에 딱 어울리는── 근본적으로 비합리적인 것이라는 홉스봄의 회고적 평가절하는 별로 설득력이 없다. 위의 글에서 반복되는 '한쪽 또는 두 쪽 모두'라는 표현은(문제가 되는 건 두 쪽이 아니라) 한쪽이었다는 진실, 패배한 쪽이 명백하게 한쪽이었다는 단순한 이유에서도 분명한 그 진실을 모호하게 한다. 홉스봄은 자신의 자서전에서 이렇게 물었다. "1980년대에 소련이 미국에 맞서는 평형추 구실을 하고 존재 그 자체만으로도 부자들과 세계의 지배자들을 두렵게 만들어 그들로 하여금 가난한 이들의 요구를 어느 정도 고려하게 하는 것을 빼면 나이 든 공산주의자들과 좌파 일반이 소련에 기대한 구실이 무엇이었나? 더는 아무것도 없었다."113) '아무것도 없음'에 예외가 꽤 있다고 느끼는 독자가 한 명에 불과하지는 않을 것이며, 이 예외는 소련 체제가 국내적으로는 '비'자본주의적 성격을 유지했고 국제적으로는 비록 한없이 조심스럽긴 했지만 '반'자본주의 체제 논리를 제공했다는 사실에 뿌리를 둔 것이다. 그런데 소련 내부를 보면 물론 고르바초프에 대한 열광은 존재하지 않았다는 사실만이 두드러진다. 1991년 고르바초프를 내몬 쿠데타 직후 홉스봄이 지적했듯이, "그의 국민들은 [대통령한테서] 어설프지만 그나마 작동하던 경제를 파괴하고 그걸 공백으로 대체한 인물이라는 점만을 봤다."114) 무모한 개혁과 결합된 방향타 없는 개방은 소련에 석양을 드리우는 '서서히 진전해 가는 파국'을 낳았다.115)

홉스봄이 고르바초프한테 외국에 순수히 선하게 비치는 모습을 투영하려는 유혹을, 거칠게 말하면 내부에서는 부정적이고 외부에선 긍정적인 스탈린에 대한 자신의 평가를 고르바초프에게도 적용하려는 유혹을 느꼈다면, 그가 『극단의 시대』에 담은 전반적 기류는 여기에 불리하게 작용한다. 왜냐하면, 냉전 종식은 군비 경쟁 중단이라는 바람직한 결과를 가져왔다고 할 만한 반면, 냉전 종식의 더 깊은 의미는 정확하게 세계 지도에서 사회주의가 사라지고 선진 자본주의 국가들한테 사회 불평등 개선과 경제적 무정부 상태 규제를 강제한 지정학적 '평형추'가 파괴된 것이기 때문이다. 1992년에 홉스봄은 "공산주의가 패배하면 그 적대 세력인 자본주의가 이기게 된다"[116]는 식의 제로섬 게임으로 냉전을 보는 개념을 거부했다. 이에 반해 그가 『극단의 시대』에서 제시한 설득력이 많이 떨어지는 대안은 이를 결국 양쪽 모두 패배하는, 적자 나는 게임으로 인식하자는 것이다.

그렇다면 핵심 쟁점은 자본주의 자체에 대한 홉스봄의 대응이 된다. 왜 그런고 하니 마이클 만[Michael Mann; 현대 영국 사회학자]이 지적했듯이 "자본주의는 [홉스봄이] 승리의 이유를 제대로 이해하지 못하는 그의 적"[117]이며 그의 적대감은 결코 자본주의의 승리를 인정하지 않는 정도인 까닭이다. 제2세계의 내파 이후 진정으로 전세계적인 생산양식이 될 기대에 찬 체제를 뒤흔든, 규제와 방향의 극심한 위기는 홉스봄이 1991년 이후 서양의 승리 도취감——아버지 부시의 "냉전이 끝났고 우리가 이겼다"는 선언——에 반박하는 근거다. 또 사회주의의 변형으로서 사회민주주의 형태가 여전히 적절하다는 자세를 취하면서 이에 의지해 후쿠야마에게 일격을 가하는 근거가 되었다. '황금 시대'와 '산사태'를 대비하면서, 아니 과잉 대비하면서, 홉스봄은 좋든 싫든 명확하게 맑스주의적이지 않은 경제 위기 개념을 적용했다. 브롬리가 지적했듯이, 이는 맑스의 『자본론』보다는 폴라니의 『거대한 전환』(1944)이 제시한 (사회와) 분리된 시장의 약탈 개념과 슘페터의 『자본주의·사회주의·민주주의』(1942)가 주장한, 억제되지 않는 자본주의의 자기파괴 경향에 더 의존한 것이다.[118] 나중에 "나의 맑스–슘페터적 접근법"[119]이라고 홉스봄이 묘사한 사고방식에서 보면, 1930년대의 경제 위기와 1990년대의 자본주의 그리고 인류를 괴롭힌 불안에는 중대한 차이가 있다. 나중의 위기는 자본주의 생산양식 내부 모순 측면에서 인식되지 않고 외부적 한계를 넘는 데서 비롯된 치명적 변동성 측면에서 인식된다. 자신이 움직이는 경로에 존재하는 모든 걸 소모하는 자본주의는 자신을 보존하고 재생산하는 비자본주의적인 원천 곧 제2세계, 국민국가, 환경, 공동체, 가족, 공손함 등등을 좀먹으면서 스스로를 소모했다. 비시장 세력과 시장 규제 수단의 침식은, 자율-탈규제를 일삼는 데다가 자신이 고안한 장치들만 남게 되면 결국 자멸할 전세계 "자유시장 경제"[120]의 파멸적 위기를 재촉하는 걸로 해석됐다. 자본주의는 악행의 씨를 뿌렸고 인류는 그 대가를 치르고 있다는 것이다.

다른 말로 하면, 브롬리가 적절하게 이름붙인 '이성의 진보'로 자본주의 역사가 수렴한다고 보던 1970년대까지의 홉스봄의 기준으로 볼 때, 현재의 인류는 무엇보다 비합리성으로 비난받을 만하다. 이 계몽 신앙 지상주의자는 이로부터 적어도 부분적으로는 자신의 '맑스-슘페터적 접근법'을 잘못된 방향으로 끌고 갔고, 저스틴 로젠버그는 그 점을 이렇게 생생하게 회고했다.

> [맑스의] 지적 에너지 상당 부분은, 왜 계몽 사상과 결합한 자본주의 사회가 계몽 사상의 이상 실현에 걸림돌이 됐는지 보여 주면서 계몽 사상에 대한 기념비적 비판을 가하는 데 집중됐다. 계몽 사상이 주장하는 개인의 정치적 자유는 지배와 착취의 새로운 '경제적' 계급 관계와 분리되지 않는 문제라는 이유에서다. 그리고 다름이 아니라 바로 시장의 무정부적 경쟁 논리가 몰아간 덕분에 달성한 인간 생산 능력의 엄청난 증가는 사회 발전 과정에서 합리적인 방향을 저버린 대가로 이룬 것이다. 이런 모

순들이 겉으로 표현되는 두 가지 형식은 지속적인 계급 투쟁과 주기적인 경제 위기였다. 그리고 맑스가 사회주의 변혁의 압력을 가할 걸로 기대한 요소는 진보에 대한 폭넓은 믿음이라기보다는 특정한 사회 형태로서 자본주의에 고유한 이 모순들이었다.[121]

진보에 대한 믿음, 사회주의 변혁의 어떤 압력이 분출된 결과와 귀결에 대한 믿음이 약해지면서 홉스봄은 '황금 시대'의 기준으로는 뚜렷한 사회적 후퇴에 해당하는 것을 인간 문명의 사멸 암시와 동일시하는 쪽으로 흘렀다. 그는 이 후퇴 현상을 1968년에 자신이 "역사의 기준, 그리고 실로 이성의 기준"[122]으로 규정한 것, 곧 공적 개입과 규제를 도입하지 않은 탓으로 돌렸다. 프로이트가 언젠가 '비이성의 괴물'이라고 불렀던 것에 반하는 목록을 열거하는 홉스봄의 합리주의는, 사태가 『혁명의 시대』에서 기대했던 대로 진전됐다면 그의 '4부작' 마지막 작품 제목이 정관사(the) 붙은 『이성의 시대』(The Age of Reason)가 됐을 거라는 생각이 들게 한다.

말하자면, 1930년대에 버림받아 40년 동안 묻혀 있던 자유방임 ── 혼란의 화신 ──의 부활은 거의 믿기지 않는 일이었다.

대공황 시대를 거쳐 온 우리는, 순수 자유시장의 정통 교리가 그렇게 명백하게 불신임을 당하고도 1980년대와 90년대의 전세계적 침체기에 다시 한번 세계를 지배하게 된 것을 거의 이해하지 못한다. 이번에도 그전과 마찬가지로 이 정통 교리로서는 경제 침체를 이해할 수 없음에도 말이다.[123]

예상대로 당연히 자유시장 옹호자들은 "세속 신학자들"로 폄하됐고, '산사태'의 위기 시대는 "신자유주의 경제 신학의 시대"[124]로 불렸다. 공평함을 보이려고, 그는 케인스주의자와 신자유주의자 간 논쟁을 "두 쪽 모두한테 경제학은 그저 이념적 헌신, 인간 사회에 대한 자신들의 '선험적' 관점을 합리화하는 도구"에 불과한 상태에서 벌인 "공존할 수 없는 이념 간의 전쟁"으로 묘사했다.[125] 자연과학의 시금석이 결여된 이런 주제는 필시 명확한 경험적 검증이나 논박의 대상이 되어야 하지만, 20세기에 경제학은 "일종의 신학, 아마도 서양 세계에서는 세속 신학의 가장 영향력 있는 분과로 번성했다".[126] 짧은 20세기가 끝나는 시점에서도 여전히 그는 자신의 주된 신학적 적대세력의 정체에 대해 의심하지 않았는데, 그것은 폴라니가 말하는 "경직된 이상향" 또는 더 정확히 말하면 반(反)이상향이다. 다행히 두 초강대국이 실제로 냉전에서 모두 패배했기 때문에, 그들에게 정당성을 부여하던 이념들도 함께 무너지면서 20세기 말 현실 앞에서 실패를 겪게 되었다고 홉스봄은 주장했다. "신자유주의의 승리 도취감은 1990년대 초 세계 경제의 후퇴로 지속되지 못했다"[127]는 것이다.

[참으로] 소련의 유토피아에 맞서는 대항 유토피아 또한 명백하게 파산했다. 파산한 신념은 무한 경쟁 상황에서 규제를 온전히 벗어난 자유시장이 **전적으로** 자원을 분배한다는 경제 영역의 신학적 믿음이었다.……그렇게 순수한 **자유방임** 사회는 결코 존재한 적 없다. 소련의 유토피아와 달리, 극 자유주의 유토피아를 실제로 제도화하려는 시도는 다행히 1980년대 이전에는 나타나지 않았다.……신자유주의 신학이 기반으로 삼는 이론들은 고상하지만 현실과는 거의 무관한 것들이었다.

……자본주의와 사회주의를 상호 배타적이고 양극의 적대 세력으로 설정하여 대결시키는 논쟁은 미래 세대들에게 아마도 20세기 종교 냉전의 유산으로 비칠 것이다.[128]

그래서 홉스봄이 "현실주의로 돌아가는 것"[129]이라고 강력하게 묘사한 것에는 상당한 걸림돌──실제하는 것이든 가상의 것이든 지정학적 균형추의 결여, 그리고 자본주의 세계화가 고삐 풀리는 과정──이 존재함을 스스로 인식했음에도, 그는 성급하게 신자유주의 부고문을 썼다. 여기에 더해 그는 "오늘날 경제 자유주의의 마지막 남은 주장"에 관해 폴라니가 전하는 냉정한 교훈을 무시했다. 그 교훈이란 "그 옹호자들은 비판자들이 내세우는 정책이 없었더라면 자유주의는 선(善)을 낳았을 것이라는 말을 끝없이 변주해 반복하고 있다. 또 문제가 생긴 건 경쟁체제와 자율 규제하는 시장이 아니라 체제에 대한 간섭과 시장에 대한 개입 탓이라는 주장도 말만 바꿔 계속 되뇌고 있다"[130]는 것이다. 홉스봄이 "신자유주의의 죽음"[131]을 다시 선언하게 만든 1997~98년의 아시아 경제 위기에 대한 신자유주의의 대응 각본은 "한번 더 노력을 …"이라는 것이었다. 홉스봄도 『흥미로운 시절』에서 인정하지 않을 수 없었듯이,[132] 신자유주의가 여전히 손에 (더는 낫과 망치가 아니라) 말뚝을 들고 아직 죽지 않은 이들을 관 속으로 몰아넣으면서, 홉스봄이 요구한 대로 굴복해 죽기를 거부한 게 현실이었기 때문이다.

홉스봄이 20세기를 독해하는 데 있어서 하나는 확실했다. 전후 '사회혁명'의 결과 현재 자본주의의 무덤을 파는 사람은 쇠퇴하는 서구 노동계급이 아니라는 것이다. 집단적 행위자로서 그들의 응집력은 '황금시대'에 점점 더 약화됐고 '산사태' 시기에는 거의 대부분 파괴됐다. "번

영과 사유화는 빈곤과 공공 장소에서의 집단성이 함께 결합해 만들어 낸 걸 무너뜨렸다."[133] 겉보기에 홉스봄과 후쿠야마의 결론과 평가가 얼마나 다양하게 나뉘든, 변명하지 않는 맑스주의자 홉스봄은 이렇게 하여 솔직히 반맑스를 표방하는 후쿠야마와 어떤 공통점을 갖게 됐다. 그건 말하자면 자본주의 생산양식에 내재된 모순 논리를 부인하는 것인데, 홉스봄이 『혁명의 시대』에서 올바르게 주장했듯이 맑스에게 있어서 이 생산양식의 주요 경향은 체제에 도전하고 그 논리의 방향을 돌릴 능력을 지닌 세력, 곧 '집단적 노동자 세력'을 그 내부에 만드는 것이다. 『극단의 시대』에서 우리가 봤듯이, 이와 대조적으로 사회주의는 자본주의 외부 세력의 주도로 성립됐다. 제1세계에 현존하던 사회민주주의에 자극제가 되던 제2세계의 현존 사회주의처럼 말이다.

물론 홉스봄이 이 점에 관하여 지식인의 비관주의를 갖게 된 데는 꽤 합당한 근거들이 있었다. 자본주의가 『공산당 선언』이 지목한 무덤 파는 사람의 무덤을 팠고, 이를 통해서 전통적인 맑스주의 속에 담겨 있을 뿐 아니라 홉스봄이 이제 와서 '공산주의적 이상주의'라고 그리고—또 뭐가 있을까?—'세속 종교'[134]라고 낮춰 평가한 것이 물려받은 역사 진보에 관한 계몽주의 낙관론도 자본주의가 매장시켰다고 주장할 수 있을 것이다. 그러나 홉스봄이 『극단의 시대』 마지막 부분에서 장담했던 "공공 당국의 회복"에 대한 필사적인 의지의 낙관론은 도움이 안 되었다. '인류의 운명'을 책임지면서 공공 당국은, 제약을 받지 않는 프로메테우스가 낳은 생태적·사회적 파괴를 비껴가기에 적합한 "비시장적 자원 배분 또는 적어도 시장의 배분을 가차없이 제한하는" 임무를 맡아야 한다.[135] 경제 성장이 아니라 그 성과의 더 공정한 분배가 "바로 그주요 문제"였고 이는 뻔히 예상할 수 있는 반응을 부르는 주장이다. 사

회주의적 (또는 사회민주주의적) 문제 대신 이 문제가 '바로 그'(the) 주요
문제인가?

아무튼 "민주 정치의 어려움들"[136]에 대한 홉스봄의 진단을 고려해
볼 때 긴급한 정책이 곧 나올 거라고 가정할 이유가 거의 없거나 아예 없
었다. 비록 자유 민주주의가 제1세계에서 옛 제2세계와 제3세계로 승
승장구 퍼져 나갔음에도, 변치 않는 '민주주의의 난국'은——요약하자
면 인민의, 인민을 위한 정부이지만 현실적으로는 인민에 의해 운영된 것
도 아니고 선출된 인민의 대표에 의해 운영되지도 않는 상황——급격하
게 나빠지기만 했다. 선거는 "재정 상태에 대한 위증 경연장"이 된 지 오
래고, 정부는 곳곳에 널려 있는 언론들이 잘못 만들어 낸 '여론'의 변덕
에(앙드레 토젤은 이를 '텔레[비전] 전체주의'teletotalitarianism라고 불렀다)[137]
인질로 잡힌 상태다. 계급 정치——좀더 구체적으로 말하면 보편적 계몽
주의 표어와 기획을 바탕으로 세워진 대중 정당에 근거한 노동계급 정
치——의 쇠퇴로 생긴 진공 상태를, '공통의 이익' 속에서 서로 다름을 구
성하기보다는 다름을 그저 증폭하고 강조하는 '정체성의 정치'가 빠르
게 파고들었다.[138]

2007년에『세계화, 민주주의 그리고 테러리즘』서문을 쓰면서 홉스
봄은 민주주의를 "통속적 서구 정치 담론의 가장 신성한 '성스러운 소'
의 일종"으로 묘사했다. "오늘날 서구 정치 담론에서는 그 어떤 단어나
정치적 개념보다 …… [이 개념]에 관해 더 어리석고 의미 없는 잡담이
난무하고 있다"[139]는 것이다. 그러나 이에 맞서 칼을 꺼내들면서 홉스봄
은 (『자본의 시대』의 저자로서 보여 준 건 말할 것도 없고) 이탈리아 맑스주
의자 루치아노 칸포라 같은 이와 달리, 민주주의의 명백한 불평등보다는
흔히 주장하는 민주주의의 무능력에 초점을 맞춘다.『극단의 시대』에 담

긴 주요 불만은 흔히 예상할 수 있듯이 형식적 자유 민주주의가 사실상 자본가들의 소수 독재 정치라는 것 ──대중의 자결권이라는 핵심은 빠졌으면서도 주기적인 국민투표 덕분에 정당성을 확보하는 유산계급 지배층의 지배 ──이 아니고, 공공 당국이 변덕스러운 유권자들에 예속되면서 사회를 관리 불가능하게 만들기 때문에 민주주의가 무기력하다는 것이었다.[140] 맑스주의자의 '부르주아 민주주의' 해부는, 노동계급 운동에서 태어난 사회민주주의가 부르주아 민주주의를 내몰고 자본주의가 좌절시킨 정치 자유의 이상을 실현할 거라는 전망에 대한 홉스봄의 믿음이 식으면서 함께 사라지고 말았다.

[2009년] 타개한 크리스 하먼은 "노동계급이야말로 홉스봄의 책 전반에 빠져 있는 중요한 고리다"[141]라고 썼다. 만이 평했듯이 좀더 일반적으로 보면 『극단의 시대』의 등장 인물들은 그가 전에 쓴 3부작과는 아주 다른데, 이는 계급 일반 문제가 여타 사회 행위자들과 과정들 뒤로 물러나면서 나타난 것이다.[142] '사회 혁명'에 대한 홉스봄의 조망은 노동자들을 농부·학생·여성과 함께 논하는 양상을 보이는데, 그는 다른 글에서 '산사태' 시기에 주로 후퇴하긴 했지만 계속 진행되는 노동자의 해방 과정이 "20세기의 위대한 역사적 사건의 하나"[143]라고 선언한 바 있다. 하지만 여기서 빠진 게 있는데 그건 데이비드 랜드스가 『자본의 시대』의 곳곳에 '온통' ──오해를 일으키는 방식으로── 등장한다고 주장한 계급이었다. 홉스봄이 여기선 언급하지 않았지만 그 나름의 근거를 줄곧 제시해 왔으며, 그건 의심할 것 없이 "자본주의 발전이 과거 그 발전의 매개자였던 부르주아지를 뒤에 둔 채 홀로 진전했으며 …… 심지어 통상적인 사업 활동에서조차 과거 그 활동을 담당하던 계급 곧 **고전적인 부르주아지**가 불필요함을 아는 상태에 이르렀다"[144]고 쓴 1971년

부터 계속해 온 바다. 이 문장에서 열쇠는 형용사다. 왜 그런고 하니, 홉스봄이 그의 3부작 곳곳에서 윤곽을 그린 '고전적인 부르주아지'의 노쇠가 그 뒤를 잇는 그 어떤 부르주아지도 배제되는 걸 보증하지 못하기 때문이다. 우연히든 아니든 랜드스의 용어를 쓰면서 페리 앤더슨은 이렇게 반박한다.

> 길드 시대 이후 금융 협잡꾼과 개인 유력 사업가들이 (제이) 굴드나 (제이피) 모건조차 거의 상상하지 못한 권력과 부를 쥔 상태에서 노동을 짓밟고 문화계에서 거들먹거리면서 그렇게 거대한 발걸음으로 지구를 활보한 적이 없다. 신문이나 텔레비전만 훑어봐도 이런 족속들이 온 세계에 퍼져 있는 걸 충분히 상기하게 된다. 이를 빼먹은 채 『극단의 시대』는 목이 잘려나간 현대 사회의 초상화를 제시한다.[145]

앤더슨은 『극단의 시대』의 등장 인물에 이렇게 빠진 부분이 생긴 것을 홉스봄의 20세기 역사에서 나타나는 '공간 측면의 이상'(Spatial anomaly)과 연결지었다. 어쨌든 자주 '미국'의 세기라고들 부르는 20세기를 고찰하면서, 홉스봄은 미국에는 덜 집중하고 소련에 주로 관심을 기울이는 대조적인 모습을 보였다는 것이다.[146] 홉스봄이 "미국의 개인주의적 아나키즘 양식"이라고 경멸한 것에 대한 적대감이 이를 설명하는 데 도움이 된다.[147] 물론 면죄부가 될 수는 없지만 말이다. 이런 태도는 미국 헤게모니의 쇠락에 대한 간헐적인 언급과 함께[148] 왜 '자유의 땅'에서뿐만 아니라 다른 곳에서도 냉전 종식을 또 한번 "미국의 세기"가 열리는 계기로 보는지, 그 이유를 파악할 그의 능력을 손상시켰기 때문이다.[149]

이 책을 쓰는 지금, 이보다 좀더 너그럽게 봐줄 수 있는 부분은 중국이 1978년 '네 차례의 근대화' 작업에 착수한 이후 어떻게 부쩍 성장했는지 그 면모를 이해하지 못한 대목이다. 틀림없이 '새롭고 빠르게 움직이는 근대화주자들' 범주에 드는 중국 경제는 1990년대 초 '극적인 성장'을 기록하며 "지구상에서 가장 활발하고 빠르게 성장하는 경제"[150]라는 평가를 받았고, 공산당 지도 아래 이뤄진 이 발전은 신자유주의에 대한 결정적인 질책인 셈이다. 논리적으로 이는 세계에서 가장 인구가 많은 나라의 경우는 적어도 '파국의 시대', '황금 시대', '산사태'의 시기 구분을 바꿔 적용하게 만드는 것이다. 홉스봄이 "중국 인민의 수난" ──대약진정책과 문화혁명의 '광기', '살인적인 어리석음', '대규모의 비인도적 행위'[151] ──이라고 부른 일들이 1950년대 말부터 1970년대 중반 사이에 일어났기 때문이다. 그런데 이는 20세기가 끝나는 시점에 홉스봄이 "질적으로 다른 세계"의 도래를 언급한 걸[152] 부분적으로 논박하면서 유럽 중심으로 시작 시기를 판단하는 시대 구분 방식을 근본적으로 무너뜨릴 수도 있던 사안이다.

　　『제국의 시대』 맺음말에서 홉스봄이 한편으로 1900년 이후 인류의 명백한 '물질적·지적 진보'와 다른 한편 '도덕적·문화적 진보'의 결핍 간 격차를 기록하면서 진보와 퇴보의 공존 가능성을 지적했다는 건 기억할 만하다.[153] 『극단의 시대』에서 그는 자연과학의 놀라운 진보를 따져 보면서 자연과학 덕분에 "20세기가 본질적으로 인간 비극의 시대가 아니라 진보의 시대로 기억될 것이다"[154]라고 결론지었다. 세번째 천년이 막 열리려는 시점에 그는 "[세기가] 막을 내리는 시점에 세계는 몇몇 예외를 빼고는 그전보다 나아졌다"[155]라고 선언하는 데까지 나아갔다. 자서전을 쓰는 시점이 되면 "인간 역사에서 가장 별나고 끔찍한 세기"라는 자기에게 딱 맞는 묘비명을 만들게 된다.[156] 이해할 만한 것이지만, 진정한 맑스주의적 판단이라 여길 만한 '정확한 균형 잡기'가 만만치 않은 일이라는 게 여기서 확인됐다. 사정이 이런 건 특히 적절한 (물질적·지적·도덕적·문화적) 규정이 표준화될 수 없기 때문이다. 안토니오 폴리토와 대화하면서 홉스봄은 어느 단계에서 그런 균형이 필요함을 표시한다.

인간의 생산 증가와 부(富) 확보 가능성의 증가는 엄청나고, 세계 인구 다수가 이로부터 이득을 얻어 왔다. 이는 최고의 세기이자 동시에 최악의 세기였던 시절을 평가할 때 고려해야 하는 20세기의 특징이다. 그 어느 세기보다 더 많은 사람을 죽였지만, 이 세기가 끝나는 시점에서 더 많은 사람이 살아가고 있다. 그것도 더 큰 희망과 기회를 지닌 채 더 잘 살고 있다.[157]

바로 위에서 언급한 이런 평가——편의적으로 말하자면 '변증법적인' 평가——가 왜 『극단의 시대』의 마지막 부분에서 빠졌느냐고 묻는다면, 대답은 이미 주어져 있다. 앞에서 봤듯이 '진짜 사회주의'가 내파하고 자유시장 자본주의가 날뛰는 가운데 그 어떤 "인류의 문제를 관리하고 개선하기 위한 …… 기획"[158]도 결핍되어 있다고, 그 어떤 국제 규제 체제나 구조도 없는 절박한 상황에서 빠르게 나빠지는 이 세계의 문제들을 해결할 유망한 해법도 결핍되어 있다고 홉스봄은 추론한다. 홉스식 자연상태가 전세계를 불안한 모습으로 그려낸 것이다.

이런 추론은 정당화되었는가? 책 마지막 장 앞부분에서 홉스봄은 이렇게 물었다. "세기말 시점에서 신·구 국제 열강은 …… 무엇이었나?" 그러고는 이렇게 답했다. "1914년에 쓰던 뜻에서라면 강대 세력이라고 인정받을 만한 유일한 나라는 미국이었다. 이것이 현실에서 뜻하는 바는 훨씬 모호했다."[159] 흘끗 쳐다보면 그후로 확연히 인식할 수 있는 미래 모습 하나는 점점 짙어지는 어둠에 쌓인 모습이었다. 실제로 미국이 유일하게 남은 강대 세력으로 존재한다는 것이 뜻하는 바는 1994년에는 분명 별로 모호하지 않았다. 그 뒤에 더 선명해졌을지언정 말이다. 몹시 난처해진 홉스봄에게, '새로운 미국의 세기를 위한 기획'(Project for a New American Century)이 제안했고 (조지프 콘라드의 소설) 『노스트로모』에서 "우리가 모든 것에 명령을 내리게 될 것이다"라고 확신한 (투자가) 홀로이드가 기대한 미국 헤게모니의 정확한 윤곽을 식별하지 못한 것을 탓할 수는 없다. 하지만 "그래, 미국은 거대한 것이다. 거대한 실수"라고 때때로 이해할 수 없음을 고백한 프로이트의 정신처럼, 여기서도 이념적 반감이 역사적 감수성을 앞섰다고 추정하는 게 합당하다. 결국 그 제국주의 기획은 인류의 문제를 관리하고 (적어도 주인공들이 신경 쓰는 범위 안에서는) 개선하되, 최대한 자국의 이익과 일치하는 쪽으로 국제 자본주의를 촉진하고 이 목적을 위해 '전면적인 지배'를 꾀하는 것을 통해 관리하고 개선하는 프로그램을 포함하고 있었다. 로크는 "처음엔 전세계 모두가 아메리카였다"라는 유명한 말을 썼다. 만일 야심찬 북미의 우주 지배자들이 모든 것을 자기 마음대로 하게 되는 경우 (달과 화성은 말할 것도 없고) 우주도 마지막에는 이와 같아질 것이다. 영국 'BBC 월드 서비스'는, 2004년 아마도 최초로 미국의 전세계적 역할을 다룬 시리즈물을 방송했을 때 20세기 역사 상당 부분의 참여 관찰자보다 자신들이 21세기 초 현실에 대한 훨씬 확실한 안내자임을 증명해 보였다. 이 시리즈물의 제목은? 다른 무엇이겠는가? (정관사 the를 붙인) '제국의 시대'(The Age of Empire) 말고.

이성이 잠들다?

(영어권 저자 아닌 이들은 따지지 않더라도) 아리기 또는 하비, 엘런 메익신스 우드 또는 앤더슨, 캘리니코스 또는 레오 파니치 등이 쓴 현대 제국주의에 관한 풍부한 맑스주의 문헌을 무시한 홉스봄이지만, 그도 1994년부터 미국이 국제 무대에서 행한 구실을 좀더 날카롭게 집중해 보기 시작했다.『새로운 세기』에서 그는 미국이 "세계적 헤게모니를 주장할 위치에 있는 역사상 유일한 나라"[160]라고 지적했다. 비록 그 성공 가능성에 대한 불신과 지금까지 미국이 꾀한 시도의 결과에 실망을 표현했지만 말이다. "미국의 전세계적 제국 건설을, '국제 테러리즘'을 무너뜨리지 않으면 그 이름 없는 야만적 공포에 유린당할 처지에 있는 문명을 방어하려는 대책으로 포장하는 뻔뻔함 그 자체"를 혹평하면서 홉스봄은『흥미로운 시절』의 힘있는 종결부에서 이렇게 썼다.

> 9·11은, 소련이 사라진 뒤 마침내 제 힘에 단기적 한계라고는 없으며, 명백한 우위의 과시를 빼면 그 힘의 사용 목적이 꽤 불분명함에도, 그 힘을 사용할 의지에 한계를 두지 않기로 작정한 전세계 유일 과대 권력과 우리가 같은 세상을 산다는 걸 증명했다. 20세기는 끝났다. 21세기는 어스름과 어둠 속에서 열리고 있다.[161]

여기서도『극단의 시대』와의 연속성 곧 분석적·비평적·비유적인 특성은 명백하다. 이런 특성은 2000년부터 2006년까지 쓴 글들 그리고 '인권의 제국주의'를 처음부터 거부한[162]『세계화, 민주주의 그리고 테러리즘』에 포함된 글들에서 그대로 유지된다. 홉스봄은, 영국 판사들이

(국제 사회의) 범죄자들 간의 동지애를 에둘러 지칭한 용어인 '국제 공동
체'[163]라는 말까지 차용해 가면서(홉스봄이 이 말을 차용한 것만으로도 만
연한 위선에 일정하게 양보한 셈이다) 지칭한 세력조차 개의치 않는, 과대
망상증에 빠진 미국의 일방주의 '기소' 과정을 밟아 갔다. 이 과정에서
미국은 오늘날 세계 평화에 가장 큰 위협이 되는 존재로 강하게 비난당
한다.[164] 1989~1991년이 (세속) 종교 전쟁 종말의 계기가 되길 바랐던
기대가 완전히 어긋나면서, "다양한 상표를 단 십자군과 이에 맞서는 종
교 근본주의의 복귀와 함께, 세속 이데올로기가 불붙인 종교 전쟁이 그
전보다 더 격렬해지거나 아예 새로운 양상의 전쟁으로 바뀌었다"[165]는
것이다. 홉스봄한테는, 부시 정권이 '테러와의 전쟁' 곧 반대자 없는 군
사적 우위가 헛것임을 스스로 증명하며 흔들리는 경제적 지위를 떠받치
려 시작한 '만인의 만인에 대한 전쟁'이 미국의 상대적인 쇠퇴를 역설적
으로 보여 주는 징후다. 미국은 결국 제국의 한계에 대한 영국의 현실주
의 인식을 따르는 법을 깨닫게 될까? 아니면 "정치-군사력에 의존해 쇠
퇴해 가는 세계 지배적 지위를 지키려는 유혹에 빠짐으로써 전세계 질
서가 아니라 혼란을, 세계 평화가 아니라 갈등을, 문명의 진보가 아니라
야만의 확대를 재촉할까?"[166]

백악관을 여전히 공화당이 장악한 상황에서 후자의 상황 쪽으로 기
운 홉스봄은 "시장의 성장과 군사 개입을 통해 널리 퍼뜨린 신보수주의
적·신자유주의적 서구 가치 세계관의 이상향들"[167]을 비웃었다. 이제 그
도 인정하는 미국의 냉전 승리의 성과를 미국이 헛되이 낭비하는 데 대
한 실망도 나타난다. "최근 워싱턴을 지배하는 정책들은 모든 외부자가
보기에 너무나 정신 나간 것이어서 의도가 대체 뭔가 이해하기 힘들 지
경이다."[168] '모든' 외부자라니? (블레어와 브라운처럼) 명예 내부자들이

아닌 이들, 그러니까 나중에 홉스봄이 "B-52 폭격기 인도주의의 옹호자들"[169]이라고 언급하게 되는 베르나르 쿠시네와 이그나티에프[Michael Ignatieff; 캐나다 중도 정치인]는 말할 것도 없고 하벨[1968년 체코 민주화 운동을 이끌고 41년간의 공산체제를 끝낸, 작가 출신의 전 체코 대통령]과 베를루스코니, 그리고 나머지 모두는 이 소리를 듣고 놀라게 될 것이다. 수사적 장식보다 더 중요한 것은 미국 정책 입안자들의 정신이상 비판이다. 그는 "미치광이들"[170]이라고 세 번 언급했는데, 이런 언어 표현은 강의실보다 커피숍에 더 어울린다. 또 해가 지지 않는 땅에 세워졌던 제국이 또 다른 '이성의 기준'(그리고 어쩌면 심지어 역사의 기준)으로, 말하자면 이번엔 제국주의의 기준으로 승격됐음을 내비치는 꼴이기도 하다. 『극단의 시대』에서 파시즘과 마오주의처럼 다양한 주제에 너무 자주 사용한 용어인 신자유주의와 국가주의에[171] 여전히 의존하면서 홉스봄은 최근 역사의 기괴한 개념화를 즐기는 위험을 감수한다. 토마스 만의 세템브리니와 비슷한 태도로 갖가지 나프타형 인물들*을 무시하며 "끝없이 이성의 주석 피리를 불어 대는" 홉스봄의 자기 귀속적·특권적 이성은 칼라일식 대응, 곧 "정통은 내 교리요, 이단은 네 교리다"는 식의 대응을 내비친다.

2003년에 쓴 글에서 엘런 메익신스 우드는 '테러와의 전쟁'이 겉으로는 비이성적으로 비치지만 이해할 수 있는 것이라고 주장했다. 방법에 광기가 있다면, 그 광기 속에 방법이 있다는 것이다. "부시 정부가 가차

---

* 세템브리니와 나프타는 토마스 만의 소설 『마의 산』에 등장하는 인물로, 전자는 19세기 유럽의 전형적인 지식인으로 합리적인 인물형을 대표한다. 후자는 금욕적 예수회 수도자로 공산주의적 신의 도래를 역설하는 인물이다.

없는 정책을 추구하는 오늘날 우리가 보고 있는 것은 특별한 광기일 수 있다. 그러나 만약 그렇다면 그것은 지난 50년 미국 역사에 확고히 뿌리를 둔 것일 뿐 아니라 자본주의 체제의 논리에도 뿌리를 깊게 박은 광기다."[172] 몇몇 민주당 출신 대통령 곧 (다행히) 케네디까지는 아니고 루스벨트와 클린턴[173]에게 몰두하는 경향을 지닌 홉스봄은 암암리에 미국 지정학의 뿌리깊은 단절을 아들 부시 집권 기간 탓으로 돌렸다. 마음껏 드러내도 부담없는 오바마를 향한 열광이, (노벨상이 뒷받침한) 다른 방법 곧 그전과 같은 목적을 추구할 다양한 수단으로 가능한 곳에는 '부드러운 권력'과 '다자주의'를 적용해 가면서 전쟁을 지속하는 정책에 홉스봄이 대비할 채비를 못하게 만들고 만 것 같다.

이런 점들을 검토한 것은 가까운 미래에, 곧 2007년 신용 위기가 가속화하면서 금융 전반의 위기와 경기 침체가 나타난 이후 열린 새로운 중요 국면을 염두에 둔 것이다. 우리는 결론 부분에서 이에 대한 홉스봄의 반응을 살펴볼 것이다. 당장은 사회주의 미래에 대해 그가 느끼는 환멸의 깊이를 기록해야 한다. 세계화를 그저 현상을 묘사하는 개념으로 사용하면서도 이 현상의 정치적 여파를 과장하는 홉스봄은, 앙드레 토젤이 신자유주의의 장인들과 신봉자들의 자본주의적 '사회 변론' [sociodicy; 신에 대한 변론을 뜻하는 'theodicy'를 변용한 용어][174]이라고 적절하게 이름 붙인 세계화주의에 당연히 반대했다. 『새로운 세기』에서 그는 좌파가 "자본주의에 대한 비판적 관점을 회복할 것이다. 지난 10년 동안 좌파는 자본주의가 부도덕한 악이라고 말하길 두려워했다. 이제 좌파가 다시 이 말을 하게 될 거라고 생각한다"[175]라는 자신의 신념을 자신 있게 드러냈다. 1999년 시애틀에서 반세계화운동이 딱 맞춰서 등장하자 홉스봄은 그의 자서전 마지막 부분에서 "비록 자본주의에 대한 우리의 대안을 믿지 않지만 자본주의를 불신하는 세대한테 다시 한번 둘러싸이게 된 걸 놀라지 않는다"[176]고 상기할 수 있게 된다.

『극단의 시대』는 역사 속 공산주의의 붕괴가 사회주의의 미래에 어떤 함의를 갖게 될지 확정적으로 판단하지 않는 듯 보였다. 한 대목에서 이 책은 "소련 사회주의의 실패는 다른 종류의 사회주의 가능성을 손상시키지 않는다"고 주장하고는, 다른 대목에서는 이 실패가 "맑스주의적이든 아니든, 공산주의 아닌 사회주의의 열망도 약화시켰다"[177]고 인정했다. 두번째 부분이 우세하다면, 홉스봄이 더는 자본주의의 대안으로서 사회주의에 대해 강하게 신뢰하지 않는다면, 이는 "좌파 세력 가운데 볼셰비키/혁명주의 분파와 사회민주주의 분파의 이중 위기"[178] 때문이다. 이런 회고적 판단을 하기에 (부)적절한 시점에서 본 홉스봄한테는 1917년 이전(그리고 아마 1991년 이후 다시 한번)의 사회주의가 명백히 다음과 같았다.

사회주의는 이상향적 꿈이거나 기껏해야 선동적 표어였다. 사회주의 좌파들조차 승리하게 되면 뭘 어떻게 해야 할지 정말 모르겠던 러시아혁명이 터지기 전까지는 말이다.……사회주의 이론은 다른 종류의 사회 건설을 위한 진짜 기획이라기보다 자본주의 현실에 대한 비판에 불과했다.[179]

1989년 사건 직후에 나타난 전투성은 곧 날아가 버렸다. 당시 「잿더미로부터」(Out of the Ashes)라는 제목의 글에서 홉스봄은 자본주의 발전의 도덕적이자 물질적인 측면인, 환경에 끼친 여파와 사회에 끼친 영향을 "21세기 사회 의제를 규정할 것"으로 적시했다. "사회주의의 미래는 이 문제의 필요성이 그 어느 때보다 크다는 사실에 달렸다"[180]고 하면서 말이다. 10년 뒤 잿더미에서 불사조가 나올, 소중한 징조는 거의 보이지 않았다. 블레어를 "바지 입은 대처"라고 무시했지만 홉스봄은 라퐁텐――자발적인 것으로 보기엔 너무 기이한 그의 독일 재무장관직 사퇴는 유럽 사회민주주의의 미국화를 마무리짓는 것이었다――이 너무 좌익적이라고 비판하면서 프랑스 총리 조스팽의 '시장 경제'와 '시장 사회'의 구분을 지지했다. 이 구분은 즉시 오도된 것으로 드러나고 말았지만 말이다. 또 홉스봄은 클린턴한테 적어도 당사자는 의식하지 못하는 좌익의 소명을 투사하기도 했다.[181]

『흥미로운 시절』의 마지막 구절 "무장해제하지 말자. 사회 불의를 여전히 비난하고 거기에 맞서 싸울 필요가 있다. 세계는 저절로 더 나아지지 않는다"[182]에 담긴 각성 촉구 명령은 그래서 조금 공허하게 들린다. 왜 그런고 하니, 홉스봄은 자신이 "불만족스러운 시절"이라고 부른 시기에 스스로 상당한 무장해제 조처를 취한 까닭이다. 이런 무장해제의 근거는 『공산당 선언』 발간 150주년에 맞춰 재발간된 판본에 그가 쓴 「서문」에 담겨 있다. 공산주의의 기초를 세운 이 문건은 자본주의 발전 경향에 대한 맑스의 주목할 만한 예측이 맞다는 걸 보여 주는 사례인 "20세기 말 자본주의에 대한 간결한 성격 규정"을 가능하게 해준다고 그는 주장한다.[183] 하지만 동시에 이런 예측으로부터 맑스가 프롤레타리아트를 전달자로 삼는 공산주의를 도출해 낸 것은 타당하지 않다고 한다. 그리고 **그럴 수밖에 없었다.**

'부르주아 사회'가 만들어 낸 노동계급을 포함한 그 사회 전체의 역사적 발전 과정에 대한 『공산당 선언』의 전망이, 프롤레타리아트가 자본주의를 뒤집고 이로써 공산주의 발전의 길을 열어 간다는 결론으로 꼭 이어져야 하는 건 아니다. 왜냐하면 전망과 결론이 한 가지 분석에서 동시에 도출된 것이 아니기 때문이다. 맑스가 '맑스주의자'가 되기 전에 택한 공산주의의 목표는 자본주의 그 자체의 본성과 발전 분석에서 도출된 것이 아니다. 인간 본성과 운명에 대한 철학적 — 실로 종말론적 — 주장에서 도출된 것이다.[184]

혁명의 길과 개혁의 길이 모두 20세기에 실패하면서, 여기선 언급하지 않았지만, 그 결과는 반쯤 눈이 먼 사람을 빼곤 누구에게나 명백했다. 사회주의가 바람직하다는 사실과 사회주의의 실현성까지는 아닐지언정 그에 대한 접근 가능성 사이에 존재하는, 확실히 메워지지 않았으며 메워지지 않을 가능성마저 지닌 깊은 간극 말이다.[185] 작용하는 힘, 전략, 목표와 관련해 제기되는 난제에 대한 그럴듯한 해법들을 제시하지 못하는 사회주의는 사실상 공상적 이상주의로 전환해야만 했다.

[재발간되는 『공산당 선언』의]「서문」을 마무리지으면서 홉스봄은 이렇게 언급했다.

『선언』은 …… 실패를 예상한 문건이다. 자본주의 발전의 결과가 "사회 전반의 혁명적 재구성"이 되길 바랐으나 …… 그 대안인 '공동 붕괴'도 배제하지 않았다. 여러 해 뒤에 또 다른 맑스주의자는 이를 사회주의와 야만 가운데 선택이라고 고쳐 말했다. 이 가운데 어느 쪽이 이길지는 21세기가 답해야 할 질문으로 남았다.[186]

원래 맑스가 불행한 결말의 대립항으로 설정한 것은 서로 경쟁하는 사회-경제 체제 곧 자본주의와 사회주의가 아니고 '대립하는 계급' 곧 부르주아와 프롤레타리아 계급이었다. 그러나 이런 지적도 여전히 타당성을 지니고 있다. 그리고 우리는 홉스봄이 20년 동안 자신의 공포를 생각하며 이 문제에 얼마나 집착했는지 보았다. 공산주의가 사라진 뒤 신자유주의적 자본주의 문명은 '낙관적'인 게 아니라 큰 '곤경'에 처했다면서 말이다. 하지만 (앤더슨이 2002년 간파했듯이) 이런 주장은, 홉스봄이 공산주의와 사회민주주의라는 형제지간 같은 경쟁 상대들이 함께 붕괴하는 걸 고찰하면서 취한 두 가지 '위안을 얻기 위한 전략들' 가운데 하나의 일부분이기도 하다. 앤더슨은 두 가지 전략 모두 다른 사람들의 동의를 얻는다는 보장이 없다고 주장했다. 1989년 이후 계몽주의 승리자들의 집단이라는 개념은 언제나 보잘것없었다. 전례가 없는 최고의 지위를 누리는 미국이 재촉한 자유시장 근본주의의 비대화 그리고 그를 잇는 세속 근본주의와 종교 근본주의의 충돌과 함께 곧바로 재가 되고 만 (낙관주의자) 캉디드의 위안거리에 불과한 것이다. 승리자와 사라진 자들에 대한 고민은 결국 더는 감동적이지 않으며, '진짜 사회주의'의 파편에서 생겨난 새로운 질서를 평가하는 데 균형이 결여됐음을 드러낸다.

> 선진 자본주의도, 공산주의 이후 체제도 지금은 건강하지 못하다. 그러나 물론 몰타[1989년 미-소 정상회담]와 파리[1990년 유럽안보협력회의 정상회담]에서 만들어 낸 (냉전 종식) 질서의 헤게모니가 약하거나 불안정하다는 뜻은 아니다. 이 체제의 대안이 어둠에 둘러싸여 푸른빛을 내는 수준에 불과한 상태인 한 말이다. 그렇지 않다고 생각하는 건 정치적 자기기만이다.[187]

반어로 가장한다면, (홉스봄식) 볼테르보다는 (후쿠야마식) 헤겔에 더 가까운, 제국주의적 자본주의 이성의 간지가 최종 발언권을 갖게 될지도 모른다.

그래서 『극단의 시대』의 연대기로 보자면 당시 정세는 21세기로 넘어가는 10여 년에 달려 있었다. 그리고 몇 년 뒤, 미국이 지배하는 새로운 세계 질서는 충격과 공포로 다가오는 어떤 것 안에 담겨 있었다. 이라크와 아프가니스탄에서 벌인 '미국의 전쟁' 대실패는 북대서양조약기구가 그루지아까지 거침없이 확장하는 걸 러시아가 막고 나섬으로써 더욱 악화됐다. 특히 맑스주의자들이 주기적으로 예상하던 동시다발적인 경제 위기가 신자유주의의 법과 워싱턴 컨센서스의 예언가들을 무색하게 만들며 때맞춰 터졌다. 아마 저 역사가는 중요한 포럼에서만, 비유를 섞어서 말하자면 트로츠키가 언젠가 자비를 모르는 역사의 실험장이라고 부른 곳에서만, 타당성을 인정받았을 것이다.

결론 | 세계의 길들

『극단의 시대』에서 홉스봄은 이렇게 썼다. "전쟁 중간 침체기가 특이했던 것은, 아마도 자본주의 역사에서 최초로 그리고 지금까지도 유일하게, 그 변동이 진정으로 체제를 위태롭게 하는 것으로 보였다는 점이었다."[1] 2008년부터 전세계 자본주의 경제를 괴롭히고 있는 격동은 아마 틀림없이 두번째 사례로 기록됐을 것이다. 무너져 내리는 것은, 거꾸로 뒤집힌 공산주의 곧 국민국가의 무력화라는 세계화주의적 사회 통념——적어도 홉스봄에게는 이런——이 거짓임을 증명하는 손실의 대규모 사회화를 통해서만 피할 수 있었다. (이것마저도 가까스로 이룬 것이다.) 그 결과, 극소수가 그다지도 많은 사람에게 너무나 큰 빚을 지는 전례 없는 일이 벌어졌다.

"남의 불행에 기뻐하는 기색"을 고백하면서 홉스봄은 2008년 10월 라디오 인터뷰에서 우리가 현재 목격하고 있는 것이 "1930년대 이후 자본주의 최대 위기"[2]라고 말했다. 지적인 측면에서 이는 신자유주의 우파들에게 "소련 붕괴에 맞먹는 것"을 상징했고, 그 결과 훨씬 더 강한 복합 경제가 머지 않아 나타날 거라는 것이다. 다른 한편, 이 시나리오와 겉보기에는 모순되지만, 좌파가 정치 무대에서 "사실상 빠진" 상황이기에 단

기적으로는 1930년대의 교훈을 반복하면서 위기의 주요한 "이득은 우파에게 돌아갈 것이다".[3]

다음해 4월 신문에 쓴 생기 있는 글에서 홉스봄은, 자본주의 세계화가 진전되고 이 추세에 물들지 않은 강대국이 없는 상황이기에 현재의 체제 위기가 어떤 면에서는 이전의 위기보다 실제로 더 암울할 것이라는 태도를 견지했다. 이 위기가 얼마나 계속되고 그 강도가 얼마나 심할지 예측할 수 없다면, 1970년대 말부터 "전세계와 세계 각국 정부를 사로잡은 자유시장 자본주의의 종말을 확실히 고하게" 될 수도 있다.[4] 그 이후로는 근대 경제를 서로 배타적인 대립물들——그것이 자본주의든, 사회주의든——로 보는 흔한 오해는 사라지게 될 것이다. "국제적인 부르주아 아나키즘"이 중앙 정부의 계획 방식만큼이나 파산했음이 증명된 마당에, 미래는 "공적인 것과 사적인 것이 서로 꼬인 복합 경제"에 달려 있다. 하지만, 그가 지적한 것처럼 영국의 신 노동당과 미국의 민주당이 도매금으로 받아들인 "전세계적 자유시장 근본주의 이념, 아니 사실은 근본주의 신학"과 단절하는 건 어려운 일일 것이다.

각국 정부와 정책 결정권자들이 몇십 년 동안 편안하게 느낀 자유시장이라는 환기 장치에 얼마나 중독되어 있는지 우리는 과소평가하고 있다. 이윤을 추구하는 사기업이 일을 처리하는 데 있어서 더 효율적이기 때문에 더 좋다는 가정을 우리가 정말로 버렸는가? 기업 조직과 회계가 공공 서비스, 교육, 연구에서조차 모범이 되어야 한다는 생각은 어떤가? (가난한 소수를 뺀) 모든 사람이 그전보다 형편이 나아지는 한, 갑부들과 나머지의 격차가 점점 벌어져도 문제가 안 된다는 생각은 또 어떤가? 한 국가에 필요한 것은 어떤 상황에서든 최대한의 경제 성장이고 상업적 경쟁력

일 뿐이라는 생각은? 이런 생각들을 버리지 않았다고 본다.

이제 불가피해진, "지난 30년 동안 유지하던 경제적·도덕적 전제"와의 결별을 단행하려면, 부는 "수단이지 목적이 아니다"는 확신에 귀의하는 것 ─ 복귀하는 것 ─ 이 필요했다.

공적 결정들은 모든 사람의 삶이 나아지는 집단적 사회 개선을 목표로 삼았다. 이는 경제 성장과 개인 수입을 극대화하는 것이 목적이 아닌, 진보적 정책의 기본이다. 지금 세기에서 우리가 직면한 가장 큰 문제 곧 환경 위기에 대처하는 것보다 이런 생각이 더 중요한 분야는 없을 것이다. 이를 위해서 우리가 어떤 이념적 표식을 취하든, 그건 자유시장에서 벗어나서 공적 행동을 실천하는, 중대한 변화를 의미할 것이다. …… 그리고, 경제 위기가 심각한 상황이기에 아마도 상당히 빠르게 변화해야 할 것이다. 시간은 우리 편이 아니다.

이로부터 8개월이 지나, 홉스봄이 자신의 "자유시장 자본주의의 종말" 선언을 뒤집으면서, 정책 결정권자들이 일생 동안 유지하던 습관을 버릴지 의심하게 된 것은 근거가 충분해 보인다. 억압자의 복귀는 복귀자의 억압이 빠르게 뒤따를 것임을 여실히 보여 줬다. 아무튼, 홉스봄이 기운차게 "이념적 표식"에 무관심을 보였음에도 그의 주장의 논리를 이룬 반자본주의 정서는 강력한 유권자 집단을 전제로 한 다른 프로그램들에 비해 상층부는 물론이고 하층부 현장에서도 훨씬 미약했다.[5] 저우언라이의 형세관망주의("말하기 너무 이르다")가 이런 맥락에서는 특히 분별 있는 것이지만, 정치세력 균형은 아직 좌파 쪽으로 기울지 않았고,

지식인층이 맞붙는 전쟁터는 다양한 처방과 가짜 약들——자유주의적 규제, 신자유주의적 탈규제, 대중주의적 보호주의 등——을 처방하는 자본주의 약장수들이 지배하고 있다. 적어도 영국에서 계속 강화되고 있는 합의점은 홉스봄이 열렬히 바란 마지막 경지가 아니라, 빠르게 더 많이 정부 예산을 감축하자는 요구, 곧 '공공은 악이고 사적 영역은 선'이라는 생각이다. 과거에서 배운 것도 없고 잊은 것도 없는 경제적·정치적 보수주의자들이 빽빽하게 늘어선 상황에서, 홉스봄이 한때 "사회주의 다음으로 좋은 것"이라고 했던 뉴딜 정책[6]에 따라 '자본주의를 자신으로부터 구하는 것'조차 늘 그랬듯 돈벌이에 굴복했다.

『맑시즘 투데이』에 기고하다가 나중에 블레어 수상 밑으로 들어간 인물이 자신을 비난한 것을 자서전에서 언급하면서 홉스봄은 "비판하는 것만으로는 충분하지 않다면 오히려 그럴수록 비판이 더 필요하다"[7]는 태도를 보였다. 이런 대조가 오해의 소지가 있지만——비판으로 충분하던 때가 있었나?——좌파 가운데 이런 정서에 반대할 이는 드물다. 아니면, 경제학자의 전면적 소환이 물건너 가고 스코틀랜드 학생 상당수가 램지 맥도널드[James Ramsay MacDonald; 첫번째 노동당 소속 총리였던 스코틀랜드 출신 정치인]가 햄버거를 개발했다고 생각하는 시절에, "동료 시민들이 잊고 싶어하는 걸 상기시키는 일을 본업으로 삼는 이들로서 역사가를 사회가 요구"[8]한다는 주장에 반대할 이들도 별로 없을 것이다. 하지만 이 두 사례는, 광야에서 외치는 목소리가 잦아든 가운데 홉스봄이 압도하는 적들에 맞서 일종의 후위 부대 활동에 매달리는 것처럼 보인다.

따라서 홉스봄은 2004년 영국 아카데미 주최의 맑스주의 사학사 학술대회의 폐막사를 통해 우리가 익숙한 용어를 동원해 역사에서 "이성의 전선 복원"을, 1970년대 중반까지 장족의 발전을 이뤘으나 이제는 정치적·학술적 '반-보편주의'에 맞서 방어에 급급한 "진보의 전선"을 촉구했다.[9] 과거에 그랬듯이 역사 유물론이 이 연합 전선의 핵심 요소가 되어야 할 것이고, 이 연합은 최근의 자연과학 발전으로 다시 의제가 된 '인류의 진화론적 역사'에 관여하게 될 것이다. 그리고 이렇게 함으로써, 홉스봄이 "맑스주의적 문제 제기"[10]라고 부른 것을 다루는 상황에 이르게 될 것이다. "이런 문제 제기가 꼭 필요한 사안은 특히 무엇보다"라는 말로 결론을 시작하며 홉스봄은 이렇게 강조했다.

> 우리를 다시 호모 사피엔스의 역사적 진화 문제로 돌아가게 하는 결정적인 문제이다. 이는 바로 신석기 시대 호모 사피엔스를 원자력 시대의 인류로 변화시키려는 세력과 역사 대부분의 기간 동안 인류에 적대적이었던 인간 집단 또는 사회 환경의 변함없는 재생산과 안정을 유지하려는 세력의 갈등에 관한 것이다. …… 오늘날 이 둘 사이의 균형은 결정적으로 깨졌고, 깨진 정도는 아마 인간의 이해 능력을 벗어났으며 인간의 사회·정치 제도로 통제할 수 있는 수준도 거의 확실히 넘어섰다. 아마 20세기 인간 집단의 기획이 가져온 예상 밖의 원치 않는 결과를 이해한 경험이 있는 맑스주의 역사가들은 적어도 어쩌다 이런 일이 벌어졌는지 이해하도록 도울 수 있을 것이다.[11]

과거와 현재를 정확하게 해석하는 걸 지향하되, (바라는 바와 달리) 더 나은 미래를 기안하는 건 빠진, 쇄신된 역사 유물론의 타당성은 여전하다. 따라서 60년 이상의 경력에서 비롯된 최종 교정된 교훈을 축약해 담고 있을 것이다. 하지만 이런 해석은 "희귀한 것만이 아니라 불가해한 것에도 흥미가 있는"[12] 저자의 정치적 독특성을 얕보는 꼴이 될 것이다.

이런 특성을 제대로 대접하고 또 이런 특성이 암시하는 일생의 현실 개입 충정을 제대로 대접하려면, 그리고 또 결론을 정당하게 맺으려면, 우리는 다른 대목에 주목해야 할 것이다. (1장에서 이미 봤듯이) "아마도 내가 아는 그 누구보다도 내게 더 큰 영향을 줬다"[13]고 그가 높이 평가한 마고트 하이네만의 장례식에서 홉스봄이 한 연설이 바로 그 대목일 것이다. 20세기에 그녀의 ——그리고 자신들의 ——신조가 직면한 그 모든 비극에 대해 홉스봄은 이렇게 말했다.

> 우리는 우리 삶을 허비하지 않았다. 비록 많은 사람이 희망을 잃었지만 말이다. 무엇보다 우리, 공산주의자들과 당시 세계 유일의 공산주의국가였던 소련은 이 세기의 가장 중요하되 부정적인 승리를 얻었다. 우리는 파시즘을 격퇴시켰다. 소련과 우리가 옹호하고 개척해 낸 위대한 전국 규모의 파시즘 반대운동이 아니었으면 2차 세계대전에서 승리했을지 모르는 그 세력을 말이다. 이것이 마고트의 세대가 이룬 위대한 성과다.[14]

이어서 홉스봄의 결론이 이어진다. 하이네만은 "자신이 일생을 바친 신조로 …… 기억되길 원할 것이다. 그리고 그 신조는 그 신조에 담긴 이상과 희망을 통해서 스탈린과 '실제로 현존한 사회주의'라고 부른 나라의 기억보다 더 강하게 살아남을 것이다".[15] 그의 이런 추모사에 답하자면, 홉스봄의 친구 크리스토퍼 힐이 밀턴에 대해서 썼던 것처럼 홉스봄에 대해서 말할 수 있겠다. 지적 명성과 공식적 지위가 최고조에 있을 때조차 ——특히 바로 그런 때에 —— 그는 자신의 개인적 명성이 자신의 선한 옛 신조와 분리되어 평가되길 원하지 않았다.

후주

서문

1 가장 최근의 것으로 『가디언』지의 빅터 키어넌과 존 새빌(Saville)의 부음 기사를 보라. 각각 *Guardian*, 18 February 2009; 16 June 2009.

2 "E. P. Thompson", *Independent*, 30 August 1993.

3 Marisa Gallego, *Eric Hobsbawm y la historia crítica del Siglo XX*, Madrid: Campo de Ideas, 2005.

4 Harvey J. Kaye, "Eric Hobsbawm on Workers, Peasants, and World History", *The British Marxist Historians: An Introductory Analysis*(1984), Basingstoke: Macmillan, 1995[Revised edition]; Perry Anderson, "The Vanquished Left: Eric Hobsbawm"(2002), *Spectrum: From Right to Left in the World of Ideas*, London and New York: Verso, 2005에 재수록.

5 Eric Hobsbawm, *Interesting Times: A Twentieth-Century Life*(2002), New York: The New Press, 2005, p.xi[미국 페이퍼백판 서문].

6 예컨대 Tony Judt, "Eric Hobsbawm and the Romance of Communism"(2003), *Reappraisals: Reflections of the Forgotten Twentieth Century*, London: Heinemann, 2008에 재수록 Niall Ferguson, "What a swell party it was … for him", *Sunday Telegraph*, 20 October 2002; David Pryce-Jones, "Eric Hobsbawm: Lying to the Credulous", *The New Criterion* Vol.21, No.5, 2003를 보라.

7 Michael Burleigh, "Globalisation, democracy and terrorism", *The Times*, 15 July 2007을 보라.

8 Martin Kettle, "MI5 cold-shoulders Hobsbawm request to see his file", *Guardian*, 2 March 2009; Geoffrey Levy, "Eric Hobsbawm, useful idiot of the chattering classes", *Mail Online*[『데일리 메일』 온라인판], 3 March 2009; Stephen Glover, "Why do we honour those who loathe Britain?", *Mail Online*, 7 March 2009을 보라.

9 John Saville, *Memoirs From the Left*, London: Merlin Press, 2002 참고.

10 Gregory Elliott, "In Extremists: Eric Hobsbawm", *Ends in Sight: Marx/Fukuyama/Hobsbawm/Anderson*, London and Ann Arbor: Pluto Press, 2008.

11 Pat Thane and Liz Lunbeck, "An Interview with Eric Hobsbawm"(1978~79), ed. Henry Abelove et al., *Visions of History*, Manchester: Manchester University Press, 1983에 재수록.

12 Geoff Eley, *A Crooked Line: From Cultural History to the History of Society*, Ann Arbor: University of Michigan Press, 2005를 보라.

13 Eric Hobsbawm, "French Communism"(1965), *Revolutionaries: Contemporary Essays*, London: Phoenix, 1994, p.23에 재수록.

1장 _ 발달기 경험, 재형성의 순간

1 Pieter Keunemann, "Eric Hobsbawm: A Cambridge Profile 1939", eds. Raphael Samuel and Gareth Stedman Jones, *Culture, Ideology and Politics: Essays for Eric Hobsbawm*, London: Routledge and Kegan Paul, 1982, p.366에 재수록.

2 Eric Hobsbawm, *Interesting Times: A Twentieth-Century Life*(2002), New York: The New Press, 2005, p.8[『미완의 시대』, 이희재 옮김, 민음사, 2007, 30쪽].

3 *Ibid.*, p.17, p.31[40, 65쪽].

4 *Ibid.*, p.24[『미완의 시대』, 53쪽]. 홉스봄은 이렇게 이어서 말한다. "나는 그때부터 줄곧 이를 지키려 애썼다. 비록 이스라엘 정부의 행동을 보면 때로는 그렇게 하기 힘들다고 느꼈지만." 그는 이스라엘이 "민족적 배경을 근거로 내게 연대를 요구하는, 작지만 군국주의 경향을 보이며, 문화적으로는 실망스럽고 정치적으로는 공격적인 민족국가"였다고 부연한다. 최근 그가 이 혈통에 대해 표현한 것으로는, 'LRB contributors react to events in Gaza' 심포지엄에 기고한 홉스봄의 글, *London Review of Books*, 15 January 2009를 보라.

5 *Interesting Times*, p.44[『미완의 시대』, 84쪽].

6 *Ibid.*, p.47[90쪽].

7 Eric Hobsbawm, "Confronting Defeat: The German Communist Party"(1970), *Revolutionaries: Contemporary Essays*, London: Phoenix, 1994, p.45에 재수록.

8 Eric Hobsbawm, "Intellectuals and the Class Struggle"(1971), *Revolutionaries*, pp.252~253에 재수록.

9 Eric Hobsbawm, "History and Illusion", *New Left Review*, 1996, I/220, p.121.

10 *Interesting Times*, p.67~68[『미완의 시대』, 120쪽].

11 "Confronting Defeat", p.52. 이 평가는 Ben Fowkes, *Communism in Germany under the Weimar Republic*, London and Basingstoke: Macmillan, 1984로 뒷받침된다. 제3인터내셔널 정책의 굴곡에 대한 훌륭한 안내서로는 다음을 보라. Kevin McDermott and Jeremy Agnew, *The Comintern: A History of International Communism from Lenin to Stalin*, Basingstoke: Macmillan, 1996.

12 가장 최근의 것으로는 Eric Hobsbawm, "Memories of Weimar", *London Review of*

Books, 24 January 2008을 보라.

13 *Interesting Times*, pp.73~74[『미완의 시대』, 129쪽].

14 "Memories of Weimar".

15 *Interesting Times*, p.76[『미완의 시대』, 131쪽].

16 *Ibid.*, p.80[139쪽].

17 "Memories of Weimar".

18 Keunemann, "Eric Hobsbawm", p.366.

19 *Interesting Times*, p.82[『미완의 시대』, 141쪽].

20 *Ibid.*, p.95, p.93[163, 161쪽].

21 *Ibid.*, p.81[140쪽].

22 Keunemann, "Eric Hobsbawm", p.368.

23 *Interesting Times*, p.96[『미완의 시대』, 165쪽].

24 *Ibid.*, pp.96~97[165~166쪽]. 홉스봄은 이렇게 썼다. "1938년부터 1956년 사이에 이것이 맑스주의자들에게 끼친 영향은…… 결코 과장할 수 없을 지경이다." "The Fortune of Marx's and Engels's Writings", ed. Eric Hobsbawm et al., *The History of Marxism 1: Marxism in Marx's Day*, Hassocks: Harvester Press, 1982, p.341.

25 *Interesting Times*, pp.98~99[『미완의 시대』, 168~169쪽].

26 애넌이 기억하기로, 홉스봄은 "놀라우리만치 성숙하고 현 정치 상황에 대한 당의 해석으로 완전 무장하고, 유창한 만큼이나 박식한 데다 동년배가 논문 주제로 삼을 만한 그 어떤 모호한 주제에 대해서라도 나름의 관점을 지니고" 있었다. Noel Annan, *Our Age: The Generation that Made Post-War Britain*, London: Fontana, 1991, pp.254~255. 바로 이어지는 대목은 홉스봄의 저작에서 드러났더라도 예외적으로만 나타났던 홉스봄의 어떤 면모를 보여 준다. "그의 가슴은 머리와 하나였다. 좌파가 무너졌을 때 그는 우울함으로 마음의 상처를 입었다. 좌파의 기운이 상승했을 때 그는 기뻐 어쩔 줄 몰랐다(1968년 그는 프랑스 파리 센강 남쪽에서 학생들이 떼어낸 보도블록 하나를 갖고 돌아왔다)." *Ibid.*, p.368.

27 *Interesting Times*, p.102[『미완의 시대』, 174쪽].

28 비교와 대조 차원에서 독자들은 홉스봄과 함께 케임브리지 대학을 다닌 동년배 공산주의자 두 명이 쓴 글을 참고할 수 있을 것이다. 레이먼드 윌리엄스의 소설 『헌신적인 애정』(Raymond Williams, *Loyalties*, London: Chatto and Windus, 1985), 키어넌의 「첩자들」(V. G. Kiernan, "Spies", ed. Jane Hindles, *London Review of Books: An Anthology*, London: Verso, 1996) 트리니티 칼리지를 다닌 가이 버저스를 아는 키어넌은 도발적으로 글을 끝맺고 있다. "케임브리지를 나온 이후 난 그를 다시 보지 못했다. 그는 자기가 옳다고 여긴 일을 했다. 그의 기억을 존중한다."("Spies", p.204)

29 Eric Hobsbawm, "Cambridge spy story— or the politics of treason", *New Society*, 8 Novemver 1979. 앤서니 블런트 경을 노출시키게 만든 다음 책의 서평. Andrew Boyle, *The Climate of Treason*, London : Hutchinson, 1979.

30 *Interesting Times*, pp.110~111[『미완의 시대』, 187쪽].

31 *Ibid.*, p.111[188쪽].

32 *Ibid*, p.123[209쪽].

33 *Ibid*, p.122[206쪽]. 영향이 어느 정도였는지 알려면 다음의 책을 보라. Eric Hobsbawm, "Address at the Funeral of Margot Heinemann 19 June 1992", ed. David Margolies and Maroula Joannou, *Heart of a Heartless World: Essays in Cultural Resistance in Memory of Margot Heinemann*, London and Boulder(Colorado): Pluto Press, 1995.

34 *Interesting Times*, p.118[『미완의 시대』, 200쪽].

35 *Ibid.*, p.119[202쪽].

36 Eric Hobsbawm, "In Defence of the Thirties", *Granta*, 15 November 1952, p.12.

37 *Interesting Times*, p.119[『미완의 시대』, 202쪽].

38 Hobsbawm, "Intellectuals and the Class Struggle", p.252 참고.

39 Eric Hobsbawm, "Gli intellecttuali e l'antifascismo", *Storia del marxismo* vol.3, *Il Marxismo nell' eta della Terza Internazionale*, Pt. II, *Dalla crisi del '29 al XX Congresso*, Turin: Einaudi, 1981, p.477.

40 *Ibid.*, p.449. 스펜더의 책은 p.459에 인용되고 있으며 "History and Illusion", p.123에 서도 언급된다.

41 Kiernan, "Spies", p.203.

42 "Gli intellettuali e l'antifascismo", p.464.

43 *Ibid.*, p.463.

44 Georgi Dimitrov, *For the Unity of the Working Class Against Fascism*, London: Red Star Press, 1975, p.135.

45 Eric Hobsbawm, "Fifty Years of People's Fronts"(1985), *Politics for a Rational Left: Political Writings 1977-1988*, London and New York: Verso/*Marxism Today*, 1989, p.108. *Age of Extremes: The Short Twentieth Century, 1914-1991*, London: Michael Joseph Co., 1994, pp.147~148[『극단의 시대』, 이용우 옮김, 까치글방, 1997, 211쪽].

46 Dimitrov, *For the Unity of the Working Class Against Fascism*, pp.105~106.

47 Eric Hobsbawm, *Nations and Nationalism Since 1780: Programme, Myth, Reality*, Canto Edition, Cambridge: Cambridge University Press, 1991, pp.145~146; "Fifty Years of People's Fronts", pp.107~108.

48 Georgi Dimitrov, *For the Unity of the Working Class Against Fascism*, p.119; *Interesting Times*, p.218[『미완의 시대』, 357쪽].

49 *Interesting Times*, p.323[524~525쪽].

50 *Ibid.*, pp.339~341[549~551쪽]. 여기서 홉스봄은 *Revolutionaries*, p.84에 재수록된 "Reflections on Anarchism"(1969)을 인용한다.

51 "Gli intellettuali e l'antifascismo", p.485.

52 Eric Hobsbawm, "The Dark years of Italian Communism"(1972), *Revolutionaries*, p.34에 재수록.

53 Hobsbawm, *Age of Extremes*, p.160[『극단의 시대』, 228쪽]; "War of ideas", *Guardian*, 17 February 2007. 홉스봄은 "Gli intellettuali e l'antifascismo"를 이런 선언으로 끝맺는다. "[1930년대를 겪은 지식인들] 일부에게 이는 반성의 세월 50년 뒤에 무조건적으로 만족스럽게 돌아볼 수 있는, 유일한 과거 정치행태다."(p.490) 최근 트로츠키주의 좌파에서 제기한 훌륭한 공산주의 종합 비판으로는 Andy Durgan, *The Spanish Civil War*, Basingstoke: Palgrave Macmillan, 2007을 보라. 또 홉스봄이 아주 높이 평가하는 프랑스 맑스주의자이자 스페인학 전공자 피에르 빌라르의 책도 참고하라. Pierre Vilar, *La Guerre d'Espagne*, Paris: PUF, 1986.(이와 관련해서는 홉스봄이 2003년 7월17일 『가디언』에 쓴 부음 글을 보라.)

54 Eric Hobsbawm, "The Spanish Background"(1966), *Revolutionaries*, p.81에 재수록. "그리고 우리, 특히 삶 자체가 거기에 속했던 이들은, 1930년대 청춘기를 보낸 이들의 일리아드, 영웅주의 서사시라고 할 만한 경이로운 꿈으로 그 시절을 기억한다. 그러나 우리가 혁명을 꿈과 서사시의 연속으로 생각하지 않는다면, 분석의 시대가 영웅적 기억의 시대를 뒤따라야 한다."

55 *Interesting Times*, p.153[『미완의 시대』, 257쪽].

56 그럼에도 홉스봄이 1969년에 썼듯이 "1939년 9월 영국과 프랑스공산당에는 뭔가 영웅적인 것이 있었다. 국가주의, 정치적 계산, 심지어 상식이 한쪽으로 그들을 끌어당겼지만, 여전히 그들은 국제운동의 중요성을 우선시하는 걸 주저하지 않았다…… 1914년 유럽의 사회주의자들이 바로 이런 식으로 인터내셔널의 결정 사항을 이행했어야 했지만 그들은 그러지 않았다. 이것이 바로 다시 세계전쟁이 터지자 공산주의자들이 취한 행동이다. 인터내셔널이 그들에게 다르게 행동하라고 지시했어야 마땅했지만, 그건 이들의 잘못이 아니다". "Problems of Communist History", *Revolutionaries*, pp.5~6에 재수록.

57 *Interesting Times*, p.153[『미완의 시대』, 257쪽].

58 *Ibid.*, p.154[258쪽]. 홉스봄은 잃어버린 그 소책자를 "다시 찾을 수 없었다"고 언급한다. 하지만 복사본은 레이먼드 윌리엄스의 서류들에 보존되어 있다. Dai Smith, *Raymond Williams: A Warrior's Tale*, Cardigan: Parthian, 2008, pp.105~106을 보라. 나는 문건 복사를 부탁할 수 없어서 위에 언급한 스미스의 책에 의존했다. 윌리엄스 자신이 기억하는 내용은 Raymond Williams, *Politics and Letters: Interviews with New Left Review*, London: Verso, 1981, pp.42~43을 보라.

59 *Interesting Times*, p.157[『미완의 시대』, 258~259쪽].

60 *Ibid.*, p.162[271쪽].

61 Eric Hobsbawm, "The Present as History"(1993), *On History*(1997), London: Abacus, 1998, p.306에 재수록. 『극단의 시대』(*Age of Extreme*, p.39; 한국어판 62쪽)에는 이렇게 1940~41년이 훨씬 더 열렬히 묘사된다. "영국민들, 아무튼 운좋게 당시를 버텨낼 수 있던 그들의 역사에서 놀라운 시기."

62 *Interesting Times*, p.159[『미완의 시대』, 266쪽].

63 홉스봄은 "스탈린이 당 노선의 비현실성 때문에 결국 가장 피해를 본 인물이었다"고 주

장한다. *Ibid.*, p.163[273쪽].

64 *Ibid.*, pp.156~157[262쪽].

65 *Ibid.*, pp.164~165[275쪽].

66 *Ibid.*, p.166[278쪽]. 홉스봄은 케임브리지대학 연구 지원 덕분에 1938년 북아프리카 프 랑스 식민지를 여행했다. *Ibid.*, p.41, pp.366~367[79, 592쪽].

67 "An Interview with Eric Hobsbawm"(1978), ed. Henry Abelove et al., *Visions of History*, Manchester: Manchester University Press, 1983, p.30에 재수록.

68 *Interesting Times*, p.168[280~281쪽].

69 *Ibid.*, p.169[282쪽].

70 *Ibid.*, p.170[283쪽]. 홉스봄은 당 간부 에밀 번스가 자신에게 '전후 자본주의-공산주의 발전의 경제적 가능성 토론을 위한 메모' 초안 작성을 요청했다고 언급한다.

71 Kevin Morgan, *Harry Pollitt*, Machester: Manchester University Press, 1993, p.161 에서 인용.

72 *Interesting Times*, p.182, p.184[『미완의 시대』, 302, 304쪽]. 1967년 모리스 돕에 대해 쓰 면서 자기 자신에 대해 생각했는지 어떤지, 홉스봄은 이렇게 언급한다. "그가 오랫동 안 맑스주의 및 공산당과 연결되어 있었기에 공적인 경력에 타격을 입었다는 건 의심 의 여지가 없다. …… 아무튼 한 저자의 성과와 영향력이 그가 쌓은 공적인 지위의 높낮 이에 따라 결정되는 일은 거의 없다." "Maurice Dobb", ed. C. H. Feinstein, *Socialism, Capitalism and Economic Growth: Essays Presented to Maurice Dobb*, Cambridge: Cambridge University Press, 1967, pp.8~9.

73 *Interesting Times*, p.180[『미완의 시대』, 298쪽].

74 *Ibid.*, p.184[306쪽].

75 *Ibid.*, p.186[306쪽].

76 *Ibid.*, p.190[313쪽].

77 "대체로 …… 내가 당을 위해 했어야 할 것을 했다고 느끼지 않으며, 그런 일을 하려고 내 능력을 향상시키지도 않았다고 느낀다. 직업적인 일 같은 것이 아마도 내가 가장 잘 할 수 있는 것이지만, 나는 할 수 있다면 공장 노동자들과 더 많이 일하고 싶다. 전임자 가 되는 것도 고려해 봤지만 이를 진지하게 따져 볼 정도로 조직화에 능하다고 생각하 지는 않는다." "Eric Hobsbawm's Communist Party Autobiography"(1952), *Socialist History* No. 24, 2003, p.18. 당원 가운데 거론할 만한 사람 세 명을 꼽으라고 하자 홉스 봄은 전쟁이 터지기 전 영국공산당의 학생 조직가로 활동한 잭 코언과 제임스 클루그먼, 로드니 힐튼을 들었다. *Interesting Times*, p.118을 보라[『미완의 시대』, 200쪽].

78 Eric Hobsbawm, "The British Communist Party", *Political Quarterly* Vol. XXX, No. 1 p.37, 강조는 인용자. 전혀 믿기지 않게도 홉스봄은 결론 부분에서 이렇게 암시했 다. "여러 마을에서 교회 바자에 물건을 기부하라고 요구하는 따위의 강도보다 더 강한 도덕적 압력이 당원들에게 가해져, 행동을 요구하는지는 의심스럽다."(p.43)

79 *Ibid.*, p.42.

80 Eric Hobsbawm, "The Dialogue on Marxism"(1966), *Revolutionaries*, p.119, pp.112~113에 재수록. *Interesting Times*, pp.191~192[『미완의 시대』, 315~316쪽] 참고.

81 이와 관련해 홉스봄이 쓴 글로는 Jozsef Revai, *Lukács and Socialist Realism: A Hungarian Literary Controversy*, London: Fore Publication, 1950의 「서문」을 보라. 여기서 그는 이렇게 주장했다. "맑스주의자는 과거의 문필가 옹호자들과는 다른데, 문학의 재창조를 공산당 지도 아래 의식적이고 집단적으로 계획한 작업의 일환으로 보는 '인간 영혼의 설계자'(스탈린)라는 점에서 그렇다." "공산주의의 나침반"으로서 「소련공산당사 단기 과정」에 대해서는 Paolo Spriano, *Stalin and the European Communists*, trans. Jon Rothschild, London: Verso, 1985, pp.79~89을 보라.

82 "Eric Hobsbawm's Interesting Times: An Interview with David Howell", *Socialist History* No. 24, 2003, p.6. 불신자로 규정되는 서유럽 공산당에 대해서는, 아마도 현존하는 한 권짜리 안내서로는 최고라고 할 Aldo Agosti, *Bandiere rosse. Un profilo storico dei comunismi europei*, Rome: Riuniti, 1999를 보라.

83 "공산주의의 적들은 공산당이 의회를 폐지하고 영국에 소비에트 권력을 도입하려 한다고 비난한다. 이는 우리 정책에 대한 모략적 오도다." Communist Party of Great Britain(CPGB), *The British Road to Socialism*, London, 1951, p.14.

84 *Ibid.*, p.22.

85 Eric Hobsbawm, "The Taming of Parliamentary Democracy in Britain", *The Modern Quarterly* Vol. VI, No. 4, p.333, p.339.

86 *Interesting Times*, p.137[『미완의 시대』, 231쪽].

87 Eric Hobsbawm, "Intellectuals and Communism"(1964), *Revolutionaries*, pp.27~28 에 재수록.

88 *Interesting Times*, p.135, p.139[『미완의 시대』, 229, 234쪽].

89 *Ibid.*, p.133[224쪽].

90 Eric Hobsbawm, "The Structure of Capital"(1966), *Revolutionaries*, p.144에 재수록.

91 *Interesting Times*, p.133, pp.141~143[『미완의 시대』, 225, 237~240쪽]. 여기서 홉스봄은 "나로서는 그보다 더 존경하는 인물이 아마 없다"고 자신한다.

92 E. P. Thompson, "Outside the Whale"(1960), *The Poverty of Theory and Other Essays*, London: Merlin Press, 1978, p.4에 재수록.

93 Christopher Hill, Rodney Hilton and Eric Hobsbawm, "Past and Present: Origins and Early Years", *Past and Present* Vol.100, 1983, pp.4~5.

94 The editors, "Introduction", *Past and Present* Vol.1, 1952, pp.ii~iii.

95 Eric Hobsbawm, "Where are British Historians Going?", *Marxist Quarterly* Vol.2 No.1, 1955, p.14.

96 *Ibid.*, pp.25~26.

97 "An Interview with Eric Hobsbawm", Abelove et al., *Visions of History*, p.33. Eric Hobsbawm, "The Historians' Group of the Communist Party", ed. Maurice Cornforth, *Rebels and their Causes: Essays in Honour of A. L. Morton*, London: Lawrence and Wishart, 1978, p.32; "Agendas for Radical History", *Radical History*

Review, 36, 1986, pp.27~28; "Eric Hobsbawm's Interesting Times", pp.7~8도 보라.

98 Eric Hobsbawm, "British History and the Annales: A Note"(1978), *On History*, p.239 에 재수록. 페르낭 브로델과 홉스봄의 관계는 *Interesting Times*, pp.326~327[『미완의 시대』, 528~530쪽]을 보라.

99 *Interesting Times*, p.288[『미완의 시대』, 470쪽].

100 *Ibid.*, p.285[466쪽]. Eric Hobsbawm, "Has History Made Progress?"(1979), *On History*, p.84에 재수록된 것도 보라.

101 "The Historians' Group of the Communist Party", p.32.

102 예컨대, Bill Schwarz, "'The People' in History: The Communist Party Historians' Group, 1946-56", Richard Johnson et al., *Making Histories: Studies in History-Writing and Politics*, London: Hutchinson, 1982를 보라.

103 Raphael Samuel, "British Marxist Historians, 1880-1980: Part One", *New Left Review*, I/120, 1980, p.74에서 재인용.

104 David Parker, *Ideology, Absolutism and the English Revolution: Debates of the British Communist Historians, 1940-1956*, London: Lawrence and Wishart, 2008 을 보라.

105 특히 Christopher Hill, "The Norman Yoke", ed. John Saville, *Democracy and the Labour Movement: Essays in Honour of Dona Torr*, London: Lawrence and Wishart, 1954를 보라.

106 George Thomson, Maurice Dobb, Christopher Hill and John Saville, *Introduction to Democracy and the Labour Movement*, p.8. 토르(Torr)의 대표작 *Tom Mann and His Times*는 숨질 때까지 완성되지 못했다. 1992년에도 힐은 그녀를 "우리 모두에게 영감을 주는 이"였다고 찬양했다. Christopher Hill, "Foreword", Harvey Kaye, *The Education of Desire: Marxists and the Writing of History*, New York and London: Routledge, 1992, p.ix. 홉스봄은 이런 평가를 공유하지 않는 듯하다. "Eric Hobsbawm's Interesting Times", p.8을 보라.

107 *Interesting Times*, p.191[『미완의 시대』, 314쪽].

108 로런스 앤드 위샤트 출판사가 출판한 같은 시리즈에는 ed. Christopher Hill and Edmund Dell, *The Good Old Cause, The English Revolution of 1640-60 : Its Cause, Course and Consequences*(1949), H. Fagan and R. H. Hilton, *The English Rising of 1381*(1950)도 있다.

109 Harvey Kaye, *The British Marxist Historians: An Introductory Analysis*, Basingstoke: Macmillan, 1995[Revised edition], p.220을 보라. 홉스봄은 프랑스혁명의 위대한 역사가 조르주 르페브르가 『대공포』(*The Great Fear*, 1932)에서 '아래로부터의 역사'라는 범주를 만들고 그것을 실천했다고 높이 평가한다. 예컨대 "On History from Below"(1985/1988), *On History*, p.242, p.269에 재수록된 것을 보라.

110 Eric Hobsbawm, "Marx and History"(1984), *On History*, p.221에 재수록.

111 "The Historians' Group of the Communist Party", p.31. "The Dialogue on

Marxism", p.119도 보라.

112 Eric Hobsbawm, "The Crisis of the Seventeenth Century"(1954), ed. Trevor Aston, *Crisis in Europe 1560 - 1660: Essays from 'Past and Present'*, London: Routledge and Kegan Paul, 1965, p.53에 재수록.

113 *Ibid.*, p.32.

114 Samuel, "British Marxist Historians", p.95.

115 Ibid., p.90. 그리고 K. E. Holme(곧 Christopher Hill), The Soviets and Ourselves, London: G.G. Harrap & Co., 1945도 보라.

116 *Interesting Times*, p.199, p.200[『미완의 시대』, 323쪽].

117 예를 들어 Eric Hobsbawm, "Drang nach Osten: some notes on German revisionism", *New Central European Observer*, 14 May 1949('우리의 독일 통신원'이라고 표시되어 있다), 그리고 "Unrepentant apologetic", *New Central European Observer*, 4 February 1950.

118 *Interesting Times*, pp.192~193[『미완의 시대』, 317쪽].

119 *Ibid.*, p.192[317쪽]. 이 주장은 근거가 필요한데, 힐이 1947년에 『레닌과 러시아 혁명』(*Lenin and the Russian Revolution*)을 출간했기 때문이다. 예를 들어 1949년에 『스탈린』(*Stalin: A Political Biography*, London: Oxford University Press, 1949)을 쓴 도이처(Isaac Deutscher)의 작품을 주목하지 않은 것과 관련해서는 Hobsbawm, "1956"(Interview with Gareth Stedman Jones), *Marxism Today*, November 1986, p.17 을 보라.

120 *Interesting Times*, p.194[『미완의 시대』, 319~320쪽].

121 *Ibid.*, p.195[322쪽]. 30년 전에 홉스봄이 요점을 뚜렷하게 지적했듯이, "공산주의 지식인이 소련과 자기 나라의 공산당을 선택한 것은 결국 자기편의 선함이 악함보다 더 커 보였기 때문이다." "Intellectuals and Communism", p.27.

122 *Interesting Times*, pp.205~206[『미완의 시대』, 338쪽].

123 영국공산당의 전개 양상에 대한 절제된 설명으로는 Willie Thompson, *The Good Old Cause: British Communism 1920-1991*, London: Lawrence and Wishart, 1992, pp.99~113을 보라.

124 *Interesting Times*, p.204[『미완의 시대』, 336쪽].

125 *Ibid.*, pp.206~207[340쪽].

126 "The Twentieth Congress and the British Communist Party", *Socialist Register 1976*, London: Merlin Press, 1976에 실린 새빌의 설명을 보라.

127 *Interesting Times*, p.425, n.7에서 인용. *Ibid.*, p.207[『미완의 시대』, 340쪽]도 보라. 서명은 애브램스키의 주도로 홉스봄, 돕, 힐, 힐튼, 키어넌이 참여했다.

128 Chimen Abramsky et al., letter to *New Statesman*, 1 December 1956.

129 Eric Hobsbawm, letter to *Daily Worker*, 9 November 1956. 1956년 헝가리혁명 50주년에 즈음해 홉스봄이 숙고 끝에 내놓은 견해에 대해서는, "Could it have been different?", *London Review of Books*, 16 November 2006.

130 그래서 그는 "The Historian's Group of the Communist Party"(p.26)에서 관계가 "전 반적으로는 깨지지 않았다"고 썼다. 또 그는 "1956"(개러스 스테드먼 존스와의 인터뷰)에 서 "긴장과 냉랭함의 시기"였다는 걸 부인하긴 했지만 이렇게 덧붙인다. "적어도 내가 걱정한 만큼은 아니었다." 근거를 드는 게 중요할 것이다.

131 "1956", p.21을 보라. 여기서 홉스봄은 "어떤 의미에서 우리가 단지 우리편 내부의 학 대에 맞서 싸웠을 뿐 아니라 영국 제국주의의 명백한 행태 한 가지와 싸운 것이기도 하다는 사실 덕분에 우리의 영혼이 구원받았다"고 말한다.

132 *Interesting Times*, p.202, p.211[『미완의 시대』, 333, 346쪽].

133 *Ibid.*, p.216[355쪽].

134 Eric Hobsbawm, *The New Century: Eric Hobsbawm in Conversation with Antonio Polito*(1999), trans. Allan Cameron, London: Brown, 2000, p.159.

135 2003년 공산당에 계속 남아 있기로 작정한 것에 대해 질문을 받자 홉스봄은 "이 질 문을 받으면 받을수록 답하기 더 어려워집니다. 내 답변이 어디까지 실제 사실과 다 른 것을 투영하는지 의심하게 되기 때문입니다"라고 고백했다. "Eric Hobsbawm's Interesting Times", p.9.

136 "1956", p.21, p.23.

137 Eric Hobsbawm, "The Emancipation of Mankind"(1987), *Politics for a Rational Left*, p.201에 재수록. "인류 해방에 삶을 헌신했고 그 때문에 종종 죽임을 당하되 때로 는 자기편한테 죽임을 당하기까지 한 우리 세대 및 이전 세대 사람들과 의절하고 싶지 않다. 이것이 위대한 명분이었고 지금도 그렇다는 걸 받아들이는 게 중요하다고 생각 한다."

138 *Interesting Times*, p.218[『미완의 시대』, 357쪽].

139 Eric Hobsbawm, "Preface", *Revolutionaries*, p.vii.

140 Eric Hobsbawm, "The Future of Marxism in the Social Sciences", *University and Left Review* Vol. 1, 1957; "Dr. Marx and the Victorian Critics", *New Reasoner* No. 1, Summer 1957.

141 "Some Notes about the ULR from Comrade Eric Hobsbawm [sic]", 10-11, May 1958. John Callaghan, *Cold War, Crisis and Conflict: The CPGB 1951-68*, London: Lawrence and Wishart, 2003, pp.22~23, pp.103~104에서 재인용.

142 Perry Anderson, *In the Tracks of Historical Materialism*, London: New Left Books, 1983, p.69.

143 *Interesting Times*, p.xi[미국 페이퍼백판 서문].

2장 _ 국제적 행로와 섬나라의 행로

1 Eric Hobsbawm, "Introduction", *The Jazz Scene*(1959), London: Weidenfeld and Nicolson, 1989, p.xx. 홉스봄은 1959년에 이렇게 썼다. "늘 로큰롤을 즐기는 팬들은 정

신적으로 성장이 늦은 게 아니라면 10~15세 정도인 게 보통이다. 아마도 이 유행이 보편적인 호소력을 얻은 것은 이런 유아적 행태 때문일 것이다."(p.62)

2 Eric Hobsbawm, "Count Basie"(1986), *Uncommon People: Resistance, Rebellion and Jazz*, London: Abacus, 1999, p.364에 재수록.

3 *The Jazz Scene*, p.136, pp.134~135.

4 *Ibid.*, pp.253~254, p.257.

5 *Ibid.*, p.242.

6 Francis Newton, "Beatles and before", *New Statesman*, 8 November 1963. 또 다른 60년대 영웅에 대한 좀더 미묘한 비평으로는 "Bob Dylan", *New Statesman*, 22 May 1964를 보라.

7 Raphael Samuel, "British Marxist Historians, 1880-1980: Part One", *New Left Review*, I/20, 1980, p.94.

8 Eric Hobsbawm, "1956"(Interview with Gareth Stedman Jones), *Marxism Today*, November 1986, p.230. 강조는 인용자.

9 Eric Hobsbawm, *Interesting Times: A Twentieth-Century Life*(2002), New York: The New Press, 2005, pp.346~347[『미완의 시대』, 561쪽].

10 Eric Hobsbawm, *Primitive Rebels: Studies in Archaic Forms of Social Movement in the 19th and 20th Centuries*(1959), Manchester: Manchester University Press, 1971[3rd edition], p.2, p.10.

11 Eric Hobsbawm, *Bandits*(1969), Harmondsworth: Penguin, 1985[2nd edition], p.125(pp.113~126도 보라).

12 *Primitive Rebels*, p.91.

13 *Ibid.*, p.124.

14 *Ibid.*, pp.60~62을 보라. 홉스봄은 "무엇이 우리를 공산주의자로 만들었는지"를 전하려고 『흥미로운 시절』에서 이 대목을 인용한다. *Interesting Times*, p.136[『미완의 시대』, 203쪽].

15 *Primitive Rebels*, p.126.

16 *Ibid.*, p.145.

17 Eugene D. Genovese, "The Politics of Class Struggle in the History of Society: An Appraisal of the Work of Eric Hobsbawm", ed. Pat Thane et al., *The Power of the Past: Essays for Eric Hobsbawm*, Cambridge & Paris: Cambridge University Press/Editions de la Maison des Sciences de l'Homme, 1984, p.24.

18 Eric Hobsbawm, *The Age of Capital 1848-1875*(1975), London: Weidenfeld and Nicolson, 1995, p.2, p.253[『자본의 시대』, 75, 415쪽].

19 Eric Hobsbawm, *The Age of Revolution: Europe 1789-1848*(1962), London: Weidenfeld and Nicolson, 1995, pp.234~235[『혁명의 시대』, 438쪽].

20 *Ibid.*, pp.244~245[455쪽]. 엥겔스는 "이론적 형태에 있어서 근대 사회주의는 원래 겉보기엔 18세기의 위대한 프랑스 철학자들이 제기한 원칙을 좀더 논리적으로 확장한

것으로 보였다"고 선언하면서 '공산주의자의 세계 전망'에 대한 자신의 설명을 제시했다. Frederick Engels, *Anti-Dühring: Herr Eugen Dühring's Revolution in Science*, trans. Emile Burns, Moscow: Progress Publishers, 1977, p.25.

21 Eric Hobsbawm, "Introduction to Karl Marx", *Pre-Capitalist Economic Formations*, trans. Jack Cohen, London: Lawrence and Wishart, 1964, p.10.

22 *Ibid.*, p.12.

23 *Ibid.*, p.33, p.38.

24 Karl Marx, "The Poverty of Philosophy", *Karl Marx and Frederick Engels Collected Works* Vol. 6, London: Lawrence and Wishart, 1976, p.174.

25 Fredric Jameson, *Postmodernism, or The Cultural Logic of Late Capitalism*, London: Verso, 1991, p.47. 맑스가 이 변증법적 평가를 가장 잘 전달한 글은 "Speech at the Anniversary of the People's Paper"(1856), *Karl Marx and Frederick Engels Selected Works* Vol. 1, Moscow: Progress Publishers, 1977, pp.500~501이다.

26 Karl Marx, *Grundrisse: Foundations of the Critique of Political Economy*, trans. Martin Nicolaus, Harmondsworth: Penguin/*New Left Review*, 1977, p.162를 보라.

27 Eric Hobsbawm, "Marx, Engels and Politics"(1978), ed. Hobsbawm et al., *The History of Marxism Vol.1 — Marxism in Marx's Day*, Hassocks: Harvester Press, 1982, p.258.

28 Karl Marx, "The Future Results of the British Rule in India"(1853), Surveys from Exile, Harmondsworth: Penguin/*New Left Review*, 1977, p.325.

29 George Thomson et al., "Introduction", ed. John Saville, *Democracy and the Labour Movement: Essays in Honour of Dona Torr*, London: Lawrence and Wishart, 1954, p.8 ; Christopher Hill, "The Norman Yoke", Democracy and the Labour Movement, p.66 ; *The English Revolution 1640*(1940), London: Lawrence and Wishart, 1979[3rd edition], p.5를 참고하라.

30 Eric Hobsbawm, "Progress in History", *Marxism Today*, February 1962, p.47.

31 *Ibid.*, p.46.

32 *Ibid.*, p.48.

33 Eric Hobsbawm, "From Feudalism to Capitalism"(1962), Rodney Hilton et al., *The Transition from Feudalism to Capitalism*, London: Verso, 1982, p.164에 재수록. *The Age of Revolution*, p.181[『혁명의 시대』, 349쪽]도 보라.

34 Eric Hobsbawm, "History and the 'Dark Satanic Mills'"(1958), *Labouring Men: Studies in the History of Labour*(1964), London: Weidenfeld and Nicolson, 1976, p.106, p.116에 재수록.

35 *Ibid.*, p.118.

36 Eric Hobsbawm, "The British Standard of Living 1790-1850"(1957/1963), *Labouring Men*, p.64, p.68에 재수록.

37 Eric Hobsbawm, "The Standard of Living Debate: A Postscript", *Labouring Men*, pp.122~123. *Industry and Empire: From 1750 to the Present Day*(1968), London: Penguin, 1999[New edition]도 보라. 이 책 4장에서 홉스봄은 "부(富)로 가득 찬 사회에서 배고픔을 느끼고 자유를 자부하는 나라에서 노예가 됐으며 빵과 희망을 찾는데 돌아오는 건 돌과 절망뿐인 데서 사람들이 느끼는 보편적인 불만"(p.73)에 대해 썼다.

38 *The Age of Revolution*, p.159[『혁명의 시대』, 310쪽].

39 Eric Hobsbawm and George Rudé, *Captain Swing*(1968), Harmondsworth: Peregrine, 1985[2nd edition], p.337, 주 26.

40 *Ibid.*, p.32.

41 *Ibid.*, pp.243~244.

42 *Ibid.*, p.253.

43 *Ibid.*, p.xxv.

44 *Ibid.*, p.254, p.256.

45 *The Age of Capital*, p.134[『자본의 시대』, 244쪽].

46 홉스봄은 서평에서 (전적인 동의를 내비치지 않는 표현들을 쓰면서) "이 책이 ······ 특정한 분위기 곧 네오 맑스주의와 특정한 그룹 곧 신좌파 그 자체를 반영한다"고 지적하면서 이 책이 이 분야에서 '획기적인 것'이 될 거라고 내다봤다. "Organised orphans", *New Statesman*, 29 November 1963.

47 Eric Hobsbawm, "In search of people's history", *London Review of Books*, 19 March~1 April 1981.

48 Eric Hobsbawm, "From Social History to the History of Society"(1970/1972), *On History*(1997), London: Abacus, 1998, p.105에 재수록.

49 Eric Hobsbawm et al., "Agendas for Radical History", *Radical History Review*, No. 36, 1986, p.29.

50 Eric Hobsbawm, "Has History Made Progress?"(1979), *On History*, p.84에 재수록.

51 Eric Hobsbawm, "Look left", *New Statesman*, 24 September 1976. 강조는 인용자.

52 Eric Hobsbawm, "Dr. Marx and the Victorian Critics"(1957), *Labouring Men*, p.240에 재수록.

53 Eric Hobsbawm, "The Dialogue on Marxism"(1966), *Revolutionaries: Contemporary Essays*(1973), London: Phoenix, 1994, p.119, p.110에 재수록.

54 Eric Hobsbawm, "Preface", *Marxism in Marx's Day*, p.xv을 보라.

55 Eric Hobsbawm, "Preface", *Revolutionaries*, pp.vii~viii을 보라.

56 그 언급은 "어쨌든 그가 맑스주의로 여긴 것"이다. Eric Hobsbawm, "The Structure of Capital"(1966), *Revolutionaries*, p.144에 재수록.

57 Eric Hobsbawm, "Karl Korsch"(1968), *Revolutionaries*, p.160에 재수록.

58 Eric Hobsbawm, "The Principle of Hope"(1961), *Revolutionaries*, p.137, p.141에 재수록.

59 *Ibid.*, p.137.

60 "The Structure of Capital"을 보라.

61 Eric Hobsbawm, "What Do Historians Owe to Karl Marx?"(1968), *On History*, p.196, p.200에 재수록(여기서 홉스봄은 특히 알튀세르를 거론한다).

62 *Ibid.*, pp.200~201.

63 "The Structure of Capital", p.152.

64 "What Do Historians Owe to Karl Marx?", p.198.

65 Eric Hobsbawm, "Marx and History"(1984), *On History*, p.212에 재수록. 그 때문에 홉스봄한테는 영어권 분석적 맑스주의의 기틀을 다진 "감탄할 만하고 경이로운" 제럴드 코헨의 문헌 G. A. Cohen, *Karl Marx's Theory of History: A Defense*(1978)가 호소력을 발휘했다. 이에 대해 그는 "Points of departure(Preface)", *New Statesman*, 2 February 1979에서 다시 언급했다.

66 "The Structure of Capital", p.149 ; Eric Hobsbawm, *Echoes of the Marseillaise: Two Centuries Look Back on the French Revolution*, London: Verso, 1989, p.100. "추상적인 고급 이론과 이 이론에 관련되는 걸로 간주되는 사회 현실 사이의 괴리가, 일말의 무게감도 지닐 수 없는 철학적 미묘함의 거미줄 말고는 그 어떤 것으로도 이을 수 없는 지경에 이르렀다."

67 "The Structure of Capital", p.145; "The Dialogue on Marxism", p.116.

68 "Look left".

69 Eric Hobsbawm, "Gramsci and Political Theory", *Marxism Today*, July 1977, p.206; "The great Gramsci", *New York Review of Books*, 4 April 1974도 보라.

70 "Gramsci and Political Theory", p.206.

71 *Interesting Times*, pp.352~353[『미완의 시대』, 570쪽].

72 Eric Hobsbawm, "The Dark Years of Italian Communism"(1972), *Revolutionaries*, pp.31~32에 재수록.

73 이는『혁명가들』에서 영국, 독일, 프랑스, 이탈리아 공산당들에 대해 쓸 때 홉스봄이 고정적으로 거론한 것이다(예컨대 *Revolutionaries*, p.13, p.16, p.22, p.44, p.54, p.86). 가장 최근에 등장한 경우로는 Eric Hobsbawm, "Cadres", *London Review of Books*, 26 April 2007을 보라.

74 Eric Hobsbawm, "Confronting Defeat: The German Communist Party"(1970), *Revolutionaries*, p.54에 재수록.

75 Eric Hobsbawm, "Radicalism and Revolution in Britain"(1969), *Revolutionaries*, p.13 에 재수록.

76 Eric Hobsbawm, "May 1968"(1969), *Revolutionaries*, pp.240~241에 재수록된 것을 보라.

77 *Echoes of the Marseillaise*, p.102 ; *Interesting Times*, p.334[『미완의 시대』, 542쪽] 참고.

78 *Interesting Times*, p.359[『미완의 시대』, 580쪽]. Eric Hobsbawm, "Splitting Image"(Interview with Achille Occhetto), *Marxism Today*, February 1990도 보라.

79 "The great Gramsci". Eric Hobsbawm, "Coup d'Etat"(1968), *Revolutionaries*, p.196 에 재수록된 것 참고. "파시스트 시대의 기구들이 계속 유지되었기에 파시스트 이후 이

탈리아에서 근본 문제 해결이 거의 불가능했다." 이탈리아공산당에 대한 훌륭한 비판적 서술로는 Tobias Abse, "Italy: A New Agenda", eds. Perry Anderson and Patrick Camiller, *Mapping the West European Left*, London and New York: Verso/*New Left Review*, 1994를 보라. Lucio Magri, *Il Sarto d'Ulm. Una possible storia del PCI*, Milan: Il Saggiatore, 2009도 참고하라.

80 *The Italian Road to Socialism: An Interview by Eric Hobsbawm with Giorgio Napolitano of the Italian Communist Party*, trans. John Cammett and Victoria DeGrazia, London: Journeyman Press, 1977, p.15를 보라.

81 유러코뮤니즘 선언의 공식 발표문으로는, 스페인공산당 당수 산티아고 카리요의 것을 보라. Santiago Carrillo, *'Eurocommunism' and the State*, trans. Nan Green and A. M. Elliott, London: Lawrence and Wishart, 1977. 가장 설득력 있는 정당화 주장으로는 Fernando Claudin, *Eurocommunism and Socialism*, trans. John Wakeham, London: New Left Books, 1978 ; Nicos Poulantzas, *State, Power, Socialism*, trans. Patrick Camiller, London: New Left Books, 1978을 꼽을 수 있다.

82 *The Italian Road to Socialism*, p.80.

83 Eric Hobsbawm, "A special supplement : Chile year one", *New York Review of Books*, 23 September 1971.

84 Eric Hobsbawm, "The murder of Chile", *New Society*, 20 July 1973.

85 Eric Hobsbawm, "1968—A Retrospect", *Marxism Today*, May 1978, p.136. 홉스봄은 이렇게 썼다. "[체코의 실험이] 진행되도록 허용됐더라면 빠르고 부드럽고 심지어 확실하게 성공했을 거라고 누구도 말할 수 없다. 그러나 민주 사회주의의 체코 모형이 이런 형태로든 저런 형태로든 생존 가능성이 없었을 거라고 믿을 이유도 전혀 없다." (p.135)

86 Eric Hobsbawm, "Il marxismo oggi: un bilancio aperto", ed. Hobsbawm et al., *Storia del marxismo* Vol. 4, *Il Marxismo oggi*, Turin: Einaudi, 1982, p.12. 1969년 홉스봄은 "스탈린주의의 가장 나쁜 행태를 제거하고 나자, 숙청과 강제노동 캠프가 없다 할지라도 소련이 도입한 사회주의는 1917년 이전에 많은 사회주의자들이 마음에 품던 것과 아주 거리가 멀다는 사실이 명백해졌다"고 언급했다. "Reflections on Anarchism", *Revolutionaries*, p.85에 재수록.

87 Eric Hobsbawm, "Cuban prospects", *New Statesman*, 22 October 1960.

88 Eric Hobsbawm, "The cultural congress of Havana", *The Times Literary Supplement*, 25 January 1968.

89 Eric Hobsbawm, "A hard man", *New Society*, 4 April 1968. "문제를 간략하게 정리하자면 혁명적 좌파를 정통파와 반율법주의자, 칼뱅주의자와 재세례파, 자코뱅과 혁명직 대중, 맑스주의자와 부하린주의자로 나누는 영원한 논쟁에서 체 게바라는 확고하게 앞쪽 편에 서서 뒤쪽 편에 반대했다."

90 Eric Hobsbawm, "Vietnam and the Dynamics of Guerrilla War" (1965), *Revolutionaries*에 재수록된 것을 보라.

91 Eric Hobsbawm, "Theory turned sideways", *Black Dwarf*, 1 June 1968.

92 "May 1968"(1969), p.234. "Reflections on Anarchism", pp.86~87, p.91도 보라.

93 "The Principle of Hope", p.136.

94 "Reflections on Anarchism", p.90.

95 Eric Hobsbawm, "Intellectuals and the Class Struggle"(1971), *Revolutionaries*, p.253 에 재수록.

96 *Ibid.*, p.255.

97 Eric Hobsbawm, "Revolution and Sex"(1969)의 마지막 문장. *Revolutionaries*, p.253 에 재수록.

98 "Intellectuals and the Class Struggle", pp.256~257.

99 "The German Idealogy", *Karl Marx and Frederick Engels Collected Works* Vol. 5, London: Lawrence and Wishart, 1976, p.49 참고. 강조는 원문.

100 "Intellectual and the Class Struggle", p.266을 보라.

101 Eric Hobsbawm, "Preface", *Labouring Men*, p.vii.

102 Eric Hobsbawm, "Preface", *Worlds of Labour: Further Studies in the History of Labour*, London: Weindenfeld and Nicolson, 1984, p.x.

103 예컨대 *Worlds of Labour*, p.83; *On History*, p.94; *Industry and Empire*, p.x을 보라.

104 Eric Hobsbawm, "Labour History and Ideology"(1974), *Worlds of Labour*, p.14에 재수록.

105 Eric Hobsbawm, "Should Poor People Organize?"(1977), *World of Labour*, pp.293~294에 재수록.

106 Eric Hobsbawm, "Notes on Class Consciousness"(1971), *World of Labour*, pp.28~29에 재수록.

107 *Industry and Empire*, p.104.

108 Eric Hobsbawm, "The Making of the Working Class 1870-1914"(1981), *Worlds of Labour*, p.207에 재수록. 저자 스스로 "E. P. 톰슨의 비범한 책에 대한 찬사이자 동시에 비판"(p.215)이라고 표현한 글.

109 Eric Hobsbawm, "New Preface", *Labour's Turning Point 1880-1900*(1948), Hassocks: Harvester Press, 1974, p.iii.

110 Eric Hobsbawm, "The Aristocracy of Labour Reconsidered"(1978), *Worlds of Labour*, p.249에 재수록. 여기서 홉스봄은 이 주제에 대한 자신의 글을 요약하고 있 다. "The Labour Aristocracy in Nineteenth-Century Britain"(1954), *Labouring Men* 에 재수록; "Lenin and the 'Aristocracy of Labour'"(1970), *Revolutionaries*에 재수 록; "Debating the Labour Aristocracy"(1979), *Worlds of Labour* 재수록 등 참고.

111 Eric Hobsbawm, "Trends in the British Labour Movement since 1850"(1949/1963), *Labouring Men*, p.341에 재수록.

112 *Ibid.*, p.336.

113 *Ibid.*, pp.332~333.

114 Eric Hobsbawm, "Parliamentary Cretinism?", *New Left Review*, I/12, 1961, p.64(글 제목 '의회 백치증?'을 흡스봄이 정했을 거라고 여기지 말아야 한다).

115 *Ibid.*, p.65.

116 *Industry and Empire*, p.269.

117 Eric Hobsbawm, "The Formation of British Working Class Culture"(1979), *Worlds of Labour*, p.193에 재수록. 흡스봄이 부르주아화론을 거부한 것에 대해 서는 예컨대 *Industry and Empire*, p.272과 "Karl Marx and the British Labour Movement"(1968), *Revolutionaries*, p.97에 재수록된 것을 보라.

118 "Intellectuals and the Class Struggle", p.248.

119 "Lenin and the 'Aristocracy of Labour'"(p.129)에서 흡스봄은 『무엇을 할 것인가』의 '자발성'과 '경제주의' 비판을 "레닌이 맑스주의에 가장 근본적이고 영원히 빛을 발할 만큼 기여한 부분의 하나"라고 지목한다.

120 Eric Hobsbawm, "The 1970s: Syndicalism Without Syndicalists?"(1979), *Worlds of Labour*, p.281에 재수록.

121 Eric Hobsbawm, "The State of the Left in Western Europe", *Marxism Today*, October 1982, p.10을 보라. 1970년대 중반 흡스봄은 여전히 초기 성공에 대해 상 대적으로 낙관하는 자세를 보였다. "여러 면에서, 문제가 무엇이든 그리고 비록 아무 리 불완전할지라도 사회주의 경제는 자본주의 나라들을 위기에 빠뜨리는 문제들을 안고 있지 않다." *The Crisis and the Outlook*, London: Birkbeck College Socialist Society, 1975, p.15.

122 Eric Hobsbawm, "The new dissent: intellectuals, society and the left", *New Society*, 23 December 1978 ; "Should Poor People Organise?", p.282, pp.287~288 도 보라.

123 *Interesting Times*, p.263, p.268[『미완의 시대』, 434, 442쪽].

124 Eric Hobsbawm, "Preface", *Politics for a Rational Left : Political Writings 1977-1978*, London and New York: Verso/*Marxism Today*, 1989, p.4.

125 특히 Ralph Miliband, "The New Revisionism", *New Left Review*, I/150, 1985를 보라. 예컨대 Norah Carlin and Ian Birchall, "Kinnock's Favourite Marxist : Eric Hobsbawm and the Working Class", *International Socialism*, No. 21, 1983 ; Ben Fine et al., *Class Politics : An Answer to its Critics*, London, 1984.

126 Eric Hobsbawm, "The Forward March of Labour Halted?"(1978), *Politics for a Rational Left*, pp.21~20에 재수록.

127 Eric Hobsbawm, "The Verdict of the 1979 Election"(1979), *Politics for a Rational Left*, p.25에 재수록 ; "Tony Benn: An Interview with Eric Hobsbawm"(1980), eds. Martin Jacques and Francis Mulhern, *The Forward March of Labour Halted?*, London: Verso/*Marxism Today*, 1981, p.85에 재수록. *Politics for a Rational Left* 에 빠진 것 가운데는 키녹 인터뷰도 있다. 키녹이 부각되면 흡스봄이 당연히 주목을 끌지 못하는 것처럼 비칠 수 있다. "The Face of Labour's Future: Eric Hobsbawm

Interviews Neil Kinnock", *Marxism Today*, October 1984를 보라.

128 Eric Hobsbawm, "The Debate on 'The Forward March of Labour Halted?'", *Politics for a Rational Left*, p.34에 재수록.

129 *Ibid.*, p.29.

130 "Tony Benn: An Interview with Eric Hobsbawm", p.76.

131 Eric Hobsbawm, "Falklands Fallout"(1983), *Politics for a Rational Left*, p.54에 재수록. 이 글은 『맑시즘 투데이』가 기획한 글 모음집인 eds. Stuart Hall and Martin Jacque, *The Politics of Thatcherism*, London: Lawrence and Wishart/*Marxism Today*, 1983을 위해 홉스봄이 쓴 것이다.

132 Eric Hobsbawm, "The Emancipation of Mankind"(1987), *Politics for a Rational Left*, p.200에 재수록.

133 "The Debate on 'The Forward March of Labour Halted?'", p.35.

134 Eric Hobsbawm, "Fifty Years of People's Fronts"(1986), *Politics for a Rational Left*, p.112, pp.116~117에 재수록.

135 Communist Party of Great Britain(CPGB), *The British Road to Socialism*, London, 1978, p.4.

136 *Ibid.*, p.3.

137 Eric Hobsbawm, "Labour's Lost Millions"(1983), *Politics for a Rational Left*, p.66에 재수록.

138 "Preface", *Politics for a Rational Left*, p.4.

139 "The Retreat into Extremism"(1985), *Politics for a Rational Left*, pp.97~98에 재수록.

140 의미심장하게도 홉스봄은 이 주제를 다룬 저자에 속하지 않으며 『새 시대』(eds. Stuart Hall and Martin Jacques, *New Times: The Changing Face of Politics in the 1990s*, London: Lawrence and Wishart/*Marxism Today*, 1989)에도 글을 싣지 않았다.

141 *Interesting Times*, p.276[『미완의 시대』, 452~453쪽].

142 훌륭한 해설은 다음의 책에서 볼 수 있다. Leo Panitch and Colin Leys, *The End of Parliamentary Socialism: From New Left to New Labour*, London and New York: Verso, 1997. 1980년대와 1990년대 초에 대한 내 생각을 알려면 Gregory Elliott, *Labourism and the English Genius: The Strange Death of Labour England?*, London and New York: Verso, 1993을 보라.

143 *Politics for a Rational Left*, p.4.

144 *Ibid.*, p.5.

3장 _ 수수께끼 같은 변주

1 Eric Hobsbawm, "From Babylon to Manchester", *New Statesman*, 7 February 1975.

2 Eric Hobsbawm, *The Age of Revolution: Europe 1789-1848*(1962), London:

Weidenfeld and Nicolson, 1995, p.11[『혁명의 시대』, 정도영·차명수 옮김, 한길사, 1998, 63~64쪽]; *The Age of Capital 1848-1875*(1975), London: Weidenfeld and Nicolson, 1995, p.xi[『자본의 시대』, 정도영 옮김, 한길사, 1998, 68쪽]; *The Age of Empire 1875-1914*(1987), Weidenfeld and Nicolson, 1995, pp.xi~xii[『제국의 시대』, 김동택 옮김, 한길사, 1998, 65~66쪽]; *Age of Extreme: The Short Twentieth Century, 1914-1991*, London: Michael Joseph, 1994, p.xii[『극단의 시대』, 이용우 옮김, 까치글방, 1997, 10쪽]도 보라.

3 Eric Hobsbawm, "Looking Forward: History and the Future"(1981), *On History*(1997), London: Abacus, 1998, p.57에 재수록된 것 참고.

4 *The Age of Capital*, p.47[『자본의 시대』, 139쪽].

5 *The Age of Empire*, pp.8~9[『제국의 시대』, 81쪽].

6 *Ibid.*, p.10[83쪽].

7 *The Age of Revolution*, pp.244~245, pp.234~235[『혁명의 시대』, 455, 438쪽].

8 *The Age of Empire*, p.340[『제국의 시대』, 587쪽].

9 *Ibid.*, p.330[572쪽].

10 *The Age of Revolution*, pp.21~22, p.218[『혁명의 시대』, 96, 414쪽].

11 *Ibid.*, pp.2~3[68쪽].

12 홉스봄은 이 범주가 『맑스-엥겔스 전집』 38권에서 20번 정도밖에 등장하지 않는다고 지적했다. *Echoes of the Marseillaise: Two Centuries Look Back on the French Revolution*, London: Verso, 1990, p.7.

13 Victor Kiernan, "Revolution and Reaction 1789-1848", *New Left Review*, I/19, 1963, p.74.

14 *The Age of Revolution*, p.111[『혁명의 시대』, 236쪽]; Kiernan, "Revolution and Reaction", p.73.

15 *The Age of Revolution*, pp.177~178을 보라. pp.69~70도 보라[『혁명의 시대』, 342~343쪽, 168~169쪽].

16 *Echoes of the Marseillaise*, p.9. "Marx and History"(1983/1984), *On History*, p.222에 재수록된 것도 보라. "맑스주의자로 아니면 현실적인 역사 관찰자로, 우리는 그런 혁명들의 존재 자체를 부인하거나 17세기 영국혁명과 프랑스혁명이 근본 변화와 사회의 '부르주아적' 방향 전환이 나타날 것임을 보여 줬다는 사실을 부인하는 비평가들을 따르지 않을 것이다. 그러나 우리가 무슨 뜻으로 말하는 것인지는 더 정확하게 따져봐야 한다."

17 David Landes, "The ubiquitous bourgeoisie", *The Times Literary Supplement*, 4 June 1976을 보라.

18 David Cannadine, "The strange death of liberal Europe", *New Society*, 23 October 1987.

19 *The Age of Capital*, p.3[『자본의 시대』, 70쪽].

20 *Ibid.*, p.249[410쪽]. *The Age of Revolution*, p.140[『혁명의 시대』, 282쪽] 참고.

21 Eric Hobsbawm, "Revolution", eds. Roy Porter and Mikulas Teich, *Revolution in History*, Cambridge: Cambridge University Press, 1986, p.27; 1975년에 나온 논문

을 바탕으로 작성한 중요한 문건인 다음을 참고. Arno J. Mayer, *The Persistence of the Old Regime: Europe to the Great War*, London: Croom Helm, 1981. 관련 쟁점(과 기타 쟁점)을 분명히 정리한 『자본의 시대』 심층 서평으로는 Gareth Stedman Jones, "Society and Politics at the Beginning of the World Economy", *Cambridge Journal of Economics* No.1, 1997을 보라.

22 *The Age of Capital*, p.24, p.20[『자본의 시대』, 107, 101쪽].

23 Ibid., pp.2~3[75~76쪽].

24 Ibid., p.31[119쪽].

25 Ibid., pp.133~134[257쪽]. *The Age of Revolution*, p.26[『혁명의 시대』, 103쪽]도 보라: "이 이중의 혁명은 유럽의 확장을 누구도 저항할 수 없는 걸로 만들게 된다. 비록 이 혁명이 유럽을 제외한 세계에 결국 반격을 가할 조건과 장비들도 제공하게 되어 있었지만 말이다."

26 *The Age of Capital*, p.81[『자본의 시대』, 196쪽].

27 *The Age of Empire*, p.44[『제국의 시대』, 135쪽], 그리고 pp.50~55[144~152쪽]도 보라.

28 "경제 발전이 역사의 나머지 부분을 마치 인형처럼 조종하는 복화술사 같은 몫을 하는 건 아니다." Ibid., p.61[162쪽].

29 예컨대 Ibid., pp.66~67, p.72, p.76[169~171, 178, 184쪽]을 보라. '세계화'가 처방은커녕 해명조차 못되고 기껏 단순 묘사에 가까운 것이기는 해도 이 개념이 (고정관념으로는 말할 것도 없고) 선입견으로 자리잡기 전에 이미 몇 년 동안 세계화는 『제국의 시대』에서 반복되는 주제였다. 예컨대 p.14, p.48, p.62, p.315, p.336[88, 141, 163, 547, 581쪽]을 보라.

30 *The Age of Revolution*, p.28[『혁명의 시대』, 107쪽].

31 *The Age of Empire*, p.327[『제국의 시대』, 566쪽].

32 Ibid., p.138[279쪽]. p.267[474쪽]도 보라.

33 Ibid., p.190[358쪽]을 보라. 여기서는 데인저필드의 '자유주의 영국'에 관한 유명한 책의 제목('자유주의 영국의 이상한 죽음')이 서유럽에까지 적용될 수 있음을 제시하고 있다.

34 *The Age of Revolution*, p.245[『혁명의 시대』, 456쪽].

35 Kiernan, "Revolution and Reaction", p.75.

36 *The Age of Revolution*, p.247[『혁명의 시대』, 458쪽].

37 Ibid., p.263[485쪽]. 1914년 전쟁이 터졌을 때의 반응을 상기하면서 홉스봄은 가슴속에 간직한 '이성들'을 이성의 제단에 간단히 희생하지 않으면서도 다른 글에서 자신이 제시했던 '합리적인 것'과 '이해할 수 있는 것'의 구별을 유지할 능력이 쇠하지 않았음을 증명한다. "어떤 면에서 전쟁의 도래는 구출이자 위안으로 많은 이들에게 다가왔다. 특히 젊은이들과 중산층 사람들, 특히 여자보다는 남자들에게 그랬다. …… 이는 20세기를 위한 자유주의적 이상향인 부르주아 사회의 천박함과 하찮음, 19세기의 따분한 점진적 진전, 고요함과 평화로운 질서의 종말을 뜻했다. …… 강당에서 오래도록 기다린 뒤, 관중이 스스로 배우가 되는 위대하고 흥분되는 역사 드라마의 서막이 오르는 것을 뜻했다." *The Age of Empire*, p.326[『제국의 시대』, 565쪽]. 그리고 "On History from

Below"(1985/1988), *On History*, p.283에 재수록된 것을 보라.

38 *The Age of Revolution*, p.298[『혁명의 시대』, 541쪽]에서 인용.

39 *The Age of Empire*, p.327[『제국의 시대』, 567쪽].

40 *Ibid*., p.11[85쪽].

41 *Ibid*., p.12[86쪽].

42 *Ibid*., p.329[570쪽]. pp.329~334[570~579쪽]도 보라.

43 *Ibid*., p.332[575쪽].

44 *Ibid*., p.340[587쪽].

45 예컨대 Perry Anderson, "Darkness falls", *Guardian*, 8 November 1994; Göran Therborn, "The Autobiography of the Twentieth Century", *New Left Review*, I/214, 1995. 앤더슨의 평가는 2002년 『런던 리뷰 오브 북스』에 실린 홉스봄한테 헌정한 장문의 에세이에서 반복된다. 이 글은 나중에 "The Vanquished Left: Eric Hobsbawm"이라는 제목으로 *Spectrum: From Right to Left in the World of Ideas*, London and New York: Verso, 2005에 수록되었다.

46 Alex Callinicos, "The Drama of Revolution and Reaction: Marxist History and the Twentieth Century", ed. Chris Wickham, *Marxist History-writing for the Twenty-first Century*, Oxford: British Academy/Oxford University Press, 2007, p.170을 보라.

47 *Age of Extremes*, p.6[『극단의 시대』, 19쪽]을 보라. p.9, p.420, p.459[23, 577, 630쪽]도 보라. Eric Hobsbawm, "Goodbye to All That"(1990), ed. Robin Blackburn, *After the Fall: The Failure of Communism and the Future of Socialism*, London and New York: Verso, 1991, p.124; "The Crisis of Today's Ideologies", *New Left Review*, I/192, p.60 참고.

48 Eric Hobsbawm, *The New Century: Eric Hobsbawm in Conversation with Antonio Polito*(1999), trans. Allan Cameron, London: Little, Brown, 2000, p.166. p.114도 보라.

49 가장 최근의 것으로는 다음을 보라. Eric Hobsbawm, "War, Peace and Hegemony at the Beginning of the Twenty-First Century"(2004), *Globalisation, Democracy and Terrorism*, London: Little, Brown, 2007, p.31. 그리고 홉스봄의 (그리고 다른 이들의) 오해에 대한 반박 논의로는 Perry Anderson, "The Ends of History", *A Zone of Engagement*, London and New York: Verso, 1992를 보라. 내 생각은 Gregory Elliott, "Full Spectrum Dominance? Francis Fukuyama", *Ends in Sight: Marx/Fukuyama/Hobsbawm/Anderson*, London: Pluto Press, 2008을 보라.

50 Tony Judt, "Downhill all the way", *New York Review of Books*, 25 May 1995.

51 *Age of Extremes*, pp.ix~x[『극단의 시대』, 7~8쪽].

52 Eric Hobsbawm, "Intellectuals and the Class Struggle"(1971), *Revolutionaries: Contemporary Essays*(1973), London: Phoenix, 1994, p.250~251에 재수록.

53 *Echoes of the Marseillaise*, p.xiv.

54 예컨대 Eric Hobsbawm, *Interesting Times: A Twentieth-Century Life*(2002), New York: The New Press, 2005, p.414[『미완의 시대』, 667쪽]를 보라.

55 Raymond Aron, *The Opium of the Intellectuals*, trans.Terence Kilmartin, London: Secker and Warburg, 1957, p.xviii. Eric Hobsbawm, "Intellectuals and Communism"(1964), *Revolutionaries*, p.26에 재수록된 것 참고.

56 *The Age of Revolution*, p.220[『혁명의 시대』, 417쪽].

57 *Age of Extremes*, p.5[『극단의 시대』, 18쪽]. 이 주제는『극단의 시대』에 이어 90년대 홉스봄의 글들에서 계속 반복해 나타난다. 예컨대 *On History*, p.x, p.314, p.339, p.348을 보라.

58 Eric Hobsbawm, "History and Illusion", *New Left Review*, I/220, 1996, pp.124~125. 퓌레의 역사에 대해서는 *Le Passé d'une illusion. Essai sur l'idée communiste au xxe siècle*, Paris: Robert Laffont, 1995를 보라.

59 *Interesting Times*, p.xiii[『미완의 시대』, 12쪽].

60 *Age of Extremes*, p.584~585[『극단의 시대』, 799쪽].

61 Eric Hobsbawm, "Barbarism: A User's Guide"(1994), *On History*, p.335에 재수록. "우리와 어둠 속으로 점점 빠르게 추락하는 것 사이에 놓인 몇 가지 안 되는 것들 가운데 하나는 …… 계몽으로부터 물려받은 가치 한 묶음이다."(p.336)

62 Eric Hobsbawm, "The Present as History"(1993), *On History*, p.312에 재수록된 것을 보라.

63 *Age of Extremes*, p.221[『극단의 시대』, 312쪽].

64 *Ibid.*, p.497[680쪽]. *The Age of Revolution*, p.245[『혁명의 시대』, 455쪽] 참고.

65 Anderson, "Darkness falls".

66 *Age of Extremes*, pp.10~11[『극단의 시대』, 25~26쪽].

67 Simon Bromley, "The Long Twentieth Century", *Radical Philosophy* No.77, 1996.

68 그래서 "2차 세계대전 이후 자본주의가 어떻게 그리고 왜……격변에 휩싸였는지는 아마도 20세기 역사가들이 직면한 주요한 물음이다. 아직은 합의도, 대답도 없으며 나도 설득력 있는 답을 제시한다고 주장할 수 없다." *Age of Extremes*, p.8[『극단의 시대』, 22~23쪽]. 1970년대에 시작된 위기에 대한 "설득력 있는 해명"이 없는 것에 대해서는 *Ibid.*, p.404[556~557쪽]을 보라.

69 *Ibid.*, p.270[377쪽].

70 *Ibid.*, p.8[22쪽].

71 *Ibid.*, p.9[24쪽].

72 W.W.Rostow, *The Stages of Economic Growth: A Non-Communist Manifesto*, Cambridge: Cambridge University Press, 1990[3rd edition], pp.162~164을 보라.『흥미로운 시절』에서 홉스봄은, 전적으로 부적절한 것은 아니지만, 로스토의 책 부제를 'An Anti-Communist(원래의 비공산주의가 아닌 반공산주의 ──옮긴이) Manifesto'로 표현한다. *Interesting Times*, p.390[『미완의 시대』, 629쪽].

73 *Age of Extremes*, p.498[『극단의 시대』, 682쪽].

74 Gareth Stedman Jones, "Marx's Critique of Political Economy: A Theory of History or a Theory of Communism?", ed. Chris Wickham, *Marxist History-writing for the*

Twenty-first Century, p.150을 보라.

75 *Interesting Times*, p.127, p.56[『미완의 시대』, 216, 103쪽]. 미국 페이퍼백판 서문(p.xiii) 에서 홉스봄은 "아마도 실패할 운명이었다"(부사를 활용해 실질적인 차이를 드러낸 표현)라 고 썼다.

76 Eric Hobsbawm, "Can We Write the History of the Russian Revolution?"(1996), *On History*, pp.326~327에 재수록된 것을 보라. 『극단의 시대』에서 홉스봄은 "1917년 맑 스주의자들의 보편적인 합의에 의해 소련은 …… 조건이 전혀 안되는 상황에서 홀로 사 회주의를 건설하게 됐다. 그 시도 자체는 상당한 성과를 낳았다. 특히 2차 세계대전에서 독일을 격퇴시킬 수 있었던 것이 그렇다. 그러나 실로 엄청나고 견디기 어려울 만큼 많 은 인간 목숨을 희생했고, 결국 막다른 골목에 처했음이 드러난 경제와 거론할 것도 없 는 정치 체제를 갖게 되는 대가도 함께 치렀다."*Age of Extremes*, pp.497~498[681쪽].

77 *Age of Extremes*, p.84[『극단의 시대』, 123쪽].

78 "Can We Write the History of the Russian Revolution?", p.333. "Goodbye to All That", pp.122~123도 보라.

79 "Goodbye to All That", p.122.

80 *Age of Extremes*, p.7[『극단의 시대』, 21쪽].

81 프랜시스 멀헌(Francis Mulhern)의 개인적 서신, 그리고 *Age of Extremes*, p.112[160쪽]. p.145[207쪽]도 보라. 여기서 홉스봄은 "혁명의 시대의 '서구 문명'이 지킨 가치와 제도 를 파괴"하는 데 히틀러가 몰두한 것을 언급한다. 닐 애셔슨(Neal Ascherson)이 말했듯 이, 홉스봄은 "'문명'이라는 단어를 확고한 신념을 담아 사용하는 마지막 영국 역사가" 이다. "The age of Hobsbawm", *Independent*, 2 October 1994.

82 *Age of Extremes*, p.144[『극단의 시대』, 205~206쪽]. 따라서 "레닌과 스탈린을 파시즘을 변명할 핑곗거리로 삼는 것은 사후 합리화"이다(*Ibid.*,p.126[180쪽]). 홉스봄은 독일 역 사가 에른스트 놀테(Ernst Nolte)가 1980년대에 개발한 주장을 언급하고 있다. 그의 중 요한 책의 프랑스어판으로는 *La guerre civile européenne, 1917-1945: National- socialisme et bolchevisme*, trans. Jean-Marie Argeles, Paris: Syrtes, 2000을 보라.

83 *Age of Extremes*, pp.496~497[『극단의 시대』, 680쪽]을 보라.

84 예컨대 *Ibid.*, pp.411, p.417, p.424[565, 573, 583쪽]을 보라.

85 *Ibid.*, p.498[682쪽]. Eric Hobsbawm, "Out of the Ashes"(1991), ed. Robin Blackburn, *After the Fall* 참고. 특히 pp.323~325.

86 *Age of Extremes*, p.563[『극단의 시대』, 769쪽].

87 *Ibid.*, p.17[34쪽].

88 *Ibid.*, p.16[34쪽].

89 *Ibid.*, p.11[27쪽].

90 *Ibid.*, p.15[32쪽].

91 *Ibid.*, p.334[463~464쪽]. Eric Hobsbawm, "Retreat of the male", *London Review of Books*, 4 August 2005도 보라.

92 *Age of Extremes*, p.340[『극단의 시대』, 471쪽].

93 *Ibid.*, p.421 [579쪽].

94 예컨대 "Out of the Ashes", p.315을 보라.

95 *Age of Extremes*, p.446~467 [『극단의 시대』, 612~613쪽].

96 *Ibid.*, p.445 [610쪽].

97 *Ibid.*, p.298 [414쪽]과 p.447 [613쪽]을 비교하라.

98 *Interesting Times*, p.251 [『미완의 시대』, 414~415쪽].

99 *Ibid.*, p.83 [143쪽]. 『극단의 시대』(p.421 [579쪽])에서 홉스봄은 "문명의 붕괴 징후로 보고 음울하게 '바이마르'라고 투덜거리는 …… 사회적 인습에 매여 있거나 보수적인 이들을 격분하게 만드는 행동을 대놓고 과시하는 것"을 거론하면서 자기를 어느 정도 염두에 뒀던 것일까?

100 Eric Hobsbawm, "The Sense of the Past" (1972), *On History*, p.25에 재수록.

101 *Age of Extremes*, p.565 [『극단의 시대』, 772쪽].

102 *Ibid.*, p.143 [204쪽].

103 Krzysztof Pomian, "Quel xxe siècle?", *Le Débat*, 93, 1997, p.42. Eric Hobsbawm, "Commentaires", *Ibid.*, pp.85~88 참고. 『극단의 시대』를 프랑스어로 번역하지 않은 걸 정당화하는 주장으로는 Pierre Nora, "Traduire: necessite et difficultes", *Ibid.*, pp.93~95를 보라. 또 엑사곤에서 자신의 책이 처한 운명에 대한 저자의 감상으로는 *Interesting Times*, pp.335~336 [『미완의 시대』, 543~544쪽]을 보라.

104 *Age of Extremes*, pp.558~559 [『극단의 시대』, 764쪽].

105 "우리는 …… 핵이 불러올 종말의 검은 구름 아래 살았다." *Interesting Times*, p.228 [『미완의 시대』, 373쪽].

106 *Age of Extremes*, p.83 [『극단의 시대』, 121쪽].

107 *Ibid.*, p.251 [351쪽]; "Goodbye to All That", p.115.

108 *Age of Extremes*, p.168 [『극단의 시대』, 240쪽].

109 *Ibid.*, p.234 [329쪽]을 보라. "소련처럼 미국도 이념을 대표하는 세력이었는데, 대다수 미국인들은 이 이념이 세계의 모형이라고 믿었다. 소련과 달리 미국은 민주주의였다. 불행히도 이 둘 가운데 두번째가 더 위험할지 모른다고 말할 수밖에 없다."

110 *Ibid.*, p.236 [331쪽].

111 *Ibid.*, p.56 [85쪽]. 홉스봄은 '냉전 광기'를 거론하면서 또 다른 비유를 제시한다. 그것은 "15세기와 16세기의 마녀사냥 광기처럼 후대의 역사가들이 이해하기 어렵다고 여길 시기"라는 구절이다("Barbarism: A User's Guide", p.346).

112 *Age of Extremes*, pp.249~250 [『극단의 시대』, 349쪽]. *Ibid.*, p.479 [656쪽]와 *Interesting Times*, pp.279~280 [『미완의 시대』, 457쪽]도 보라.

113 *Interesting Times*, p.279 [『미완의 시대』, 456~457쪽].

114 Eric Hobsbawm, "The Centre Cannot Hold", *Marxism Today*, September 1991, p.3; *Age of Extremes*, p.483 [『극단의 시대』, 661쪽]도 보라. 『새로운 세기』에서 홉스봄은 이렇게 쓰게 된다. "소련과 소련 정치 체제 붕괴의 긍정적인 효과를 부정적인 효과와 비교하면, 나는 후자가 의심의 여지 없이 더 크다고 말할 것이다. …… 러시아를 강타하

고 있는 인간적 참상의 규모는 서양의 우리들로서는 간단히 이해할 수 없는 것이다."
The New Century, p.74.

115 *Age of Extremes*, p.491[『극단의 시대』, 673쪽].

116 Eric Hobsbawm, "The Crisis of Today's Ideologies", *New Left Review*, I/192, pp.58~59. *Interesting Times*, p.xiv[미국 페이퍼백판 서문]도 보라.

117 Michael Mann, "As the Twentieth Century Ages", *New Left Review*, I/214, 1995, p.112.

118 우리가 이미 홉스봄의 다른 작품에서 만난 바 있는 폴라니가 『극단의 시대』에서 긍정적으로 인용되고 있다(*Age of Extremes*, pp.342~343[474~475쪽]). '사회 파괴'에 기여하는, 자율 규제 시장의 '경직된 이상향'에 대한 그의 진단은 『거대한 전환』(*Origins of Our Time: The Great Transformation*, London: Victor Gollancz, 1945)을 보라. 특히 pp.73~82. 슘페터에 대해서는 *Capitalism, Socialism and Democracy*, London: Routledge, 1994, p.139을 보라. "예전 사회의 뼈대를 무너뜨리면서 자본주의는 …… 진보를 가로막던 장벽만 깬 것이 아니라 붕괴를 막던 공중 부벽도 깨뜨렸다." *Ibid.* p.162도 보라.

119 "Commentaires", p.90.

120 "Historians and Economists"(1980), *On History*에 재수록된 글에서, 홉스봄은 슘페터가 "체제를 움직이는 힘, 곧 앞으로 몰아가는 혁신과 종말을 부르는 사회환경적 효과를 체제 밖에 위치지었다"고 언급했다(p.142).

121 Justin Rosenberg, "Hobsbawm's Century", *Monthly Review* Vol. 47 No. 3, 1995, pp.11~12.

122 Eric Hobsbawm, *Industry and Empire: From 1750 to the Present Day*(1968), Harmondsworth: Penguin, 1983, p.225. "산업혁명 전 영국과 기타 국가의 정부가 경제를 다룬 태도의 특징은 뭔가 해야 할 의무가 있다는 자세였다. 이는 오늘날도 각 국 정부의 보편적인 태도다. 그러나 역사의 기준 그리고 이성의 기준이라고 부를 수 있는 것을 대표하는 이 두 시기 사이에는, 정부와 경제학자의 근본 자세가 정반대였던 시기가 있다. …… 산업혁명 이후 정부의 경제 정책과 이론의 역사는 본질적으로 자유방임이 흥하고 망한 역사다." 1999년 이 책 개정판이 나올 때 홉스봄은 이 구절을 상당히 바꿔야 할 의무감을 느꼈다. '이성'을 '상식'으로 바꾼 데다가 마지막 문장도 이렇게 바뀌었다. "산업혁명 이후 정부의 경제 정책과 이론의 역사는 본질적으로 자유방임이 흥하고 망하고 다시 살아난 역사다." *Industry and Empire*, London: Penguin, 1999, p.204.

123 *Age of Extremes*, p.103[『극단의 시대』, 148쪽].

124 *Ibid.*, pp.10, 176[25, 251쪽].

125 *Ibid.*, pp.409~410[563쪽].

126 *Ibid.*, p.548[749쪽].

127 *Ibid.*, p.412[562쪽].

128 *Ibid.*, pp.563~564[770~772쪽].

129 *Ibid.*, p.574[785쪽].

130 Polanyi, *Origins of Our Time*, p.145.

131 Eric Hobsbawm, "The Death of Neo-Liberalism", *Marxism Today*, November/ December 1998; 그리고 *The New Century*, p.71도 보라. "1997~98년의 세계 위기를 전환점으로 삼는 것은 아주 당연하다."

132 *Interesting Times*, p.279[『미완의 시대』, 454쪽]를 보라. "아마 1997년부터 2001년의 세기말적 거대 투기 거품이 터지면서 마침내 시장 근본주의의 주술이 풀렸다. 전세계를 지배한 신자유주의 헤게모니의 종말은 그동안 예측됐고 실로 오랫동안 이미 언급됐다. 나 또한 두 번 이상 거론했다."

133 *Age of Extremes*, p.307[『극단의 시대』, 426쪽].

134 *Interesting Times*, p.137[『미완의 시대』, 231쪽]; *Age of Extremes*, p.388[『극단의 시대』, 534쪽]을 보라.

135 *Age of Extremes*, pp.577~578[『극단의 시대』, 789쪽].

136 *Ibid.*, p.579[791쪽].

137 "당선되고 재선까지 되는 것은 …… 엄청나게 많은 온갖 형태의 거짓말을 뜻한다." Eric Hobsbawm, "Identity Politics and the Left", *New Left Review*, I/217, 1996, p.46. 앙드레 토젤(André Tosel)의 용어에 대해서는 그의 책 *Un monde en abîme. Essai sur la mondialisation capitaliste*, Paris: Editions Kimé, 2008, p.287을 보라.

138 "Identity Politics and the Left", p.45를 보라. 『흥미로운 시절』에서 홉스봄은 "파스칼이 '이성이 알지 못하는 가슴속의 이성'이라 부른 것, 말하자면 특정 집단, 자신이 선택한 집단과 감정적으로 자신을 동일시하는 것에 저항"하는 능력을 자신한테 가져다준 인생 경험 몇 가지를 털어놓는다. *Interesting Times*, p.416[『미완의 시대』, 669쪽].

139 Eric Hobsbawm, "Preface", *Globalisation, Democracy and Terrorism*, p.5. 이제는 아예 습관으로 굳은 태도를 취하면서 홉스봄은 "이성과 상식을 동원해 뜨거운 공기를 식히는, 피할 수 없는 임무에 약간이나마 기여했음"을 표시했다.

140 Anderson, "The Vanquished Left", p.309을 보라. 루치아노 칸포라의 훌륭한 논쟁적 역사서, Luciano Canfora, *Democrazia. Storia di un' ideologia*, Rome and Bari: Laterza, 2004 참고.

141 Chris Harman, "The 20th Century: An Age of Extremes or An Age of Possibilities?", *International Socialism*, No.85, 1999, p.91. 하먼은 "홉스봄에게 있어서 즉자적 계급이 존재하는 건 아주 드물게만 느껴지고, 대자적 계급은 전혀 느껴지지 않는다"(p.92)고 지적한다.

142 Mann, "As the Twentieth Century Ages", p.105을 보라.

143 *Age of Extremes*, pp.310~319[『극단의 시대』, 430~443쪽]; *The New Century*, p.136을 보라.

144 Eric Hobsbawm, "Notes on Class Consciousness"(1971), *Worlds of Labour: Further Studies in the History of Labour*, London: Weidenfeld and Nicolson, 1984, p.24에 재수록.

145 Anderson, "The Vanquished Left", p.306.

146 *Ibid.*, p.305.

147 *Age of Extremes*, p.580[『극단의 시대』, 798쪽]. *Interesting Times*, p.406[『미완의 시대』, 654쪽]도 보라.

148 예컨대 *Age of Extremes*, p.241, p.285[『극단의 시대』, 338, 396쪽]을 보라.

149 10년 뒤 앤더슨의 비판을 인용하면서 홉스봄은 인터뷰 진행자에게 "내가 내 [3부작]에 대해 중요한 비판을 해야 한다면, 미국의 중요성을 낮춰 표현했다는 건 확실할 것이다. …… 나는 미국을 떠오르는 세력으로 보지 않았다"고 말했다. "Eric Hobsbawm's Interesting Times: An Interview with David Howell", *Socialist History*, No. 24, 2003, p.13.

150 *Age of Extremes*, p.362, p.405, pp.412~413[『극단의 시대』, 500, 558, 567쪽].

151 *Ibid.*, pp.466~467, pp.469~470[638, 639, 642, 643~644쪽].

152 *Ibid.*, p.14[30쪽].

153 *The Age of Empire*, p.340[『제국의 시대』, 587쪽].

154 *Age of Extremes*, p.557[『극단의 시대』, 762쪽].

155 *The New Century*, p.162.

156 *Interesting Times*, p.xvi[『미완의 시대』, 11~12쪽]. p.6[25쪽]도 보라.

157 *The New Century*, p.86(강조는 인용자). "우리가 잊지 말아야 할 것은, 어떤 기준을 적용하든 대다수 사람의 삶이 20세기 말에는 더 나아졌다는 점이다. 세기말에 오점을 남긴 엄청난 재앙이 있었음에도 말이다. 상황이 더 나빠진 예외가 하나 둘 정도 있는데, 특히 최근의 아프리카와 러시아가 그렇다. 그러나 전체로 보면, 오늘날 인구는 20세기 초에 비해 세 배가 많고 그들 모두 육체적으로 더 강하고 키도 더 크며, 건강하고 장수한다. 굶주림과 기근에 시달리는 일이 줄었고, 수입은 더 늘었으며, 더 나은 기회를 제공하는 교육 같은 걸 포함해 각종 재화와 용역을 그전보다 훨씬 더 쉽게 접하고 있다. 이 점은 가난한 나라에서도 마찬가지다."(p.85)

158 *Age of Extremes*, p.563[『극단의 시대』, 769쪽].

159 *Ibid.*, p.559[764쪽].

160 *The New Century*, p.49.

161 *Interesting Times*, p.412[『미완의 시대』, 662쪽]. 그 전에 이미 홉스봄은 서방이 1980년대에 아프가니스탄 이슬람 투사들을 지원했다는 걸 암시하면서 정당성 측면에서 사태를 되돌아본 바 있다. "세계는, 로자 룩셈부르크가 제기한 사회주의냐, 야만이냐의 양자택일에 직면해 사회주의에 등을 돌린 걸 이제 후회하게 될 것이다."(p.281[459쪽])

162 "Preface", *Globalisation, Democracy and Terrorism*, p.7 이하를 보라. 이미 1969년에 홉스봄은 "정치에 있어서 '대량 학살'(genocide)이라는 단어의 …… 두드러진 평가 절하"를 우연히 지적했다. "The Rules of Violence", *Revolutionaries*, p.210에 재수록.

163 Eric Hobsbawm, "War, Peace and Hegemony at the Beginning of the Twenty-First Century"(2004), *Globalisation, Democracy and Terrorism*, p.46.

164 *Ibid.*, p.48을 보라. 또 Eric Hobsbawm, "Terror", *Globalisation, Democracy and*

Terrorism, p.137도 보라. 여기서 홉스봄은 "'테러와의 전쟁'의 위험이 무슬림의 자살 폭탄에서 비롯되는 게 아니"라는 태도를 보인다.

165 *Ibid.*, pp.128~129.

166 Eric Hobsbawm, "Why American Hegemony Differs from the British Empire"(2005), *Globalisation, Democracy and Terrorism*, pp.70~71.

167 "Terror", p.137.

168 Eric Hobsbawm, "The Empire Expands Wider Still and Wider"(2003), *Globalisation, Democracy and Terrorism*, p.161에 재수록. 또 "War, Peace and Hegemony at the Beginning of the Twenty-First Century", p.47도 보라.

169 "The Empire Expands Wider Still and Wider", p.164을 보라.

170 *Globalisation, Democracy and Terrorism*, p.47, pp.162~163을 보라.

171 예컨대 *Age of Extremes*, p.118, p.127, p.349, p.567[170, 182, 482, 775쪽]을 보라.

172 Ellen Meiksins Wood, *Empire of Capital*, London and New York: Verso, 2003, p.x.

173 그래서 『흥미로운 시절』에서 루스벨트의 대통령 재임 기간이 '가난한 이들과 노조를 위한 정부'로 엉뚱하게 성격 규정되고 있다(*Interesting Times*, p.388[『미완의 시대』, 627쪽]). 이보다 더 믿기 어려운 건, 『새로운 세기』에서 홉스봄이 클린턴에 대해 이렇게 썼다는 점이다. "클린턴이 특이한 방식으로 말한다는 바로 그 사실은 그가 본능적으로 전통적인 좌파의 가치와 자신을 동일시한다는 걸 뜻한다. …… 클린턴이 대통령에 당선됐을 때, 그는 미국 좌파의 가장 바람직한 전통을 따르는 민주당원처럼 보였다."(*The New Century*, p.107)

174 Tosel, *Un monde en abîme*, p.24.

175 *The New Century*, p.58.

176 *Interesting Times*, p.414[『미완의 시대』, 666쪽].

177 *Age of Extremes*, p.498과 p.563[『극단의 시대』, 682, 770쪽]을 비교해 보라.

178 *The New Century*, p.102.

179 *Ibid.*, p.100. 유럽 좌파 역사 두 가지, 홉스봄이 보증한 것과 그의 제자가 보증한 것에 대해서는 Geoff Eley, *Forging Democracy: The History of the Left in Europe, 1850-2000*, New York: Oxford University Press, 2002. 그리고 Donald Sassoon, *One Hundred Years of Socialism: The West European Left in the Twentieth Century*, London: I. B. Tauris, 1996을 보라.

180 "Out of the Ashes", pp.323~325을 보라.

181 *The New Century*, pp.106, 107, 110을 보라. *Interesting Times*, p.277[『미완의 시대』, 453쪽]도 보라. Polanyi, *Origins of Our Times*, p.77 참고. "시장 경제는 시장 사회에만 존재할 수 있다."

182 *Interesting Times*, p.418[『미완의 시대』, 671쪽].

183 Eric Hobsbawm, "Introduction", Karl Marx and Frederick Engels, *The Communist Manifesto: A Modern Edition*, London and New York: Verso, p.18.

184 *Ibid.*, p.22.

185 저자가 출간 직후 숨져서 결국 더 통렬한 것이 되어 버린, 특색 있게 명쾌한 논의로는 G. A. Cohen, *Why Not Socialism?*, Princeton: Princeton University Press, 2009를 보라. Gregory Elliott, "The Sorcerer and the Gravedigger: Karl Marx", *End in Sight*, 2008 참고.

186 Hobsbawm, "Introduction", *The Communist Manifesto: A Modern Edition*, pp.28~29.

187 Anderson, "The Vanquished Left", p.316.

결론 _ 세계의 길들

1 Eric Hobsbawm, *Age of Extremes: The Short Twentieth Century, 1914-1991*, London: Michael Joseph, 1994, p.87[『극단의 시대』, 127쪽]. *The Age of Empire 1875-1914*(1987), London: Weidenfeld and Nicolson, 1995, p.334[『제국의 시대』, 578쪽]도 보라.

2 에드워드 스터튼(Edward Stourton)과의 인터뷰, "Today", BBC Radio 4, 18 October 2008.

3 Eric Hobsbawm, "Intellectuals and the Class Struggle"(1971), *Revolutionaries: Contemporary Essays*(1973), London: Phoenix, 1994, p.256, 주7에 재수록된 것 참고. "한 친구가 학생들한테 1929년 대공황의 정치적 결과가 무엇이냐는 질문을 받고 이렇게 답했다. '첫째, 히틀러가 집권했다. 그리고 우리는 스페인 전쟁에서 졌다. 마지막으로 2차 세계대전을 맞았고 히틀러가 유럽 대부분을 지배했다.'"

4 Eric Hobsbawm, "Socialism has failed. Now capitalism is bankrupt. So what comes next?", *Guardian*, 10 April 2009. 홉스봄같이 저명한 기고자의 경우라면 아마도 글 제목에 대해 사전 동의를 얻겠지만, 이 제목은 홉스봄이 선택한 것 같지 않다.

5 유용한 안내서로는 Andrew Gamble, *The Spectre at the Feast: Capitalist Crisis and the Politics of Recession*, Basingstoke: Palgrave Macmillan, 2009, 6장을 보라.

6 "Eric Hobsbawm's Interesting Times: An Interview with David Howell", *Socialist History*, No. 24, 2003, p.14을 보라.

7 Eric Hobsbawm, *Interesting Times: A Twentieth-Century Life*(2002), New York: The New Press, 2005, p.277[『미완의 시대』, 453쪽].

8 *Age of Extremes*, p.103[『극단의 시대』, 149쪽].

9 Eric Hobsbawm, "Marxist Historiography Today", ed. Chris Wickham, *Marxist History-writing for the Twenty-first Century*, Oxford: British Academy/Oxford University Press, 2007, pp.183~185을 보라.

10 Eric Hobsbawm, "Marx and History"(1983/1984), *On History*(1997), London: Abacus, 1998, p.221에 재수록된 것을 보라.

11 "Marxist Historiography Today", p.187.

12 Eric Hobsbawm, *Interesting Times*, p.xii[미국 페이퍼백판 서문].

13 *Interesting Times*, p.122[『미완의 시대』, 206쪽].

14 Eric Hobsbawm, "Address at the Funeral of Margot Heinemann 19 June 1992", eds.David Margolies and Maroula Joannou, *Heart of the Heartless World: Essays in Cultural Resistance in Memory of Margot Heinemann*, London and Boulder(Colorado): Pluto Press, 1995, p.217.

15 *Ibid.*, p.219.

참고문헌

1. 에릭 홉스봄의 저작

본문이나 주석에서 직접 거론한 저작물들을 대체로 발간 순으로 나열했다. 필요하면 최초 발간일은 대괄호([ ]) 안에 표시했고, 그 뒤에 필자가 이용한 판본의 상세 서지 항목을 적었다. (2차 저작 참고문헌에 포함된) 키스 맥럴랜드의 1982년판 홉스봄 저작 목록 전면 개정판이 꼭 필요한 상황이다.

(1) 저서

(Ed.) *Labour's Turning Point 1880-1900* [1948], 2nd edition, Hassocks: Harvester Press, 1974.

Primitive Rebels: Studies in Archaic Forms of Social Movement in the 19th and 20th Centuries [1959], 3rd edition, Manchester: Manchester University Press, 1971.

(Originally as Francis Newton) *The Jazz Scene* [1959], revised edition, London: Weidenfeld and Nicolson, 1989.

The Age of Revolution: Europe 1789-1848 [1962], London: Weidenfeld and Nicolson, 1995.

Labouring Men: Studies in the History of Labour [1964], London: Weidenfeld and Nicolson, 1976.

(Ed.) Karl Marx, *Pre-Capitalist Economic Formations*, trans. Jack Cohen, London: Lawrence and Wishart, 1964.

Industry and Empire: From 1750 to the Present Day [1968], 2nd revised edition (with Chris Wrigley), London: Penguin, 1999.

(Co-author with George Rudé) *Captain Swing* [1968], Harmondsworth: Peregrine, 1985.

Bandits [1969], 2nd edition, Harmondsworth: Pelican, 1985.

Revolutionaries: Contemporary Essays [1973], London: Phoenix, 1994.

The Age of Capital 1848-1875 [1975], London: Weidenfeld and Nicolson, 1995.

The Italian Road to Socialism: An Interview by Eric Hobsbawm with Giorgio Napolitano of the Italian Communist Party, trans. John Cammett and Victoria DeGrazia, Westport, Connecticut and London: Lawrence Hill and Company/ Journeyman Press, 1977.

(Co-editor with Georges Haupt et al.) *Storia del marxismo*, 4 vols in 5 parts, Turin: Einaudi, 1978-82. [Vol. 1 translated as Marxism in Marx's Day, Brighton: Harvester Press, 1982]

(Co-author with Ken Gill et al.) *The Forward March of Labour Halted?*, eds. Martin Jacques and Francis Mulhern, London: Verso/*Marxism Today*, 1981.

Worlds of Labour: Further Studies in the History of Labour, London: Weidenfeld and Nicolson, 1984.

The Age of Empire 1875-1914 [1987], London: Weidenfeld and Nicolson, 1995.

Politics for a Rational Left: Political Writing 1977-1988, London and New York: Verso/*Marxism Today*, 1989.

Nations and Nationalism since 1780: Programme, Myth, Reality [1990], Canto edition, Cambridge: Cambridge University Press, 1991.

Echoes of the Marseillaise: Two Centuries Look Back on the French Revolution, London and New York: Verso, 1990.

The Age of Extremes: The Short Twentieth Century, 1914-1991, London: Michael Joseph, 1994.

On History [1997], London: Abacus, 1998.

Uncommon People: Resistance, Rebellion and Jazz, London: Weidenfeld and Nicolson, 1998.

The New Century: Eric Hobsbawm in Conversation with Antonio Polito (1999), trans. Allan Cameron, London: Little, Brown, 2000.

Interesting Times: A Twentieth-Century Life [2002], New York: The New Press, 2005.

Globalisation, Democracy and Terrorism, London: Little, Brown, 2007.

(2) 기타문헌

(With Raymond Williams) *War on the USSR?*, London: University Labour Federation, 1940.

"Drang nach Osten: some notes on German revisionism", *New Central European Observer*, 14 May 1949.

"Unrepentant apologetic"(review of Hjalmar Schacht, Account Settled), *New Central European Observer*, 4 May 1950.

'Introduction', József Révai, *Lukács and Socialist Realism: A Hungarian Literary Controversy*, London: Fore Publications, 1950.

"The Taming of Parliamentary Democracy in Britain", *The Modern Quarterly*, new series, VI, 4, 1951.

(Co-author) 'Introduction', *Past and Present*, 1, 1952.

"Eric Hobsbawm's Communist Party Autobiography" [1952], *Socialist History*, 24, 2003.

"In Defence of the Thirties", *Granta*, 15 November 1952.

"The Crisis of the Seventeenth Century", *Past and Present*, 5 and 6, 1954; reprinted with a Postscript in Trevor Aston(ed.), *Crisis in Europe 1560-1660: Essays from 'Past and Present'*, London: Routledge and Kegan Paul, 1975.

"The British Communist Party", *Political Quarterly*, XXV, 1, 1954.

"Where are British Historians Going?", *Marxist Quarterly*, II, 1, 1955.

Letter to *Daily Worker*, 9 November 1956.

(Co-author) Letter to *New Statesman*, 1 December 1956.

"The Future of Marxism in the Social Sciences", *Universities and Left Review*, 1, 1957.

"Cuban prospects", *New Statesman*, 22 October 1960.

"Parliamentary Cretinism?"(review of Ralph Miliband, Parliamentary Socialism), *New Left Review*, I/12, 1961.

"Progress in History", *Marxism Today*, February 1962.

"From Feudalism to Capitalism", *Marxism Today*, September 1962; reprinted in Rodney Hilton et al., *The Transition from Feudalism to Capitalism*, London: New Left Books, 1976.

(As Francis Newton) "Beatles and before", *New Statesman*, 8 November 1963.

"Organised orphans"(review of E. P. Thompson, *The Making of the English Working Class*), *New Statesman*, 29 November 1963.

(As Francis Newton) "Bob Dylan", *New Statesman*, 22 May 1964.

"Maurice Dobb", in C. H. Feinstein(ed.), *Socialism, Capitalism and Economic Growth: Essays Presented to Maurice Dobb*, Cambridge: Cambridge University Press, 1967.

"The cultural congress of Havana", *Times Literary Supplement*, 25 January 1968.

"A hard man" (review of Che Guevara, *Reminiscences of the Cuban Revolutionary War*), *New Society*, 4 April 1968.

"Theory turned sideways", *Black Dwarf*, 1 June 1968.

"A special supplement: Chile: year one", *New York Review of Books*, 23 September 1971.

"The murder of Chile", *New Society*, 20 September 1973.

"The great Gramsci"(review of *Selections from the Prison Notebooks* and *Letters from Prison*), *New York Review of Books*, 4 April 1974.

"From Babylon to Manchester"(review of Perry Anderson, *Passages from Antiquity to Feudalism* and *Lineages of the Absolutist State*), *New Statesman*, 7 February 1975.

The Crisis and the Outlook, London: Birkbeck College Socialist Society, 1975.

"Look left"(review of Perry Anderson, *Considerations on Western Marxism*), *New Statesman*, 24 September 1976.

"Gramsci and Political Theory", *Marxism Today*, July 1977.

"1968—A Retrospect", *Marxism Today*, May 1978.

"The new dissent: intellectuals, society and the left", *New Society*, 23 November 1978.

"The Historians' Group of the Communist Party", in Maurice Cornforth(ed.), *Rebels and their Causes: Essays in Honour of A. L. Morton*, London: Lawrence and Wishart, 1978.

"An Interview with Eric Hobsbawm", conducted by Pat Thane and Liz Lunbeck, *Radical History Review*, 19, 1978-79; reprinted in Henry Abelove et al.(eds.), *Visions of History*, Manchester: Manchester University Press, 1983.

"Points of departure"(review of G. A. Cohen, *Karl Marx's Theory of History: A Defence*), *New Statesman*, 2 February 1979.

"Cambridge spy story—or the politics of treason"(review of Andrew Boyle, *The Climate of Treason*), *New Society*, 8 November 1979.

"In search of people's history"(review of Raphael Samuel, *People's History and Socialist Theory*, etc.), *London Review of Books*, 19 March~1 April, 1981.

"The State of the Left in Western Europe", *Marxism Today*, October 1982.

(With Christopher Hill and R. H. Hilton) *"Past and Present* : Origins and Early Years", *Past and Present*, 100, 1983.

"The Face of Labour's Future: Eric Hobsbawm Interviews Neil Kinnock", *Marxism Today*, October 1984.

(With Christopher Hill et al.) "Agendas for Radical History", *Radical History Review*, 36, 1986.

"1956"(interview with Gareth Stedman Jones on the thirtieth anniversary of 1956), *Marxism Today*, November 1986.

"Revolution", in Roy Porter and Mikuláš Teich(eds.), *Revolution in History*, Cambridge: Cambridge University Press, 1986.

"Splitting Image"(interview with Achille Ochetto on the PCI), *Marxism Today*, February, 1990.

"Goodbye to All That", *Marxism Today*, October 1990; reprinted in Robin Blackburn (ed.), *After the Fall: The Failure of Communism and the Future of Socialism*, London and New York: Verso, 1991.

"The Centre Cannot Hold", *Marxism Today*, September 1991.

"The Crisis of Today's Ideologies", *New Left Review*, I/192, 1992.

'Obituary' of E. P. Thompson, *Independent*, 30 August 1993.

"Address at the Funeral of Margot Heinemann, 19 June 1992", in David Margolies and Maroula Joanna(eds.), *Heart of the Heartless World: Essays in Cultural Resistance in Memory of Margot Heinemann*, London: Pluto Press, 1995.

"Identity Politics and the Left", *New Left Review*, I/217, 1996.

"History and Illusion"(review of François Furet, *Le Passé d'une illusion*), *New Left Review*, I/220, 1996.

"Commentaires", *Le Débat*, 93, 1997.

'Introduction' to Karl Marx and Frederick Engels, *The Communist Manifesto: A Modern Edition*, London and New York: Verso, 1998.

"The Death of Neo-Liberalism", *Marxism Today*, special issue, November/December 1998.

"Eric Hobsbawm's Interesting Times: An Interview with David Howell", *Socialist History*, 24, 2003.

'Comment' on Pierre Vilar, *Guardian*, 17 September 2003.

'Preface' to the US Paperback Edition, *Interesting Times*, New York and London: New Press, 2005.

"Retreat of the male" (review of Göran Therborn, *Between Sex and Power*), *London Review of Books*, 4 August 2005.

"Could it have been different?" (review of Michael Korda, *Journey to a Revolution*, etc.), *London Review of Books*, 16 November 2006.

"War of ideas", *Guardian*, 17 February 2007.

"Cadres" (review of Raphael Samuel, *The Lost World of British Communism*, etc.), *London Review of Books*, 26 April 2007.

"Marxist Historiography Today", in Chris Wickham (ed.), *Marxist History-writing for the Twenty-first Century*, Oxford: British Academy/Oxford University Press, 2007.

"Memories of Weimar", *London Review of Books*, 24 January 2008.

"*LRB* contributors react to events in Gaza", *London Review of Books*, 15 January 2009.

'Obituary' of V. G. Kiernan, *Guardian*, 18 February 2009.

"Socialism has failed. Now capitalism is bankrupt. So what comes next?", *Guardian*, 10 April 2009.

'Obituary' of John Saville, *Guardian*, 16 June 2009.

2. 2차 저작물

Abse, Tobias, "Italy: A New Agenda", in Perry Anderson and Patrick Camiller (eds.), *Mapping the West European Left*, London and New York: Verso/*New Left Review*, 1994.

Agosti, Aldo, *Bandiere rosse. Un profilo storico dei comunismi europei*, Rome: Riuniti, 1999.

Anderson, Perry, *In the Tracks of Historical Materialism*, London: New Left Books, 1983.

____, "The Ends of History", in *A Zone of Engagement*, London and New York: Verso, 1992.

____, "Darkness falls', *Guardian*, 8 November 1994.

____, "Eric Hobsbawm: The Vanquished Left", in Anderson, *Spectrum: From Right to Left in the World of Ideas*, London and New York: Verso, 2005.

Annan, Noel, *Our Age: The Generation That Made Post-War Britain*, London: Fontana, 1991.

Aron, Raymond, *The Opium of the Intellectuals*, trans. Terence Kilmartin, London: Secker and Warburg, 1957.

Ascherson, Neal, "The age of Hobsbawm", *Independent*, 2 October 1994.

Bromley, Simon, "The Long Twentieth Century", *Radical Philosophy*, 77, 1996.

Burleigh, Michael, "Globalisation, democracy and terrorism", *The Times*, 15 July 2007.

Callaghan, John, *Cold War, Crisis and Conflict: The Communist Party of Great Britain, 1951-68*, London: Lawrence and Wishart, 2003.

Callinicos, Alex, "The Drama of Revolution and Reaction: Marxist History and the Twentieth Century", in Chris Wickham(ed.), *Marxist History-writing for the Twenty-first Century*, Oxford: British Academy/Oxford University Press, 2007.

Canfora, Luciano, *La Democrazia. Storia di un'ideologia*, Rome and Bari: Laterza, 2004.

Cannadine, David, "The strange death of liberal Europe", *New Society*, 23 October 1987.

Carlin, Norah and Birchall Ian, "Kinnock's Favourite Marxist: Eric Hobsbawm and the Working Class", *International Socialism*, 21, autumn 1983.

Carrillo, Santiago, *'Eurocommunism' and the State*, trans. Nan Green and A. M. Elliott, London: Lawrence and Wishart, 1977.

Claudin, Fernando, *Eurocommunism and Socialism*, trans. John Wakeham, London: New Left Books, 1978.

Cohen, G. A., *Why Not Socialism?*, Princeton: Princeton University Press, 2009.

Collini, Stefan, "Interesting times", *Independent*, 14 September 2002.

Communist Party of Great Britain, *The British Road to Socialism*, London, 1951.

___, *The British Road to Socialism*, London, 1978.

Dimitrov, Georgi, *For the Unity of the Working Class Against Fascism: Report to the 7th Congress of the Communist International – 1935*, London: Red Star Press, 1975.

Durgan, Andy, *The Spanish Civil War*, Basingstoke: Palgrave Macmillan, 2007.

Eley, Geoff, *Forging Democracy: The History of the Left in Europe, 1850-2000*, New York: Oxford University Press, 2002.

___, *A Crooked Line: From Cultural History to the History of Society*, Ann Arbor: University of Michigan Press, 2005.

Elliott, Gregory, *Labourism and the English Genius: The Strange Death of Labour England?*, London and New York: Verso, 1993.

___, *Ends in Sight: Marx/Fukuyama/Hobsbawm/Anderson*, London and Ann Arbor: Pluto Press, 2008.

Engels, Frederick, *Anti-Dühring: Herr Eugen Dühring's Revolution in Science*, trans. Emile Burns, Moscow: Progress Publishers, 1977.

Ferguson, Niall, "What a swell party it was … for him", *Sunday Telegraph*, 20 October 2002.

Fine, Ben et al., "Class Politics: An Answer to its Critics", London, pamphlet 1984.

Fowkes, Ben, *Communism in Germany under the Weimar Republic*, London and Basingstoke: Macmillan, 1984.

Furet, François, *Le Passé d'une illusion. Essai sur l'idée communiste au xxe siècle*, Paris: Robert Laffont, 1995.

Gallego, Marisa, *Eric Hobsbawm y la historia critica del siglo XX*, Madrid: Campo de

Ideas, 2005.

Gamble, Andrew, *The Spectre at the Feast: Capitalist Crisis and the Politics of Recession*, Basingstoke: Palgrave Macmillan, 2009.

Glover, Stephen, "Why do we honour those who loathe Britain?", *Mail Online*, 7 March 2009.

Hall, Stuart and Jacques, Martin(eds.), *The Politics of Thatcherism*, London: Lawrence and Wishart/*Marxism Today*, 1983.

____, *New Times: The Changing Face of Politics in the 1990s*, London: Lawrence and Wishart/*Marxism Today*, 1989.

Harman, Chris, "The 20th Century: An Age of Extremes or an Age of Possibilities?", *International Socialism*, 85, 1999.

Hill, Christopher, *Two Commonwealths*, London: George Harrup and co., 1945.

____, *The English Revolution 1640: An Essay*, London: Lawrence and Wishart, 1979.

Jacques, Martin and Mulhern, Francis(eds.), *The Forward March of Labour Halted?*, London: Verso/*Marxism Today*, 1981.

Jameson, Fredric, *Postmodernism, or The Cultural Logic of Late Capitalism*, London: Verso, 1991.

Judt, Tony, "Downhill all the way", *New York Review of Books*, 25 May 1995.

____, "Eric Hobsbawm and the Romance of Communism", in *Reappraisals: Reflections on the Forgotten Twentieth Century*, London: Heinemann, 2008.

Kaye, Harvey J., *The British Marxist Historians: An Introductory Analysis*, revised edition, Basingstoke: Macmillan, 1995.

____, *The Education of Desire: Marxism and the Writing of History*, New York and London: Routledge, 1993.

Kettle, Martin, "MI5 cold-shoulders Hobsbawm request to see his file", *Guardian*, 2 March 2009.

Kiernan, V. G., "Revolution and Reaction, 1789-1848", *New Left Review*, I/19, 1963.

____, "Victor Kiernan on Treason', in Jane Hindle(ed.), *London Review of Books: An Anthology*, London and New York: Verso, 1996.

Landes, David S., "The ubiquitous bourgeoisie", *Times Literary Supplement*, 4 June 1976.

Levy, Geoffrey, "Eric Hobsbawm, useful idiot of the chattering classes", *Mail Online*, 3 March 2009.

Magri, Lucio, *Il Sarto d'Ulm. Una possibile storia del PCI*, Milan: Il Saggiatore, 2009.

Mann, Michael, "As the Twentieth Century Ages", *New Left Review*, I/214, 1995.

Marx, Karl, *Grundrisse: Foundations of the Critique of Political Economy*, trans. Martin Nicolaus, Harmondsworth: Penguin/*New Left Review*, 1977.

____, *Surveys from Exile*, Harmondsworth: Penguin/*New Left Review*, 1977.

____, and Engels, Frederick, *Collected Works* Vol. 4, London: Lawrence and Wishart, 1975.

____, *Collected Works* Vol. 5, London: Lawrence and Wishart, 1976.

___, *Collected Works* Vol. 6, London: Lawrence and Wishart, 1976.

___, *Selected Works* Vol. 1, Moscow: Progress Publishers, 1977.

Mayer, Arno J., *The Persistence of the Old Regime: Europe to the Great War*, New York: Pantheon Books, 1981.

McDermott, Kevin and Agnew, Jeremy, *The Comintern: A History of International Communism from Lenin to Stalin*, Basingstoke: Macmillan, 1996.

McLelland, Keith, "Bibliography of the Writings of Eric Hobsbawm", in Raphael Samuel and Gareth Stedman Jones(eds.), *Culture, Ideology and Politics: Essays for Eric Hobsbawm*, London: Routledge and kegan Paul, 1982.

Miliband, Ralph, "The New Revisionism", *New Left Review*, I/150, 1985.

Morgan, Kevin, *Harry Pollitt*, Manchester: Manchester University Press, 1993.

Nolte, Ernst, *La Guerre civile européenne 1917-1945. National-socialism et bolchevisme*, trans. Jean-Marie Argelès, Paris: Syrtes, 2000.

Nora, Pierre, "Traduire: nécessité et difficultés", *Le Débat*, 93, 1997.

Panitch, Leo and Leys, Colin, *The End of Parliamentary Socialism: From New Left to New Labour*, London and New York: Verso, 1997.

Parker, David, *Ideology, Absolutism and the English Revolution: Debates of the British Communist Historians, 1940-1956*, London: Lawrence and Wishart, 2008.

Polanyi, Karl, *Origins of Our Time: The Great Transformation*, London: Victor Gollancz, 1945.

Pomian, Krzysztof, "Quel xxe siècle", *Le Débat*, 93, January/February 1997.

Poulantzas, Nicos, *State, Power, Socialism*, trans. Patrick Camiller, London: New Left Books, 1978.

Pryce-Jones, David, "Eric Hobsbawm: Lying to the Credulous", *The New Criterion*, 21, 5, 2003.

Rosenberg, Justin, "Hobsbawm's Century", *Monthly Review*, 47, 3, 1995.

Rostow, W. W., *The Stages of Economic Growth: A Non-Communist Manifesto*, third edition, Cambridge: Cambridge University Press, 1990.

Samuel, Raphael, "British Marxist Historians, 1880-1980: Part One", *New Left Review*, I/120, 1980.

___, and Stedman Jones, Gareth(eds.), *Culture, Ideology and Politics: Essays for Eric Hobsbawm*, London: Routledge and Kegan Paul, 1982.

Sassoon, Donald, *One Hundred Years of Socialism: The West European Left in the Twentieth Century*, London: I. B. Tauris, 1996.

Saville, John(ed.), *Democracy and the Labour Movement: Essays in Honour of Dona Torr*, London: Lawrence and Wishart, 1954.

___, "The Twentieth Congress and the British Communist Party", *Socialist Register 1976*, London: Merlin Press, 1976.

___, "Memoirs from the Left, London: Merlin Press, 2002.

Schumpeter, Joseph, *Capitalism, Socialism and Democracy*, London: Routledge, 1994.

Schwarz, Bill, "'The People' in History: The Communist Party Historians' Group, 1946-1956", in Richard Johnson et al., *Making Histories: Studies in History-Writing and Politics*, London: Hutchinson, 1982.

Smith, Dai, *Raymond Williams: A Warrior's Tale*, Cardigan: Parthian, 2008.

Spriano, Paolo, *Stalin and the European Communists*, trans. Jon Rothschild, London: Verso, 1985.

Stedman Jones, Gareth, "Society and Politics at the Beginning of the World Economy", *Cambridge Journal of Economics*, 1, 1977.

＿＿, "Marx's Critique of Political Economy: A Theory of History or a Theory of Communism?", in Chris Wickham(ed.), *Marxist History-writing for the Twenty-first Century*, Oxford: British Academy/Oxford University Press, 2007.

Thane, Pat et al.(eds.), *The Power of the Past: Essays for Eric Hobsbawm*, Cambridge and Paris: Cambridge University Press/Editions de la Maison des Sciences de l'Homme, 1984.

Therborn, Göran, "The Autobiography of the Twentieth Century", *New Left Review*, I/214, 1995.

Thompson, E. P., *The Poverty of Theory and Other Essays*, London: Merlin Press, 1978.

Thompson, Willie, *The Good Old Cause: British Communism 1920-1991*, London: Pluto Press, 1992.

Tosel, André, *Un monde en abîme. Essai sur la mondialisation capitaliste*, Paris: Editions Kimé, 2008.

Vilar, Pierre, *La Guerre d'Espagne*, Paris: Presses Universitaires de France, 1986.

Williams, Raymond, *Politics and Letters: Interviews with New Left Review*, London: New Left Books, 1979.

＿＿, *Loyalties*, London: Chatto and Windus, 1985.

Wood, Ellen Meiksins, *The Empire of Capital*, London and New York: Verso, 2003.

옮긴이 후기

학자가 아닌 번역자는 언제나 두려운 마음으로 일을 대한다. 이 두려움이 가장 커지는 때는 후기를 쓸 때다. 무지한 탓에 오역을 쏟아내지 않을까 노심초사하는 건, 책에 대해 촌평이라도 달아야 하는 두려움에 비할 바 못된다. 가뜩이나 이 책은 에릭 홉스봄이라는 역사학계 거물을 다룬 책이다. 역사를 전공하지 않은 번역자로선 평할 만한 것이 아예 못된다 싶다.

설상가상으로 홉스봄은 한마디로 규정하기 힘든 인물이다. 그는 공산주의의 등장과 몰락 같은 격변의 20세기를 상징하는 역사학자이고, 공산주의의 최후까지 그 대의에 충실했던 공산주의자이며, 맑스와 그람시를 추종하는 현실 개입형 지식인이다. 역사학자임을 강조하면 전투적인 공산주의자의 면모가 약해지고, 공산주의자라는 데 눈을 고정하면 영국 정치 현실에 폭넓게 영향력을 행사한 면모와는 뭔가 어긋나 보이기도 한다.

하지만 영국 학자 그레고리 엘리어트의 이 책은 이렇듯 다양한 면모를 갖춘 홉스봄한테 일반인도 큰 어려움 없이 다가갈 수 있게 도와준다. 엘리어트가 보여 주는 것들은 첫째 홉스봄이 전투적인 공산주의자이자 맑스주의 역사가로 형성되는 과정, 둘째 진보 관점에서 역사를 보는 그의 관심 주제, 셋째 20세기에 대한 홉스봄의 시각 요약 및 검토다. 이 세가지 주제로 들여다볼 때 홉스봄에게서 찾을 수 있는 일관된 특징은 완고하다 싶을 만큼 투철한 계몽주의다. 홉스봄은 근대 계몽주의를 잇는 마지막이자 정통성 있는 후계자가 맑스주의라고 믿는다. 그리고 20세기 공산주의 혁명에서 진보와 계몽의 미래를 본다. 이 혁명이 실패로 돌아간 뒤에도 그는 자신의 신념을 후회하지 않는다. 대책 없는 구시대 인물이라고 볼 수도 있으나, 야만을 넘어서는 진보에 대한 믿음에는 쉽사리 폄하하기 어려운 부분이 있다. 이 책을 읽는 독자들이 곰곰이 따져보기를 기대하고픈 대목이다.

엘리어트가 그려 보여 주는 홉스봄은 이념에 충실한 원칙주의자만은 아니다. 황당하다 싶을 만큼 이해하기 어려운 행태도 있다. "클린턴이 특이한 방식으로 말한다는 바로 그 사실은 그가 본능적으로 전통적인 좌파의 가치와 자신을 동일시한다는 걸 뜻한다. …… 클린턴이 대통령에 당선됐을 때, 그는 미국 좌파의 가장 바람직한 전통을 따르는 민주당원처럼 보였다."(『새로운 세기』, 1999, 107쪽) 정통 공산주의자 입에서 나올 말은 아니다. 다른 좌파 인사가 말했다면 "변절자", "노망" 따위의 딱지가 바로 붙었을 것이다. 영국 공산당 소속이면서도 마거릿 대처의 보수당 정권에 맞서기 위해 노동당 개혁에 개입한 행태도 "후회하지 않는 공산주의자"의 전형적인 모습과는 거리가 있다.

하지만 이를 이해하기 위한 열쇠도 있다. 홉스봄은 나치의 파시즘에 맞서 문명을 지켜낸 반파시즘 투쟁이 20세기 공산주의의 중요한 공헌이라고 본다. 그리고 야만과 어둠의 세력에 맞설 유일한 세력으로서 공산주의(또는 맑스주의)가 선택한 방법은 반파시즘 연합(인민전선)이었다. 이 인민전선은 계몽의 마지막 후계자 홉스봄한테는 거의 절대적인 정치 전술이었고 이 신념은 20세기 후반부에도 별로 변함이 없는 것 같다. 미국의 클린턴과 민주당, 영국의 노동당에서 레이건과 대처의 반동에 맞설 실마리를 찾으려는 시도로 해석한다면, 홉스봄의 이런 태도는 과잉일지언정 일탈은 아닐지도 모른다.

이 책을 읽는 독자들에게 기대하고픈 두번째 쟁점이 이 대목이다. 문명이든, 진보든, 또는 민주주의든, 양심 세력이 품은 이상을 위협하는 세력에 맞서는 연합 전선은 어디까지 유효하고 그 한계는 뭘까? 마침 "반엠비" 기치를 내건 야권 단일화가 실패로 끝난 한국 상황에서 이 질문은 한가한 이들의 이론적 고민거리만은 아닐 수 있겠다.

이 책이 보여 주는 홉스봄한테는 재미있는 구석들도 꽤 있다. 재즈에 심취해 록 음악을 깎아내리고 비틀스가 잠깐 유행하다가 사라질 거라는 빗나가도 한참 빗나간 예측을 한 인물이다. 68혁명 이후 프랑스 좌파, 사르트르 같은 실존주의 맑스주의자, 마오쩌둥의 중국, 독일 프랑크푸르트학파는 싫어한 반면 이탈리아공산당에 대해서는 무한에 가까운 애정을 보여 준 인물이다. 또 1970년대 초 아옌데의 칠레에서 군사 쿠데타가 벌어질 가능성이 없다고 주장하다가 막상 쿠데타가 터진 뒤에는 시치미 뚝 뗀 전력도 있다.

짤막한 글을 맺으며 번역 문제에 대해 거론하지 않을 수 없다. 이 책은 번역자의 이전 번역물들에 비하면 훨씬 '읽기 쉽게' 만들려 애쓴 결과물이다. 그럼에도 많은 독자들한테는 불친절하고 난해한 글일 것이다.

'읽기 쉽고 훌륭한 번역문'은 이 번역자 능력 밖의 일이니 어쩔 수 없다. 다만 오역이나 쏟아내지 않았다면 다행이겠다. 그나마 출판사 편집자가 여러모로 애를 쓴 덕분에 이 정도의 결과물이 나왔다. 번역자로서 바라는 바를 덧붙여도 괜찮다면, 긴 문장을 짧게 나누고 더 쉽게 풀어 옮기지 않은 의도가 있을까 하는 생각을 품는 독자가 혹시라도 있으면 좋겠다. 그런 독자한테는 번역자의 블로그(blog.jinbo.net/marishin) 방문을 추천한다.

이 책이 독자들한테 이런저런 도전을 제기한다면, 번역자한테는 더없는 기쁨이 될 것이다.

2012년 4월

신기섭

찾아보기